국영주의 친절한

가죽공예 클래스 DIY

국영주 지음

터닝 포인트

친절한 DIY 교과서 No. 032

언텍트 시대 QR 코드 동영상 강의로 혼자 배우는
국영주의 친절한 가죽공예 클래스 DIY

Copyright ⓒ 2020 by 국영주
All rights reserved. First edition Printed 2020, Printed in Korea.

2020년 9월 1일 초판 1쇄 인쇄
2020년 9월 10일 초판 1쇄 발행

지은이	국영주
펴낸이	정상석
펴낸 곳	터닝포인트
등록번호	2005. 2. 17 제6-738호
주소	(03993) 서울시 마포구 동교로 27길 53 지남빌딩 308호
대표전화	(02)332-7646
팩스	(02)3142-7646
홈페이지	www.diytp.com
ISBN	979-11-6134-082-1 13630
정가	35,000원

기획	터닝포인트
북디자인	앤미디어
작품 사진 촬영	이성우(G1 스튜디오)
과정 사진 촬영	김형걸, 도영찬
스타일링	이규엽
내용 문의	www.diytp.com

원고 집필 문의 diamat@naver.com
터닝포인트는 삶에 긍정적 변화를 가져 오는 좋은 원고를 환영합니다

※이 책에 수록된 모든 내용, 사진이나 일러스트, 실물본, 부록 동영상 등을 출판 권자의 허락 없이 복제 배포하는 행위는 저작권법에 위반됩니다.

이 도서의 국립중앙도서관 출판예정도서목록(CIP)은 서지정보유통지원시스템 홈페이지(http://seoji.nl.go.kr)와 국가자료공동목록시스템(http://www.nl.go.kr/kolisnet)에서 이용하실 수 있습니다.(CIP제어번호: CIP2020033401)

국영주의 친절한

가죽공예 클래스 DIY

국영주 지음

터닝 포인트

머리말
Preface

어린 시절부터 유난히 손으로 무엇인가를 만들어 주변 사람들에게 선물하는 것을 좋아했습니다. 고등학교 때 미대 진학을 권유하는 선생님의 말씀을 경제적 이유로 따르지 못하고 사범대학에 진학할 수밖에 없었습니다. 하지만 어느 날 공예인의 길을 가고 있는 저를 발견하게 되었습니다. 이제는 가죽공예가 삶 그 자체가 되었습니다.

2000년부터 여러 가지 공예 자격증을 취득하고 비즈 공예 책을 출판하기도 했습니다. 현재는 20여 개의 공예 자격증을 보유하고 있습니다. 2010년 가죽공예에 입문하여 이제는 굳은살이 박인 투박한 손이 되었지만, 그동안 흘린 땀 덕분에 어느 정도 결실을 이루어 가죽공예 책을 낼 수 있게 되었습니다.

지금에 와 생각해보면 가죽공예를 하려고 그 많은 과정을 밟은 것 같습니다. 홈패션부터 버닝, 포크 아트, 은공예, 칠보공예, POP 등 모두가 저를 단련시키는 것들이었습니다. 이것들은 결국 세상을 향한 작은 몸짓이었고, 저의 속살을 영글게 하는 채찍질이었습니다.

작품을 구상해서 패턴을 뜨고, 어느 가죽이 어울리는지 가죽을 고른 다음 재단을 해서, 한땀 한 땀 바느질을 하고, 마감재를 써서 마감을 하고 나면 하나의 작품이 완성됩니다. 작품을 구상하는 과정은 많은 시행착오와 노력이 필요합니다. 하지만 세상에 하나밖에 없는 작품이 탄생하는 순간 모든 피로가 사라지고 빙그레 미소가 떠오릅니다.

2012년 첫 번째 가죽공예 책을 출판하여 예상치 못한 많은 사랑을 받게 되었습니다. 감사한 마음으로 더 열심히 준비해서 두 번째 책을 출판하게 되었습니다. 현재 우리나라에서 출판된 가죽 카빙 책이 없어서 준비되는 대로 가죽 카빙 책을 낼 예정입니다

지금은 가죽공예에 그동안 배운 것들을 접목시켜 여러 가지 새로운 시도를 하고 있습니다. 그 과정에서 수채색연필 기법을 발견하게 되었습니다.

저는 오늘도 공방에서 새로운 작품을 구상하며 꿈을 키워나가고 있습니다. 여러분도 가죽공예에 도전해보세요.

쌍문동 가죽쟁이 공방에서 국영주

PART 1

가죽공예의 기초

021	01	가죽공예에 필요한 준비물
021	01	실물본 작업과 가죽 재단에 필요한 도구들
023	02	접착할 때 필요한 약품과 도구들
025	03	바느질 구멍 뚫을 때 필요한 도구들
027	04	바느질에 필요한 도구와 재료들
029	05	마감과 금속장식 부착에 필요한 도구들
031	06	방염 기법에 필요한 약품과 도구
033	07	염색 시 필요한 도구와 약품들
035	08	가죽 카빙에 필요한 도구들
041	09	이 책에서 사용한 가죽들
042	02	기본 바느질 기법과 도구 사용
		❶ 재단과 바느질 마감하기 ❷ 부속철물 달기(단추 달기)
056	03	유성염료와 수성염료로 염색하기
		1. 라텍스 방염 기법 2. 크랙 방염 기법
		3. 마블 기법 4. 여러 가지 염색 기법을 활용한 작품들
066	04	가죽공예 카빙의 기초
		1. 스위블 커터 사용법 2. 스위블 커터로 가죽에 선 긋기
		3. 각인 사용 방법 연습하기 4. 엔틱다이 염색하기
		5. 카빙을 활용한 다양한 작품

PART 2

처음 시작하는 가죽공예

078	01	핸드메이드 가위집 & 송곳집
084	02	심플 바늘쌈지
088	03	가죽공예용 칼싸기

092	04	가죽공예용 칼집
096	05	네츄럴 보관집
100	06	펜접시로 가죽카빙 따라하기
110	07	빈티지 카드지갑
114	08	브라운 체크액자
115	09	트위스트 네 줄 꼬기 팔찌
122	10	트라이앵글 커플 삼각동전지갑

PART 3

자투리 가죽을 활용한 가죽공예 소품

130	11	미니 가방 열쇠고리
134	12	빈티지 로봇시계
138	13	로봇 카드지갑
142	14	솔트레지 손목시계
143	15	버클 장식 두 줄 팔찌
148	16	엔틱 버클 장식 팔찌
149	17	커플 이니셜 팔찌
154	18	러블리 동전지갑
158	19	악어무늬 반지갑
162	20	나만의 다이어리

PART 4

스탬핑을 활용한 소품

170 ㉑ 여행을 부르는 여권케이스
174 ㉒ 다용도 레터링 필통
175 ㉓ 참장식 캣 이중카드지갑
184 ㉔ 큐티캣 머리핀

PART 5

염색을 활용한 가죽 소품

190 ㉕ 체크무늬 필통
194 ㉖ 버닝 기법 손거울(국영주 수채색 연필화 기법)
198 ㉗ 버닝 기법 핸드폰 케이스(국영주 수채색 연필화 기법)
199 ㉘ 엔틱 카빙 액자
208 ㉙ 풍수에 좋은 원형시계

PART 6

도전! 가죽가방 만들기

214	30	심플 클러치백
218	31	레트로 빈티지 도구함
226	32	심플 카메라 가방
232	33	남성용 사첼가방
233	34	러블리 플라워 패턴백
246	35	러블리 플라워 패턴 파우치
247	36	체크무늬 크로스백

PART 7

한국가중공예아카데미 회원 작품

260	37	크랙 반달 핸드백
266	38	크랙 장지갑
267	39	데이지 카빙 액자
276	40	아름다운 국화 카빙 액자
284	41	베이직 가죽 쿠션
288	42	모던 장지갑
294	43	부릉부릉 수첩커버

Image 목차
Contents

01

02

03

04

05

06

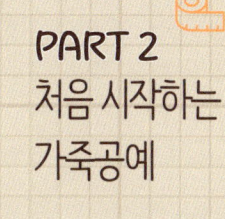

PART 2
처음 시작하는 가죽공예

07

08

09

10

01 핸드메이드 가위집 & 송곳집 **078** · 02 심플 바늘쌈지 **084** · 03 가죽공예용 칼 싸기 **088** · 04 가죽공예용 칼집 **092** · 05 네츄럴 보관집 **096** · 06 펜접시로 가죽카빙 따라하기 **100** · 07 빈티지 카드지갑 **110** · 08 브라운 체크액자 **114** · 09 트위스트 네 줄 꼬기 팔찌 **115** · 10 트라이앵글 커플 삼각동전지갑 **122**

PART 3
자투리 가죽을 활용한 가죽공예 소품

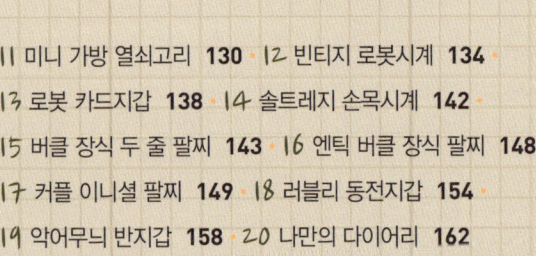

11 미니 가방 열쇠고리 **130** · 12 빈티지 로봇시계 **134** ·
13 로봇 카드지갑 **138** · 14 솔트레지 손목시계 **142** ·
15 버클 장식 두 줄 팔찌 **143** · 16 엔틱 버클 장식 팔찌 **148** ·
17 커플 이니셜 팔찌 **149** · 18 러블리 동전지갑 **154** ·
19 악어무늬 반지갑 **158** · 20 나만의 다이어리 **162**

PART 4
스탬핑을 활용한 소품

21 여행을 부르는 여권케이스 **170** · 22 다용도 레터링 필통 **174** ·
23 참장식 캣 이중카드지갑 **175** · 24 큐티캣 머리핀 **184**

21

22

23

24

PART 5
염색을 활용한 가죽 소품

25

26

27

28

29

25 체크무늬 필통 **190** · 26 버닝 기법 손거울(국영주 수채색 연필화 기법) **194** · 27 버닝 기법 핸드폰 케이스(국영주 수채색 연필화 기법) **198** · 28 엔틱 카빙 액자 **199** ·
29 풍수에 좋은 원형시계 **208**

PART 6
도전!
가죽가방 만들기

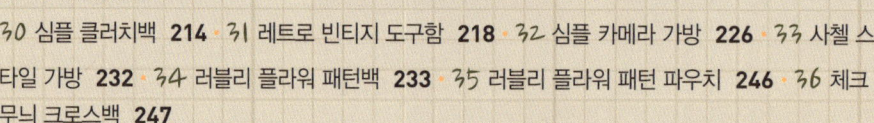

30 심플 클러치백 214 · 31 레트로 빈티지 도구함 218 · 32 심플 카메라 가방 226 · 33 사첼 스타일 가방 232 · 34 러블리 플라워 패턴백 233 · 35 러블리 플라워 패턴 파우치 246 · 36 체크 무늬 크로스백 247

PART 7
한국가죽공예아카데미
회원 작품

37 크랙 반달 핸드백 260 · 38 크랙 장지갑 266 · 39 데이지 카빙 액자 267 · 40 아름다운 국화 카빙 액자 276 · 41 베이직 가죽 쿠션 284 · 42 모던 장지갑 288 · 43 부릉부릉 수첩커버 294

QR코드 동영상 강의로
가죽공예 기초 배우기

보고 싶은 강의의 QR코드를 리더기로 읽어 해당 동영상 강의를 볼 수 있어요.

초보자를 위한 가죽공예 기본 도구

1. 가죽공예의 기본

가죽공예의 기본이 되는 형지 만들기 및 가죽의 재단 방법과 부속물 다는 방법을 배웁니다.

❶ 형지 만들기

❷ 가죽 재단하기

❸ 가죽 피할하기

❹ 리벳 달기

❺ 아일렛(그로멧) 달기

❻ 스냅 달기

❼ 와이어스냅 달기

2. 바느질 기본 기법

가죽공예의 기본 바느질 방법을 배워봅니다.

❶ 바느질선 표시하기

❷ 바느질 구멍 뚫기
펀치로 바느질 구멍 뚫기

❸ 바느질 구멍 뚫기
치즐로 바느질 구멍 뚫기

❹ 바느질 구멍 뚫기
모서리 부분의 바느질 구멍 뚫기

❺ 바느질의 기본

❻ 바느질 방법
새들 스티치

⑦ 바느질 방법
일자 바느질

⑧ 바느질 방법
X자 바느질

⑨ 남은실의마감 방법
뒷면 라이타 마감

⑩ 남은실의마감방법
3땀 더 가서 본드 마감하기

⑪ 남은실의마감방법
X자 마감하기

⑫ 절단면 마감하기
엣지 배베러하기

⑬ 절단면 마감하기
옆면 마감제 사용하기

⑭ 절단면 마감하기
절단면 마감제 사용하기

3. 무늬 넣고 염색하기

가죽공예를 다양하게 해주는 다양한 무늬 넣은 방법과 가죽에 색을 입히는 염색 방법을 배워봅니다.

① 가죽에 무늬 넣는 방법
(수지판, 전사기법, 무늬막대)

② 가죽 염색의 기본

③ 가죽 염색
유성 염색하기

④ 가죽 염색
수성 염색하기

⑤ 가죽 염색
라텍스 방염 기법

⑥ 가죽 염색
마블 기법

국영주의 친절한
가죽공예 클래스
DIY200% 활용하기

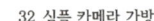

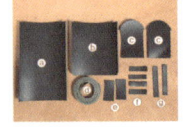
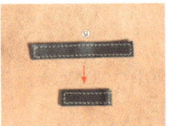
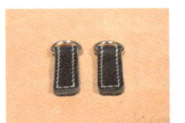

① **만들 가죽 작품** : 이번 섹션에서 만들 가죽 작품의 완성 사진입니다.

② **실물본** : 작품 제작에 필요한 실물본을 안내합니다.

③ **준비물, 약품, 도구**
해당 가죽 작품을 만들기 위해 필요한 가죽과 소품, 관련 도구와 약품 등 준비물들을 소개합니다.

④ **예상 재료비, 예상 제작시간, 완제품 예상가**
- **예상 재료비** : 독자 분들이 작품을 만들 때 필요한 비용을 예측하기 쉽도록 가죽과 부재료의 예상 가격을 수록하였습니다. 이 가격은 말 그대로 예상 가격이므로 작품을 만들 때 참고 자료로 활용하세요.
- **예상 제작 시간** : 작품은 만드는데 필요한 예상 시간입니다. 개인에 따라 차이가 있을 수 있으니 참고 자료로 활용하세요.
- **완제품 예상가** : 완제품을 판매할 경우의 예상 가격입니다.
- **완성 크기** : 부록으로 제공된 실물본을 활용하여 만들었을 때 작품의 완성 크기입니다.

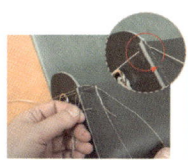
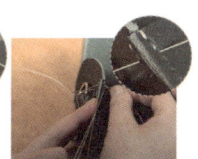

22 약 150cm의 실에 바늘을 넣고 사진처럼 바늘을 빼서 준비합니다.

23 새들스티치를 한 땀 바느질한 모습입니다.(몸의 바깥쪽 방향으로 비느질)

24 평면 바느질할 때와 같은 방법으로 새들스티치를 하고 구멍을 다시 뚫을 때는 한번에 3개씩 뚫어가면서 바느질합니다.

31 다른 모양의 잠금장식을 달아준 모습입니다.

32 취향에 따라서 허리 벨트 부분을 빼고 뚜껑의 디자인을 해도 좋습니다.

★ 잠금장식 달기

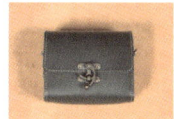

25 나머지 한쪽도 같은 방법으로 바느질합니다.

26 잠금장식이 달릴 위치를 은편을 사용하여 표시합니다.

27 잠금장식이 달릴 자리에 3.5mm 원형펀치로 구멍을 뚫고 6mm 리벳서브와 쇠판을 사용해서 사진처럼 잠금장식을 달아줍니다.

★ 가방끈 만들기

28 도구함의 끈 만들기(P.220 12번)를 참고해서 같은 방법으로 가방끈을 만들어줍니다.

29 가방끈이 완성된 모습입니다.

30 완성된 가방끈을 달아줍니다.

▲ 가죽 카빙을 활용해서 만들어본 카메라 가방

---

⑤ **형지 제작 및 재단하기** : 새로운 가죽 작품을 만들기 전에 형지를 만드는 방법과 형지에 따라 가죽을 재단하는 방법을 소개합니다. 이 부분을 잘 이해하면 전체적인 작품의 구조를 쉽게 알 수 있습니다. 안내에 따라 형지를 만들고 재료를 준비하면 좀 더 쉽고 편하게 작품을 만들 수 있습니다. 형지 제작을 쉽게 할 수 있도록 부록에 실물본을 제공하고 있으니 활용하세요.

⑥ **제작 단계 살펴보기** : 현재 작품의 제작 과정에서 어떤 단계를 진행하고 있는지 보여줍니다.

⑦ **QR코드 동영상 강의** : 스마트폰의 QR코드 리더기로 해당 QR코드를 촬영하면 제공되는 가죽공예 기본 기법 강의입니다. 동영상 강의가 제공되는 기법에만 이 표시가 되어있습니다.

⑧ **팁** : 제작 과정에서 경험한 작가만의 노하우와 정보를 소개합니다.

⑨ **응용작품** : 본문에서 만든 작품을 응용하여 만들 수 있는 다양한 작품의 활용 방법을 소개합니다.

1
Leather craft

PART 1

가죽공예의 기초

01 가죽공예에 필요한 준비물
02 기본 바느질 기법과 도구 사용
03 유성염료와 수성염료로 염색하기
04 가죽공예 카빙의 기초

가죽공예에 필요한 준비물

01 실물본 작업과 가죽 재단에 필요한 도구들

1. **형지지** : 눈금이 표시되어있는 두꺼운 모눈종이입니다. 눈금이 있어서 형지를 그릴 때 편하고, 종이가 두꺼워서 형지를 가죽에 옮겨 그릴 때 편리합니다.
2. **쇠자** : 실물본의 선을 그리거나 자를 때 사용합니다.
3. **직각자(쇠)** : 직각을 잡을 때 편리합니다.
4. **재단판** : 커팅매트라고 적혀 있는 재단판을 써야합니다. 일반 매트를 사면 매트까지 잘리므로 주의하세요. 칼날과 테이블을 보호합니다.
5. **가죽가위** : 가죽의 곡선을 자를 때 편리합니다.
6. **가죽칼** : 가죽을 자를 때 사용하는 재단 칼입니다. 구두칼이라고도 합니다. 오른손잡이와 왼손잡이용이 따로 있으므로, 꼭 확인하고 구입하세요. 커터칼을 사용해도 됩니다.
7. **커터칼** : 가죽을 자를 때 사용합니다. 쇠자와 같이 사용하면 좋습니다.
8. **원형 로터리칼** : 가죽을 재단할 때 사용합니다. 부드러운 가죽을 자를 때 쇠자와 함께 사용하면 편리합니다.
9. **지워지는 열펜(일본)** : 열과 마찰에 의해서 지워지는 펜입니다. 대부분의 가죽에 잘 그려지고 지워지지만 베지터블 생지에는 약간의 흔적이 남습니다.
10. **은펜(독일)** : 송곳으로 절단선을 표시할 때 가죽에 잘 표시나지 않는다면 은펜을 사용합니다. 잘 지워지는 펜으로 구입해서 사용하세요. 간혹 지워지지 않는 은펜을 사용하면 가죽에 손상을 줄 수 있습니다. 재단 시 가죽에 표시되는 재단선이 굵게 나오므로 은펜이 보이지 않도록 잘라주어야 크기가 정확하게 나옵니다.
11. **모나미 은펜** : 가죽 형지를 옮겨 그리거나 표시할 때 사용합니다.
12. **은펜 지우개** : 가죽에 표시된 은펜을 지울 때 사용합니다. 가죽에 따라 자국이 남는 경우가 있습니다. 자투리 가죽에 테스트한 후에 사용하세요.
13. **송곳** : 가죽에 재단선을 표시할 때 사용합니다. 가죽에 표시한 선이 얇게 그려져 정밀한 재단을 할 수 있습니다.

02 접착할 때 필요한 약품과 도구들

1, 7 백본드 100 : 수용성 접착제로 투명하게 마르며 접착 시간은 오래걸립니다. 바느질한 실을 마감할 때 사용하면 좋습니다.

2 사이비놀 600 : 초산 비닐 수지계 본드로 바른 후 바로 접착이 가능하며 활용성이 높습니다. 말린 후에 투명해지며 사포로 갈 수 있고 접착력이 매우 뛰어납니다. 또한 냄새가 적어 가죽공예에 적합한 접착제입니다.

3 인터콤(1816b) 수성 접착제 : 가죽, 환경 리프터, 직물, 커버, 마분지, PVC, EVA, 나일론 접착에 사용이 가능합니다. 접착제 도포 후 20분 이내 접착하면 좋습니다. 이후 48시간 이내에는 60~70도의 열을 가한 후 재 접착이 가능합니다.

4 롤러 : 본드를 가죽에 바른 후 서로 붙이고 롤러로 문질러주면 접착력이 증가하고 가죽과 가죽 사이에 있는 공기가 빠집니다.

5, 6 헤라 : 본드를 가죽에 바를 때 사용하는 도구입니다.

8 스타본드 950 : 가죽 가방을 만들 때 가장 많이 쓰는 일명 고무풀라고 불리우는 본드입니다. 돼지본드에 비해 접착성이 우수하지만 휘발성이 강하고 냄새가 자극적이라 임산부에게 안 좋습니다.

9 본드지우개 : 본드 접착 시 절단면과 겉면이나 뒷면에 붙은 본드를 제거할 때 사용합니다. 본드를 바른 직후 바로 사용하는 것이 가장 좋습니다. 강력 추천하는 아이템입니다.

03 바느질 구멍 뚫을 때 필요한 도구들

1. **콜크판** : 둥근 송곳이나 다이아몬드 송곳 등으로 바느질 구멍을 뚫을 때 사용하고, 바늘이나 송곳을 꽂아서 보관할 수 있습니다.

2. **마름송곳** : 치즐로 바느질 자국을 표시하고 바느질 구멍을 하나하나 뚫을 때 사용하는 도구입니다. 박스 스티치를 할 때 꼭 필요합니다.

3. **망치** : 금속 재질이 아닌 나무로 되어 있어 구멍을 뚫거나 부속철물을 달 때, 금속으로 된 도구를 타격할 때 편리합니다.

4. **스티칭 그루버** : 바느질 홈을 표시할 때 사용합니다

5. **V자 홈파기** : 두꺼운 가죽을 접을 때 안쪽에서 홈을 파서 접어줍니다. V자 홈파기를 사용하면 가죽이 편안하게 접어집니다.

6. **크리져** : 바느질 선이나 위치를 표시할 때에 사용합니다. 진하게 그었을 경우에는 스티칭 그루버와 같은 효과를 내기도 합니다. 알콜램프를 이용하여 열선을 그을 수 있습니다.

7. **디바이더** : 가죽에 바느질 라인을 표시하거나 간격을 옮겨 그릴 때 사용합니다.

8. **사선치즐** : 바느질 구멍을 뚫을 때 사용합니다. 일자 모양으로 구멍을 뚫어줍니다.

9. **울 그리프** : 바느질 구멍을 뚫을 때 사용합니다. 원형 모양으로 구멍이 뚫리는 치즐입니다. 구멍이 작게 뚫려서 뒤집기 바느질을 할 때 사용하면 좋습니다.

10, 11. **고무판** : 펀칭 도구나 치즐을 사용할 때 반드시 사용해야합니다. 도구를 보호해주는 역할을 합니다.

12. **PVC 펀칭보드** : 펀칭 도구와 치즐을 사용할 때, 구멍을 쉽게 뚫고 치즐을 보호하기 위해 반드시 사용해야합니다.

13. **집게형 치즐** : 소음 없이 고무판 없어도 바느질 구멍을 뚫을 수 있습니다. 입체 형태에 구멍을 뚫을 때 편리하지만 연습이 필요합니다.

❶ 국산 초사
❷ 비니모 MBT
❸ 린넨사
❹ 나일론 본딩사
❺ 비즈왁스
❽ 씨뉴
❻ 린넨 왁스사
❸ 린넨사
❼ 쪽가위
❾ 바늘

04 바느질에 필요한 도구와 재료들

1. **국산 초사** : 면사에 왁스를 먹여 매트한 느낌의 바느질 선이 나오는 국산 초사입니다.
2. **비니모 MBT** : 일본에서 만들어지는 폴리사로 실에 본딩이 되어있어 바느질할 때 편리합니다. 약간의 광택이 있습니다.
3. **린넨사** : 마 재질로 만들어진 천연사입니다. 자연스러운 느낌을 좋아하는 분들이 사용하면 좋습니다. 비즈왁스를 발라서 바느질을 해야 하고 폴리사나 나일론사보다 내구성이 떨어집니다.
4. **나일론 본딩사(국산)** : 폴리사보다 신축성이 있지만 일반 나일론사에 비해 엉킴이 적고 가성비가 좋습니다.
5. **비즈왁스** : 린넨사나 나일론사 등 본딩이 되어있지 않은 실을 사용할 때 실에 왁스를 먹여서 바느질을 합니다.
6. **린넨 왁스사** : 린넨사에 왁스를 먹인 실로 사용이 편리합니다.
7. **쪽가위** : 실을 자를 때 사용합니다.
8. **씨뉴** : 소의 힘줄로 만든 베지터블 가죽에 잘 어울리는 통가죽 전용 실입니다. 왁싱 처리가 되어 있어서 약간 끈적입니다. 실이 너무 두꺼우면 실의 가닥을 분할해서 사용하세요.
9. **바늘** : 바느질 방법에 따라서 바늘의 형태가 조금씩 달라지지만 일자 바늘로 바느질이 가능합니다. 가죽 레이스를 사용할 때는 가죽 레이스 전용 바늘을 사용합니다.

05 마감과 금속장식 부착에 필요한 도구들

1. **아일렛 셔터와 쇠판** : 아일렛을 부착할 때 쓰는 도구로 셔터와 쇠판이 하나의 세트입니다.
2. **종발(멀티형 쇠판)** : 스프링 도트, 링도트, 리벳(가시메) 등을 부착 할 때 부속철물이 움직이지 않도록 고정시켜주는 역할을 하는 합니다. 무게감이 있어서 문진으로도 사용 가능합니다.
3. **스프링 도트(와이어 스냅) 셔터** : 스프링 도트(와이어 스냅)를 부착할 쇠판과 같이 사용합니다. 이때 사용되는 도구로는 암단추용과 숫단추용이 있어 각각에 맞는 셔터를 사용해야 합니다. 두 개가 한 세트입니다.
4. **링도트(스냅) 셔터** : 링도트(스냅)를 부착할 때 사용되는 도구로 한 개의 셔터를 사용해서 두 부분에 링도트를 달아줍니다. 쇠판과 함께 사용합니다.
5. **리벳 셔터(가시메) 세트** : 리벳을 부착할 때 사용하는 도구입니다. 쇠판과 함께 사용합니다.
6. **패디** : 가죽의 다면 두께를 얇게 깍아주는 피할에 필요한 도구입니다. 부분 피할기로 가죽의 두께를 얇게 깍아줍니다.
7. **핸디 스카이빙 툴** : 가죽 뒷면의 두께를 얇게 깍아주는 부분 피할 도구입니다.
8. **엣지 베벨러** : 가죽 절단면의 직각 부분을 깍아줄 때 사용합니다. 엣지 베벨러를 사용하지 않으면 사포질 후 절단면을 토코롤로 마감할 때 바느질 부분으로 가죽이 내려앉아서 바느질 간격이 일정하게 보이지 않습니다.
9. **강화유리** : 가죽의 뒷면에 토코롤을 바르고 문지를 때 사용합니다. 가죽 카빙 시트지를 가죽의 뒷면에 붙일 때도 사용합니다. 가죽칼을 사용해서 가죽을 손피할 때 받침대로도 사용이 가능합니다.
10. **슬리거** : 절단면을 마감할 때 사포질한 후 염료와 토코롤을 바르고 문질러주면 광이 납니다.
11. **종이사포** : 종이 재질로 되어 있어 원하는 만큼 잘라서 사용할 수 있습니다. 가죽의 절단면을 마감할 때나 단차가 나는 접착 단면을 다듬고 다용도로 활용 가능한 사포입니다.
12. **천사포** : 천 재질로 되어 있어 원하는 만큼 잘라서 사용할 수 있습니다. 가죽의 절단면을 마감할 때나 단차가 나는 접착 단면을 다듬고 다용도로 활용 가능한 사포입니다. 종이 사포에 비해 조금 더 거칠게 갈아집니다. 천사포의 숫자가 클수록 입자가 고와집니다.
13. **미니 철사포** : 가죽의 절단면과 안쪽 부분을 갈아야할 때 또는 휴대용으로 사용할 때 편리합니다. 구부려서 사용하기도 좋습니다.
14. **손잡이 철 사포** : 가죽의 절단면과 겉면을 갈아야 할 때 손잡이가 있어서 사용이 편합니다. 철 부분만 교체가 가능하고 천사포나 종이사포에 비해서 사용기간이 매우 긴 것이 장점입니다.
15. **엣지코트(기리메)** : 아크릴계로 만든 가죽 단면 마감제입니다. 수성으로 물을 사용하여 농도를 조절하며 여러 가지 칼라로 조색이 가능합니다. 1차 도포하여 완전 건조 후 단면이 거칠 경우는 미세 사포로 갈아주고 나서 다시 발라주면 좋습니다. 3회~6회 반복해서 발라줍니다.
16. **토코롤** : 식물성 탄닌 성분의 가죽에 사용하는 가죽 절단면과 가죽 뒷면 마감재입니다. 수용성으로 인체에 무해하고 검정, 무색, 탄색 3가지 색깔이 있습니다.

❶ 평붓　❷ 납 전용붓　❸ 가죽 전용 수성 염료

❹ 목납　❺ 백납　❻ 라텍스 방염제

❼ 중탕기

❽ CMC

06 방염 기법에 필요한 약품과 도구

1. **평붓** : 수성염료를 사용하거나 마감제르 바를 때 사용합니다.
2. **납 전용붓** : 납용액은 열을 가해야 사용할 수 있기 때문에 일반 붓을 사용하면 붓이 녹아버려 반드시 전용붓을 사용해야합니다.
3. **가죽 전용 수성 염료** : 가죽 염색과 방염 기법에 사용되는 염료입니다. 물을 이용해서 색의 농도를 조절합니다.
4. **목납** : 납 방염 시 가죽에 접착력을 줄 때 사용합니다
5. **백납** : 납 방염 시 가죽에 크렉을 줄 때 사용합니다.
    - 계절에 따른 목납과 백납의 비율
        봄과 가을   목납 : 백납 = 1 : 1
        여름   목납 : 백납 = 1 : 2
        겨울   목납 : 백납 = 2 : 1 의 비율로 양을 조절하여 사용하면 좋습니다.
6. **라텍스 방염제** : 고무계 가죽 방염제입니다. 붓이나 상자 등 여러 가지 보조도구를 사용해서 가죽에 방염제를 묻힌 후, 염색을 원하지 않는 부분에 발라주면 발라준 부위만 염색이 되지 않습니다. 라텍스가 완전히 건조된 후에 염색을 진행해야 방염제가 발라진 부분에 염색이 되지 않습니다. 사용한 붓은 바로 세척해 주어야 붓이 상하는 것을 방지할 수 있습니다.
7. **중탕기** : 납 방염 시 목납과 백납을 타지 않게 녹여줄 수 있는 도구입니다. 중탕기가 없을 때는 핫플레이트를 사용하기도 합니다.
8. **CMC** : 마블 기법 사용 시 필요한 흰색 가루입니다. 물과 섞어서 탕수육 소스 정도의 걸죽한 농도로 만들어서 사용합니다. 염색한 후 별도의 마감제를 사용하지 않아도 됩니다.
베지터블 가죽의 뒷면과 옆면 마감제로 사용하기도 합니다.

❶ 목장갑(손가락 부분) ❷ 비닐장갑(손가락 부분)

❾ 미세 세필붓

가죽 전용 유성염료 ❺ 양모봉

❹

❿ 평붓

❽ 탄코트

❻ 양모

❼ 천 조각(면)

11 바인더 12 수성 라카

❸ 니드풋 오일

07 염색에 필요한 도구와 약품들

1. **목장갑(손가락 부분)** : 염료를 묻혀 가죽에 염색할 때 사용합니다.
2. **비닐장갑(손가락 부분)** : 목장갑 안쪽에 끼워주어 손가락에 염료가 묻는 것을 막아줍니다.
3. **원형붓** : 염료를 묻혀 염색 시 사용합니다.
4. **가죽 전용 유성염료** : 베지터블 가죽에 염색할 때 사용합니다.
5. **양모봉** : 양모를 사용해서 봉처럼 만들어서 가죽에 넓은 면을 염색할 때 사용합니다. 염료를 많이 머금고 있어서 얼룩을 덜지게 합니다.
6. **양모** : 가죽에 염색을 하거나 니드풋 오일을 가죽에 발라 줄때 사용합니다.
7. **천 조각(면)** : 가죽에 염색을 하거나 엔틱다이나 탄코트를 사용할 때 필요합니다.
8. **탄코트(Tan-Kote)** : 엔틱다이 염색 후에 사용하는 방습 기능의 수성 마감제로 물수건 등으로 닦아주면 마감한 부분이 벗겨질 수 있습니다. 영구적으로 보존되는 것이 아니기 때문에 시간이 지남에 따라 지속적으로 발라주면 좋습니다. 탄코트를 사용한 후 수성 라카를 발라주면 좋습니다.
9. **미세 세필붓** : 카빙 후에 채색할 때 사용합니다. 용도에 따라서 호수를 다양하게 사용합니다.
10. **평붓** : 바인더와 수성라카를 바를 때 사용합니다.
11. **바인더** : 염색 후에 락카를 바르기 전 가죽에 붓이나 천에 적셔 발라줍니다. 수성이나 유성락카를 바르기 전에 바르는 각종 염색의 착색제로 염료가 묻는 것을 예방해주고 락카의 균열로부터 가죽을 보호해줍니다. 염색 후에 균일하게 발라서 잘 건조시켜 사용해주세요.
12. **수성 라카** : 염색 후 바인더를 발라준 후에 바르거나, 카빙 후 엔틱다이 염색을 하기 전에 가죽의 칼라를 보호(생지의 느낌을 살리기 위해)하기 위해서 발라주거나 엔틱다이 염색 후에도 사용합니다. 모든 염료와 안료에 사용 가능하며 자연스러운 광택으로 마무리가 가능한 마감제입니다.
13. **니트풋 오일** : 카빙한 가죽에 엔틱다이의 흡수를 좋게 하며 균일하고 진한 엔틱다이 색상의 느낌을 원할 때 사용합니다.
    가죽 보호와 방수를 동시에 해주는 오일로써 갈라짐과 건조함을 방지해주고 가죽의 수명을 연장해주며 자연스러운 태닝 효과를 줄 수 있습니다. 부츠, 신발, 안장, 야구 글러브와 같은 일반 가죽 제품을 비롯한 두꺼운 가죽 제품에도 잘 흡수되어 가죽 관리에 좋지만 스웨이드, 누벅 제품엔 사용이 불가능합니다.

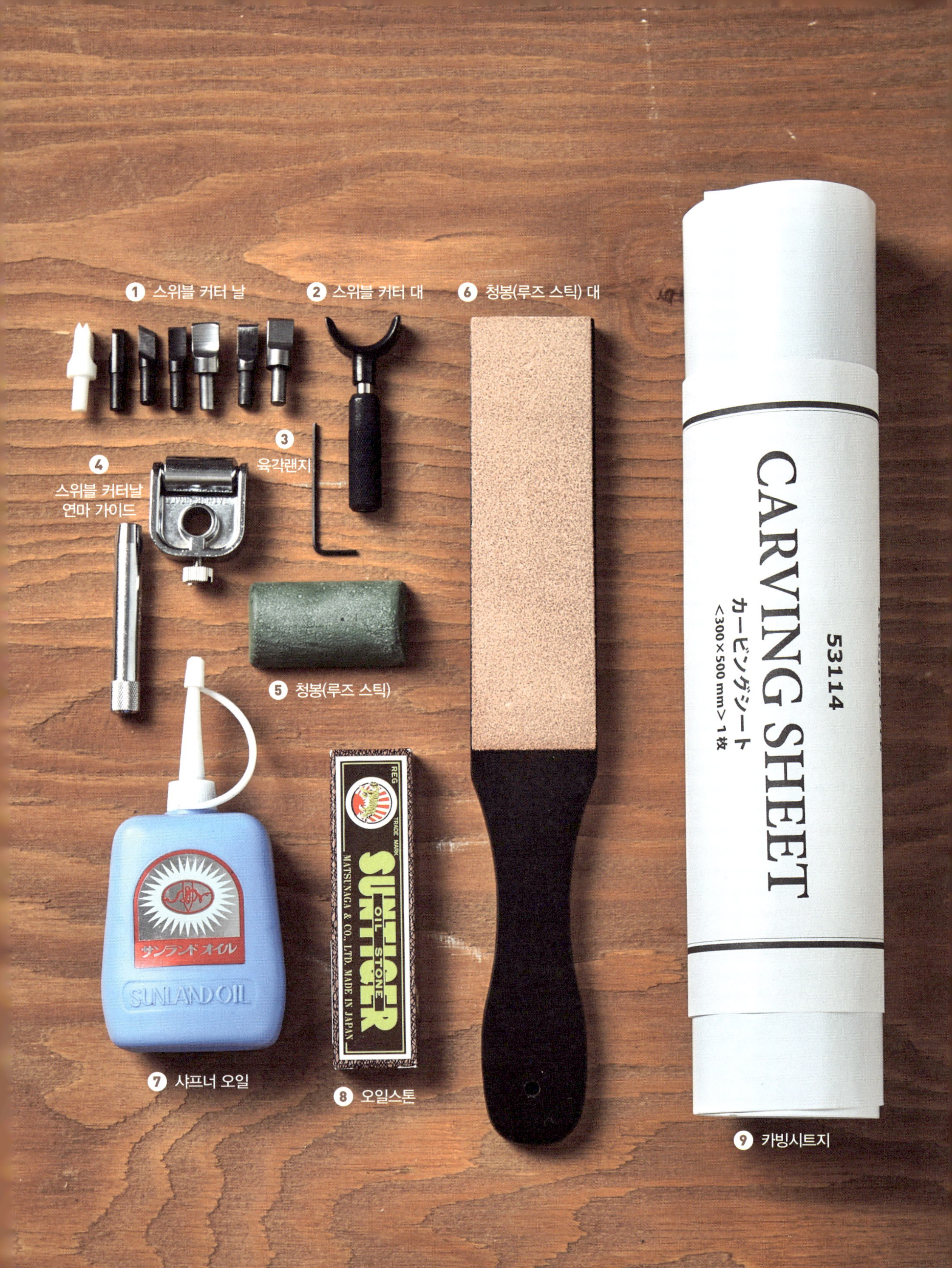

1 스위블 커터 날
2 스위블 커터 대
6 청봉(루즈 스틱) 대
3 육각렌치
4 스위블 커터날 연마 가이드
5 청봉(루즈 스틱)
7 샤프너 오일
8 오일스톤
9 카빙시트지
CARVING SHEET
53114
カービングシート
<300×500 mm> 1枚
サンランドオイル
SUNLAND OIL
REG TRADE MARK
SUNTIGER
OIL STONE
MATSUNAGA & CO., LTD. MADE IN JAPAN

08 가죽 카빙에 필요한 도구들

1. 스위블 커터와 카빙 준비 도구

1. **스위블 커터 날** : 사용 용도에 따라서 세밀날, 기본날, 이중날, 헤어날 등 다양한 날을 선택할 수 있습니다.
2. **스위블 커터대** : 카빙을 할때 칼날을 끼워서 사용합니다.
3. **육각랜지** : 스위블 커터 날을 대에 넣거나 뺄 때 사용하는 육각형 모양의 랜지입니다.
4. **스위블 커터날 연마 가이드** : 스위블 커터 날을 정확한 각도로 갈아줄 때 사용하는 보조도구입니다.
5. **청봉(루즈 스틱)** : 날을 예리하게 만들어주는 금속연마제로 날을 갈아주는 도구는 아닙니다. 가죽을 재단하다 보면 탄닌 성분이 칼에 묻어나 날이 잘 나가지 않을 때 사용하면 날이 잘 듭니다.
6. **청봉대** : 거친 부분에 청봉을 발라서 칼이나 스위블 커터 날을 더욱 미세하게 연마할 때 사용합니다.
7. **샤프너 오일** : 오일스톤이나 루즈스틱대의 거친 면에 샤프너 오일을 떨어트린 후 칼이나 송곳 등을 갈아줄 때 사용하며, 녹 방지를 위해 사용하지 않는 도구 등에 도포하는 용도로도 사용 가능합니다.
8. **오일스톤** : 물이 없이 건식으로 칼이나 송곳을 갈아줄 때 샤프너 오일을 떨어뜨려 사용합니다.
9. **카빙시트지** : 가죽 카빙 시에 가죽이 늘어나는 것을 방지해주며, 실물본이 변형되는 것을 방지하여 줍니다. 고점도 방수성 필름으로 제작하여 물을 뿌려 작업해도 시트지가 떨어지지 않습니다. 작업이 끝난 후에는 가죽이 완전히 마른 뒤에 시트를 제거하여 주세요.

2. 각인 타격에 필요한 도구

1. **대리석** : 카빙 각인을 가죽에 칠 때 가죽 밑에 깔아줍니다. 각인이 선명하게 나오도록 해줍니다.
2. **카빙웨이트** : 가죽이나 형지를 고정하기 위한 문진입니다.
3. **라운드 마울** : 각인을 칠 때 망치처럼 사용하는 도구로 각인이 미끄러지지 않고 무게 중심이 앞쪽에 있어 적은 힘으로도 강한 타격이 가능합니다.

▲ EMS 각인(세밀한 표현)

3. 여러 가지 각인들

1. 베벨러(Beveler)
입체감을 확실하게 살려줄 때 사용합니다.

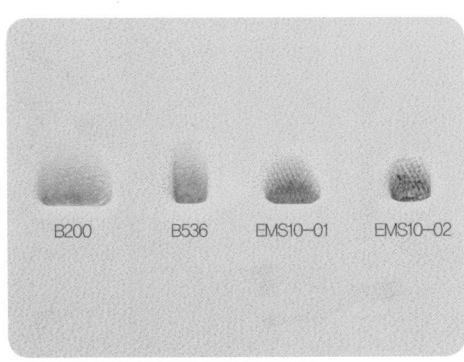
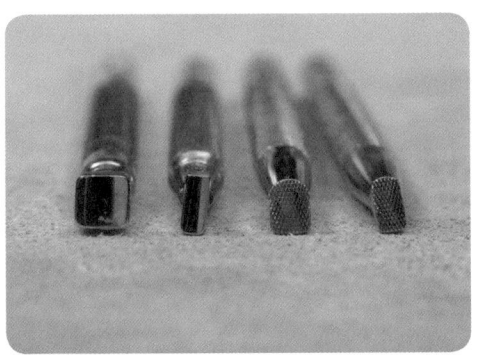

2. 언더컷 베벨러(Undercut beveler)
꽃과 줄기의 강한 입체감을 표현하며 가죽을 들어주는 역할을 합니다.

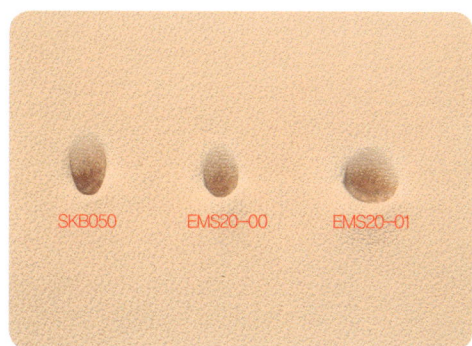

3. 페어 쉐이더(Pear shader)
부드러운 입체감을 표현할 때 사용합니다. 꽃잎이나 잎사귀의 부드러운 곡선을 표현할 수 있습니다.

4. 센터 쉐이더(Center shader)/리프 라이너(Leaf liners)
센터 쉐이더는 중앙의 입체감을 표현하고 립프 라이너는 줄기의 입체감을 표현할 때 사용합니다.

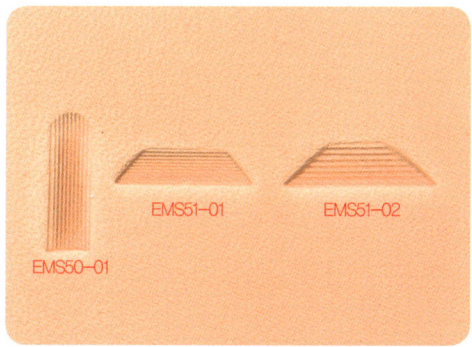

5. 시더(Seeder)

꽃의 술 부분이나 소용돌이 중심에 각인할 때 사용합니다.

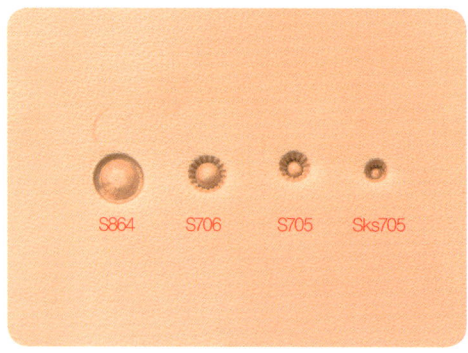 

6. 플라워 센터(Flower centers)

꽃의 중심 꽃술 부분의 입체감을 표현합니다.

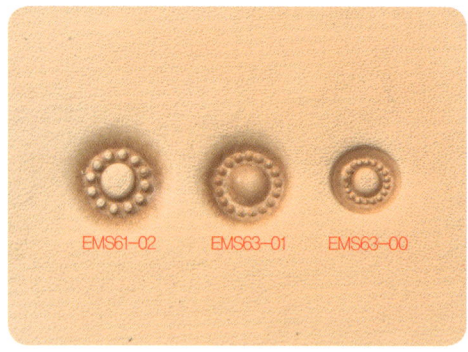 

7. 베이너(Veiner)

초승달 모양으로 되어있으며 꽃잎과 줄기, 잎사귀의 세밀한 부분을 표현하며 각인을 할 때 경사를 기울여서 절반 정도만 무늬가 나오도록 합니다.

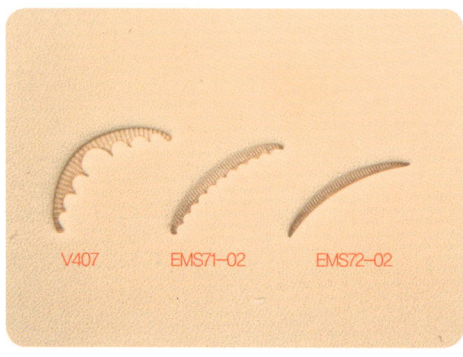 

8. 까무쁠라쥬(Camouflage)

꽃잎 잎맥 줄기 등에 입체감을 표현할 때 사용하며 각도에 따라서 모양이 다르게 나옵니다.

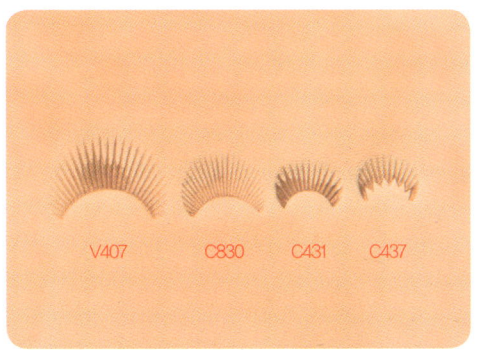

9. 물렛 풋(Mule foot)

줄기가 갈라지는 부분에 표현하며 각도를 기울여서 점점 약하게 쳐서 무늬가 점점 작아지게 각인합니다.

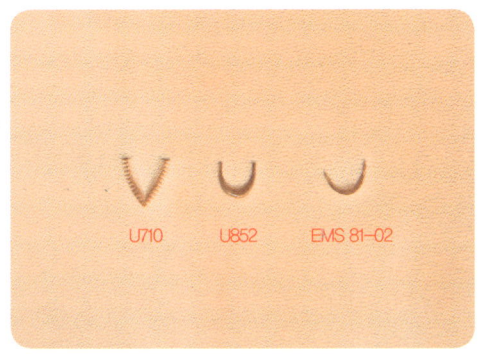

10. 백그라운더(Backgrounder)

베벨러를 각인한 후 배경 부분을 눌러줄 때 사용합니다.

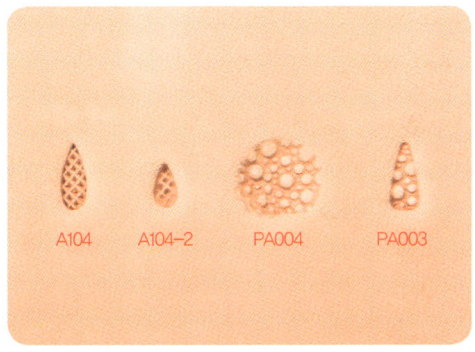

09 이 책에서 사용한 가죽들

소가죽은 크게 베지터블과 크롬 가죽으로 나눌 수 있습니다.

베지터블 가죽은 식물 성분인 타닌을 사용하여 무두질한 가죽으로 가죽 겉면에 긁힘이 나기 쉽지만 시간이 흐름에 타라서 가죽이 테닝 되면서 멋스러워집니다. 가죽에 쉽게 긁힘이 나기 때문에 미싱을 사용한 작업보다는 손바느질을 하는 것이 좋습니다.

베지터블 가죽 중에서 통가죽 생지는 가죽에 코팅이나 염색을 하나도 하지 않은 가죽으로 가죽에 무늬를 넣거나 염색을 자유롭게 할 수 있습니다. 가죽 카빙이나 염색을 원할 때는 통가죽 중에 생지를 사용하면 됩니다. 사진에서 ①번 가죽입니다.

베지터블 가죽 중에 통가죽은 가죽에 무늬를 넣지 않고 염색만 한 두꺼운 가죽을 말합니다. 주로 2.0mm부터 4.5mm까지 나오는데 보통 가벼운 통가죽 가방을 만들 때는 2.0mm를 사용하고 벨트를 만들 때는 3.0~4.5mm를 많이 사용합니다. 지갑이나 카드지갑 같은 소품의 경우는 각자의 선호도에 따라서 0.6~1.2mm까지 가죽을 피할해서 사용하기도 합니다.

②번 베지터블 통가죽이 염색되어진 가죽입니다.

③번 베지터블 복스의 경우는 가죽 표면을 매끈하게 갈아내어 도장 처리한 가죽으로 유광, 무광, 자연광의 하드한 타입입니다.

베지터블 가죽은 옆면과 뒷면 마감시에 토코롤을 사용해서 마감이 가능합니다. 옆면 마감 시에는 엣지코트를 사용하기도 합니다.

크롬 가죽은 광물성 유제 용제인 크롬 즉, 화학물질을 사용하여 무두질을 하였습니다. 긁힘과 물 얼룩에 덜 민감하여 재킷이나 장갑과 같은 의류 제작에 적합하며 미싱을 사용해도 자국이 남지 않습니다.

또한 다양한 컬러를 만들 수는 있지만 개인 작업 시 원하는 가죽칼라로 염색하는 것은 생지보다 어렵습니다. 또한, 원하는 무늬를 각인할 수 없습니다. 처음 가공한 색을 오래 유지할 수 있어서 많은 패션 브랜드에서 사용하고 있습니다. 이 책에서는 사용하지 않았습니다.

크롬 가죽 절단면 마감 시에는 엣지코트(기리메)를 사용합니다.

기본 바느질 기법과 도구 사용

1 재단과 바느질 마감하기

1. 형지 옮기기

★ 송곳을 사용하여 형지 옮기기

01 준비한 형지를 가죽의 겉면에 올리고 송곳을 사용하여 누르면서 자국을 내줍니다.

02 송곳을 사용하여 가죽에 형지를 그려준 모습입니다.

★ 은펜을 사용한 형지 옮기기

> **+Tip** 은펜 자국이 보이지 않도록 잘라내세요
> 은펜을 사용하여 옮긴 가죽은 재단을 할 때 반드시 은펜 자국이 보이지 않게 그려진 부분까지 잘라내야 합니다. 그렇지 않으면 은펜의 두께 만큼 재단된 가죽의 크기가 커져서 완성 사이즈가 달라질 수 있습니다.

01 준비한 형지를 가죽의 겉면에 올리고 은펜을 사용하여 그려줍니다.

02 은펜을 사용하여 가죽에 형지를 그려준 모습입니다.

> **+Tip** 칼 잡는 방법
> 경사진 칼날과 가죽 단면의 각도가 90°가 되도록 만들어줍니다.
> 경사진 칼날이 몸의 안쪽으로 향하게 하여 사진처럼 한쪽 칼날을 45° 정도 들어서 잡아줍니다.

★ 재단하기(오른손잡이)

01 경사진 칼날과 가죽 단면의 각도가 90°가 되도록 칼을 잡고 사용할 가죽이 사진처럼 칼날의 오른 쪽에 오도록 하여 가죽의 단면이 수직이 되도록 잘라줍니다.

02 곡선 부분은 라운드 커터를 사용하여 잘라주거나 가죽칼을 사용하여 잘라줍니다.

> **+Tip** 왼손잡이의 칼날 방향
> 왼손잡이는 칼날의 방향도 오른손잡이와 반대입니다.

2. 바느질 선 표시하고 구멍 뚫기

★ 바느질 선 표시하기

01 재단된 가죽을 준비하고 자를 사용해 디바이더의 간격을 원하는 크기만큼 조절한 후 사진처럼 가죽의 둘레에 바느질할 자국을 내줍니다.

02 꼭짓점 부분은 송곳으로 가리키는 부분처럼 바느질선 바깥 부분으로 자국을 내면 안 됩니다.

> **+Tip** 꼭지점 바느질선 표시의 올바르는 방법

★ 구멍 뚫기

01 곡선 부분을 제외한 꼭짓점 부분에 송곳을 사용하여 구멍을 뚫어줍니다.

02 송곳으로 구멍을 뚫은 부분에 치즐의 첫 날을 맞춰서 자국을 내줍니다.

03 자국이 난 첫 번째 위치에 치즐을 맞추어 구멍을 뚫어줍니다.
이때 가죽과 치즐의 각도는 수직이어야 합니다.

04 직선 부분에 치즐을 사용해서 바느질 구멍을 뚫은 모습입니다. 반드시 먼저 뚫어준 구멍 하나를 걸치고 구멍을 뚫어주세요.

05 곡선 부분은 2날 치즐을 사용해서 구멍을 뚫어줍니다.

06 원형 송곳과 치즐 6날과 2날을 사용해서 바느질 구멍을 뚫은 모습입니다.

3. 바느질할 실의 길이 계산하고 바늘에 실 끼우기

★ 바느질할 실의 길이 계산

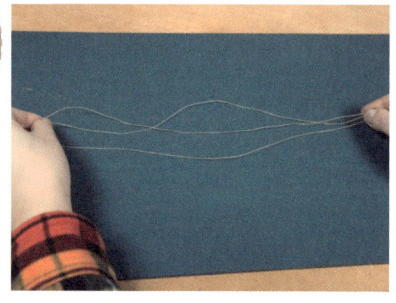

01 바느질할 실의 길이를 잴 때는 바느질할 둘레를 사진처럼 실을 사용하여 재줍니다.

02 둘레를 젠 실 길이의 3배로 계산하면 바느질할 전체의 길이가 나옵니다.

바느질 실 길이 계산하기

+Tip 바느질할 실의 길이(가죽의 두께가 2~3mm인 경우) = 바느질할 가죽의 길이 x 3

바느질할 가죽 단면의 두께나 바느질 방법에 따라서 약간의 변동이 있습니다.
박스 스티치나 단면의 두께가 6mm 이상인 경우는 5.5배가 필요하고 단면의 두께가 4mm 이상~6mm 미만은 4.5배를 하는 것이 좋습니다.

★ 바늘에 실 끼우기

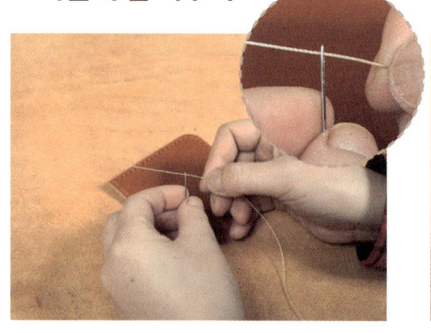
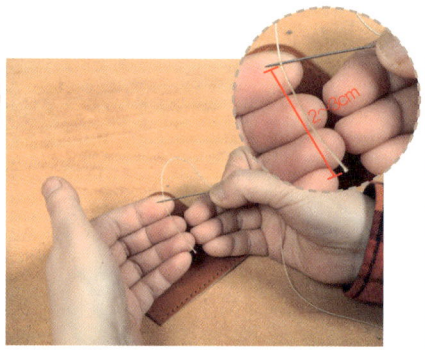

01 준비된 실을 가죽 전용 바늘에 사진처럼 넣어줍니다.

02 사진과 같이 넣은 실의 약 2~3cm 부분을 바늘로 통과합니다.

03 04번 과정처럼 같은 방법으로 바늘로 실을 2번 더 통과합니다.

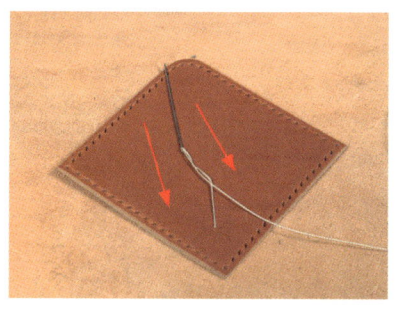

실 끼우기

04 바늘에 통과된 실을 손가락으로 사이에 넣고 아래로 쓸어 당겨서 사진처럼 준비합니다.

05 실의 남은 한 쪽도 같은 방법으로 바늘 한 개를 더 준비해서 실을 끼 웁니다

4. 포니 없는 손바느질하고 2땀 더 가서 실 마감하기(새들 스티치)

★ 바느질하기

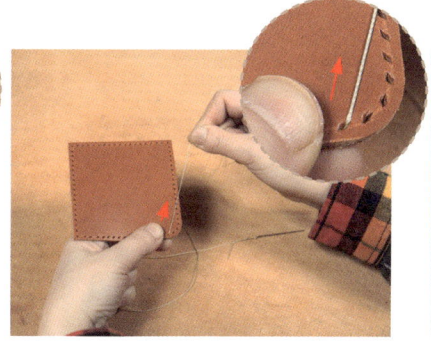
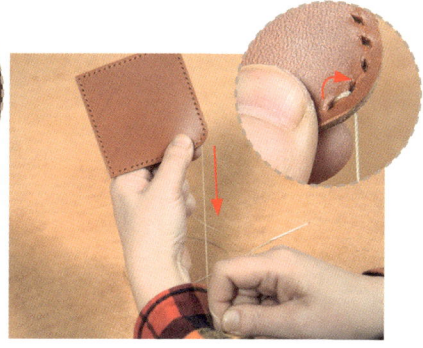

01 준비된 실을 구멍이 뚫어진 가죽에 하나만 넣어서 사진처럼 양쪽 실의 길이가 같도록 만들어 줍니다.

02 가죽의 겉면에 있는 실을 치즐이 뚫어진 방향과 일치하게 사진처럼 위쪽으로 잡아당겨줍니다.

03 잡아당긴 실을 오른쪽 방향의 바로 옆 구멍에 넣어 사진처럼 사선 방향으로 잡아당겨줍니다.

04 3번 과정에서 넣은 실은 왼손 아래에 눌러주고 뒤에 있는 바늘을 가져와서 사진처럼 넣어줍니다.

05 4번 과정에서 넣은 실을 2번과 같은 방법으로 사진처럼 사선으로 당겨줍니다.

06 앞에서 한 방법대로 오른쪽에 있는 다음 구멍에 넣어주고 구멍의 방향과 일치하게 실을 잡아당겨줍니다.

07 사진처럼 6번 과정에서 넣은 실은 바짝 당겨주고 왼쪽 아래에 있던 실을 6번 과정에서 넣은 실과 같은 구멍 오른쪽 방향으로 사진처럼 넣어줍니다.

08 위로 올라온 실은 사진처럼 구멍의 뚫어진 방향과 일치하게 잡아당겨줍니다. 같은 방법으로 남은 부분을 바느질합니다.

★ 두 땀 더 가 실 마감하기

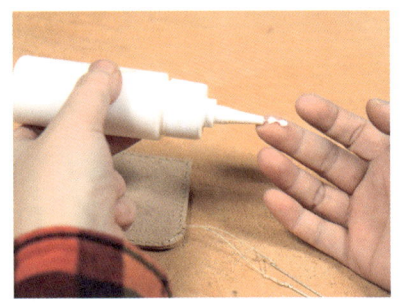

01 빈 구멍 없이 바느질을 마치고 가죽 전용 실본드를 손가락에 묻혀줍니다.

02 손가락을 이용해 양쪽 실에 3cm 정도 묻혀줍니다.

03 위에서 바느질한 방법과 동일하게 두 땀 더 바느질합니다.

04 양쪽에 있는 실을 한쪽으로 몰아서 약 1~2mm만큼 남기고 잘라줍니다.

05 사진처럼 가죽을 세우고 라이터를 옆으로 해서 실을 녹여줍니다.

포니 없는 새들스티치

포니 사용한 새들스티치

5. 포니를 사용한 바느질 방법과 뒷면 매듭 마감(새들 스티치2)

★ 바느질하기

01 포니에 가죽의 겉면이 오른쪽으로 오게 해서 가죽을 끼워주고 사진처럼 실의 길이가 같게 해서 바늘을 통과해줍니다.

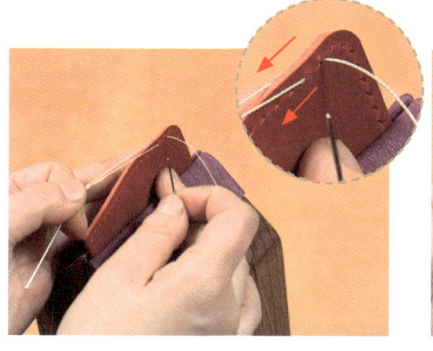

02 왼쪽에 있는 바늘을 몸쪽으로 한 칸 앞으로 넣어 사진처럼 몸쪽으로 잡아당겨 줍니다.

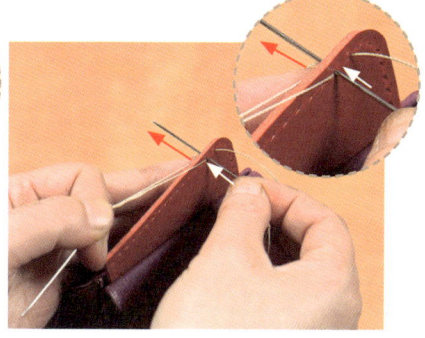

03 오른쪽에 있는 바늘을 잡아당긴 실의 위쪽으로 같은 구멍에 넣어줍니다.

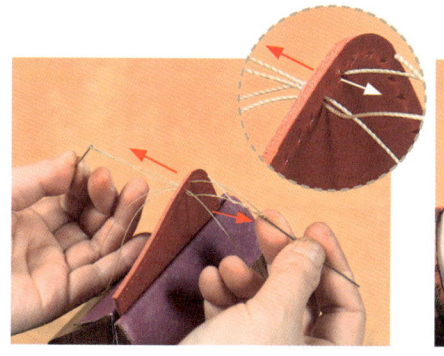

04 양쪽의 실을 일정한 힘의 크기로 당겨 줍니다.

05 왼쪽의 바늘을 사진처럼 몸 쪽으로 한 칸 앞으로 넣어줍니다.(왼쪽에서 오른쪽으로)

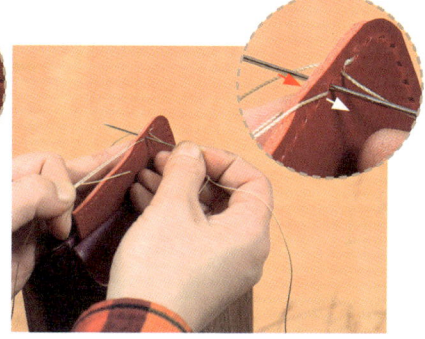

06 사진처럼 왼손으로 왼쪽에서 나온 실을 몸 쪽으로 잡아당겨주고 오른손으로 오른쪽 바늘을 당겨진 실의 위쪽으로 같은 구멍에 넣어줍니다.

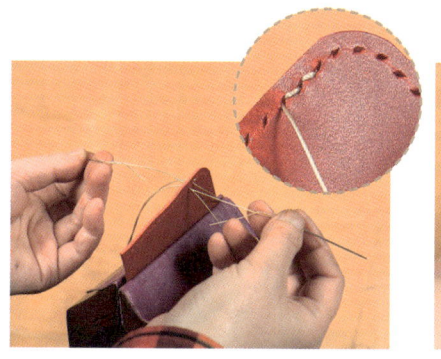

07 양쪽의 실을 일정한 힘의 크기로 당겨줍니다.

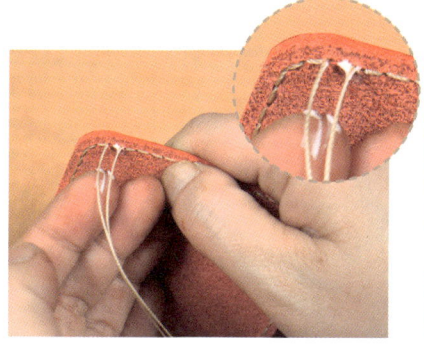

08 바느질을 다 해준 후 양쪽 실을 뒤쪽으로 오게 하고 실의 양쪽에 약 3cm 정도 가죽 전용 실 본드를 묻혀줍니다.

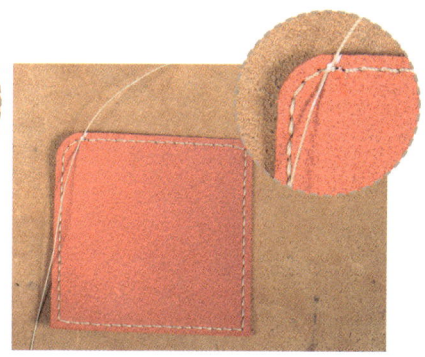

09 사진처럼 매듭을 묶습니다.

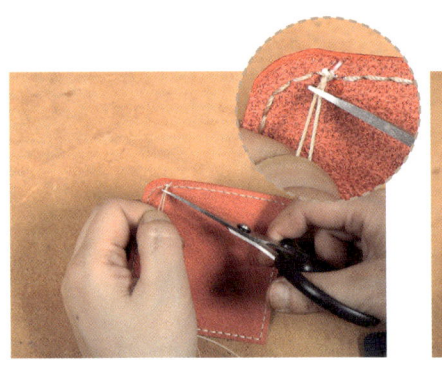

10 매듭을 묶은 후에 양쪽 실을 약 1~2mm 남기고 잘라줍니다.

11 가죽을 세우고 라이터를 옆으로 해서 실을 녹여준 후 녹여진 실은 라이터 끝을 사용해서 눌러줍니다.

12 포니를 사용한 바느질(좌)과 포니 없이 한 바느질(우)의 비교 사진입니다.

6. 본드 칠하고 접착하기

★ 본드 칠하기

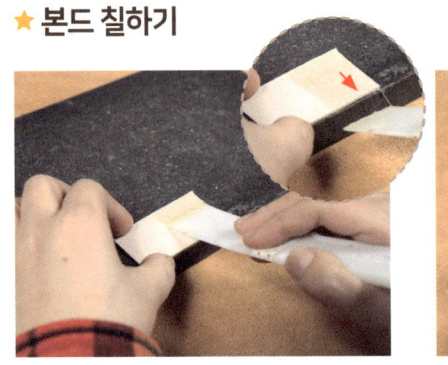

01 본드스틱의 끝에 본드를 묻혀 사진처럼 모서리에 두고 몸 안쪽 방향으로 당기면서 얇게 발라줍니다. 접착 부분 두 곳에 모두 발라줍니다.

02 얇게 발라준 본드가 꾸덕꾸덕해지면 접착 부분을 서로 단 차이가 나지 않게 잘 붙여줍니다.

03 접착력을 강하게 하고 사이에 있는 기포를 없애주기 위해서 롤러로 문질러줍니다.

> **+Tip 접착력을 높이는 방법**
> 롤러 대신에 바닥이 평평한 망치를 사용하여 접착 부분을 두들겨 주어도 좋습니다.

7. 절단면 정리하기

01 접착된 부분에 남아있는 본드는 본드지우개를 사용하여 제거합니다.

02 단면이 차이가 나는 경우에는 칼을 사용하여 단면을 정리합니다.

+Tip 본드를 제거하는 가장 좋은 타이밍
본드 제거는 본드 접착 후에 바로 하는 것이 가장 좋습니다.

03 엣지 베벨러를 사용하여 일정한 힘과 각도를 유지하여 모서리의 가죽을 깎습니다.

04 엣지 베벨러로 모서리를 깎아준 가죽과 그냥 절단만 한 가죽의 모양입니다. 엣지 베벨러로 깎아주면 곡선의 느낌이 납니다.

엣지 베벨러로 모서리를 깎아준 가죽

절단만 해준 가죽

05 접착된 부분의 단 처리가 일정하지 않을 때 사포를 사용하여 한 번 더 갈아줍니다.

06 거칠어진 단면은 종이 사포 1000방을 사용해서 매끈하게 정리합니다.

8. 절단면 마감하기

★ 토코롤을 사용한 절단면 마감

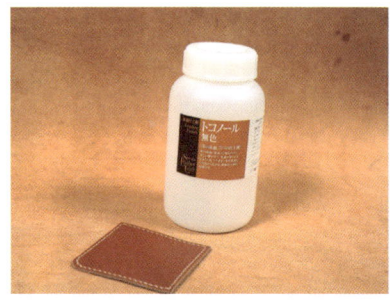

01 토코롤과 절단면을 마감해야하는 가죽을 준비합니다.

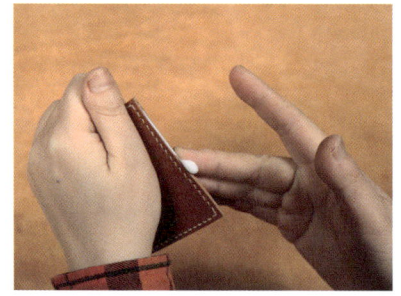

02 절단면에 토코롤을 얇게 발라줍니다. 토코롤은 베지터블 가죽에만 사용합니다.

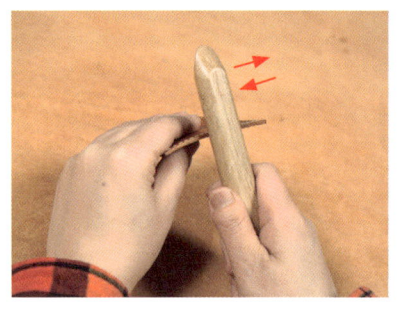

03 절단면에 발라준 토코롤이 적당히 흡수되면 우드스틱을 사용해서 좌우로 문질러줍니다.

04 절단면 마감 후와 마감 전 사진입니다.

> **+Tip 절단면 마감제의 종류**
> - 토코롤
>   베지터블 가죽 절단면 사용
> - 엣지코트(기리메)
>   베지터블 가죽, 크롬 가죽 사용

2 부속철물 달기(단추 달기)

1. 와이어 스냅(스프링 도트) 달기

01 와이어 스냅과 연습할 가죽을 준비합니다.

02 수놈이 될 부분의 구멍은 사진처럼 살짝 겹쳐지는 원형펀치를 준비합니다.

03 암놈이 될 부분의 구멍은 사진처럼 살짝 겹쳐지는 원형펀치를 준비합니다.

04 와이어 스냅 수놈을 달 때 필요한 펀치들
10mm 와이어 스냅 – 2.5mm 펀치
13mm 와이어 스냅 – 3.5mm 펀치
15mm 와이어 스냅 –　 5mm 펀치

05 와이어 스냅 암놈을 달 때 필요한 펀치들
10mm 와이어 스냅 – 4.0mm 펀치
13mm 와이어 스냅 – 5.5mm 펀치
15mm 와이어 스냅 –　 7mm 펀치

06 와이어 스냅 셔터의 수놈을 사진처럼 넣고 쇠판의 평평한 부분에 올려줍니다.

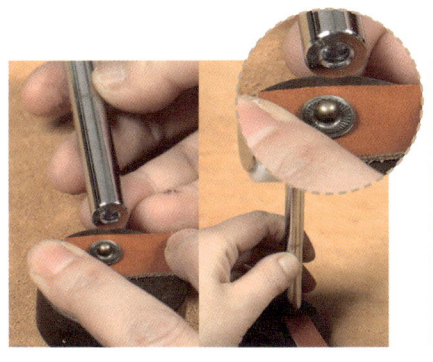

07 사진처럼 가운데가 오목하게 들어간 와이어 스냅 셔터를 사용하여 망치로 두들겨줍니다.

08 와이어 스냅 암놈을 사진과 같이 오목한 쇠판에 올려줍니다.

09 사진처럼 가운데가 볼록하게 나온 와이어 스냅 셔터를 사용하여 망치로 두들겨줍니다.

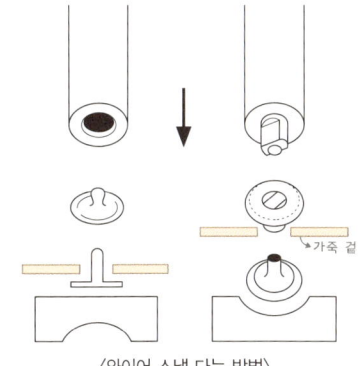

10 와이어 스냅을 와이어 스냅 셔터와 쇠판을 사용해서 달아준 모습입니다.

〈와이어 스냅 다는 방법〉

51

2. 스냅(링 도트) 달기

01 링 도트와 연습할 가죽을 준비합니다.

02 링 도트의 수놈이 될 부분의 구멍은 사진처럼 살짝 겹쳐지는 원형 펀치를 준비합니다. 링 도트는 암놈과 수놈 같은 펀치를 사용합니다.

03 쇠판의 평평한 부분에 사진처럼 링 도트를 넣고 사이즈가 일치하는 링 도트 셔터를 사용하여 망치로 두들겨 줍니다.

04 쇠판의 오목한 부분에 사진처럼 링 도트를 넣고 사이즈가 일치하는 링 도트 셔터를 사용하여 망치로 두들겨줍니다.

05 링 도트를 링 도트 셔터와 쇠판을 사용해서 달아준 모습입니다.

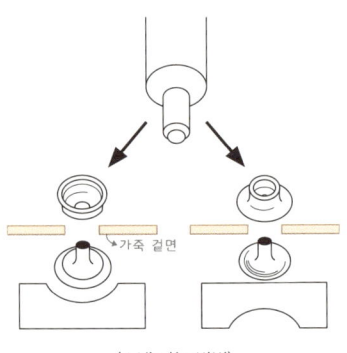

〈스냅 다는 방법〉

3. 아일렛 달기

01 사진처럼 아일렛의 수놈 부분이 살짝 겹쳐지는 원형펀치를 준비해서 원하는 위치에 구멍을 뚫어줍니다.

02 구멍을 뚫은 가죽에 사진처럼 가죽의 겉면 쪽에서 아일렛의 수놈을 넣어주고 쇠판에 가죽의 겉면 쪽을 올려주고 뒤쪽 부속을 올려줍니다.

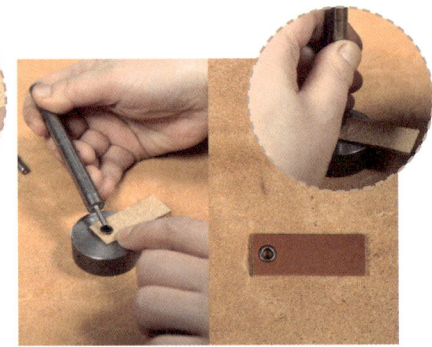

03 사이즈가 일치하는 아일렛 셔터를 사용하여 망치로 두들겨줍니다.

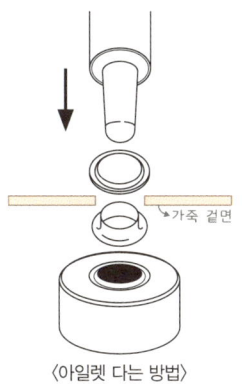
〈아일렛 다는 방법〉

스냅 달기

아일렛 달기

4. 리벳(가시메) 달기

01 사진처럼 리벳의 수놈 부분이 살짝 겹쳐지는 원형펀치를 준비해서 원하는 위치에 구멍을 뚫어줍니다.

02 구멍을 뚫은 가죽에 사진처럼 가죽의 겉면 쪽에서 리벳의 암놈을 넣어주고 쇠판의 오목한 부분에 올려주고 뒤쪽 부속을 올려줍니다.

03 사이즈가 일치하는 아일렛 셔터를 사용하여 망치로 두둘겨줍니다.

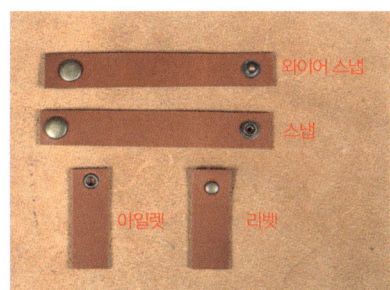

04 와이어 스냅, 스냅, 아일렛 리벳이 부착된 모습입니다.

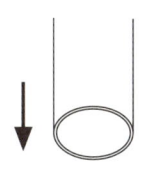

리벳 달기

수놈과 암놈을 바꿔서 달기도 합니다.

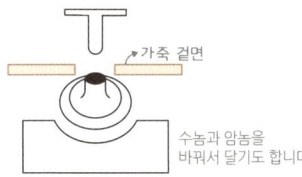
〈리벳 다는 방법〉

★ 와이어 스냅(스프링 도트)

	단추 크기	타공 펀치	셔터 모양
겉	10mm	4mm	
	13mm	5.5mm	
	15mm	7mm	

	단추 크기	타공 펀치	셔터 모양
속	10mm	2.5mm	
	13mm	3.5mm	
	15mm	5mm	

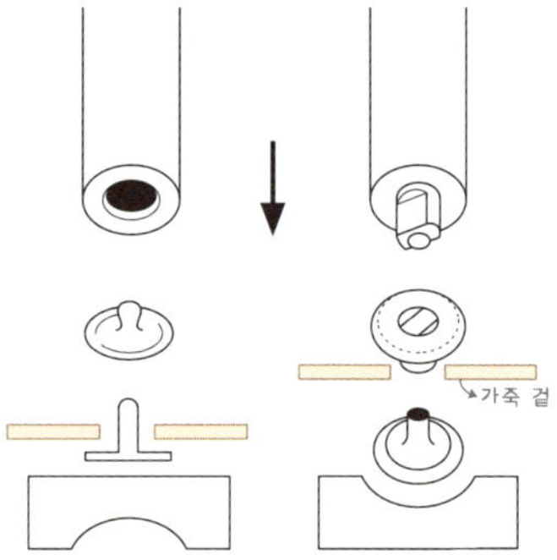

〈와이어 스냅 다는 방법〉

★ 스냅(링 도트)

	단추 크기	타공 펀치	셔터 모양
겉	10mm	2mm	
속	13mm	2.5mm	
	15mm	3.5mm	원 모양

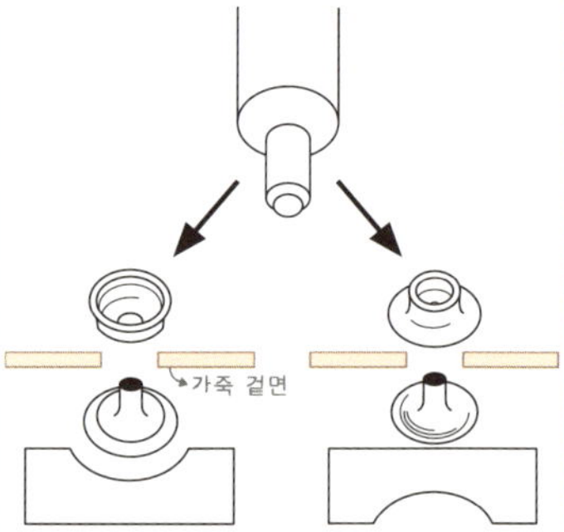

〈스냅 다는 방법〉

★ 아일렛

	단추 크기	타공 펀치	셔터 모양	
 겉	1호 내경 3.2mm	3.5mm		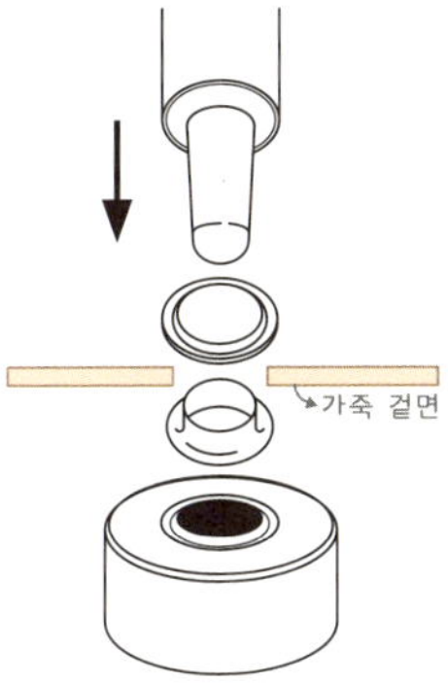
	2호 내경 4.5mm	4.5mm		
	3호 내경 5.5mm	5.5mm		
 속	5호 내경 6.5mm	6.5mm		
	9호 내경 8.5mm	8.5mm		
	20호 내경 10mm	10mm		

〈아일렛 다는 방법〉

★ 리벳(가시메)

	단추 크기	타공 펀치	셔터 모양	
겉	4mm	2.5mm		
	6mm	3.5mm		
속	8mm	4mm		
	10mm	4mm		

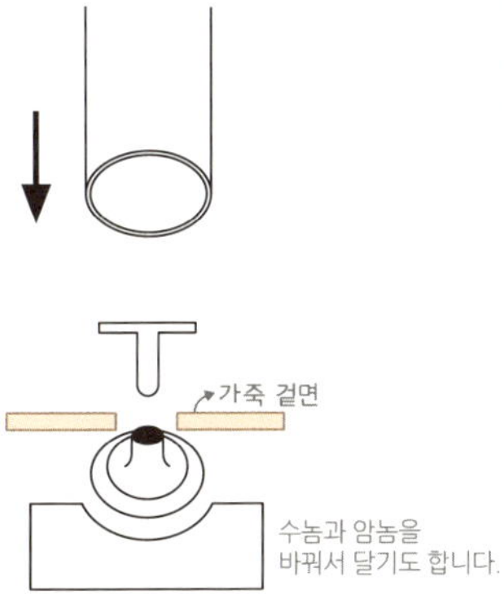

수놈과 암놈을 바꿔서 달기도 합니다

〈리벳 다는 방법〉

03. 유성염료와 수성염료로 **염색하기**

▲ 유성염색과 그러데이션

▲ 라텍스 기법

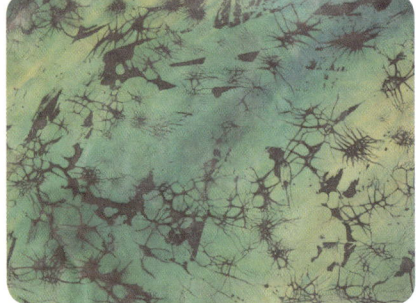
▲ 크랙 기법

▲ 마블 기법

준비물 ★ 베지터블 생지, 수지판, 대리석, 망치(나무망치, 밑이 약간 둥근 쇠망치), 비닐장갑, 목장갑

약품 ★ 가죽 전용 유성염료

유성염색

★ 수지판으로 무늬 넣기(Big shot 사용)

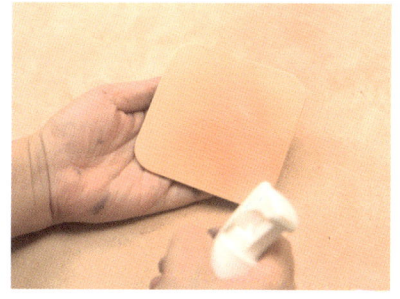

01 베지터블 생지에 분무기를 사용해서 전체적으로 고르게 물을 뿌려줍니다. 너무 많이 뿌리지 말아주세요.

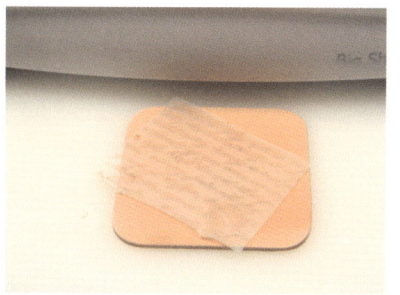

02 Big Shot에 가죽의 두께에 맞게 깔판을 깔아주고 올려줍니다. 약간 낀다 싶은 정도의 두께가 무늬가 잘 나옵니다.

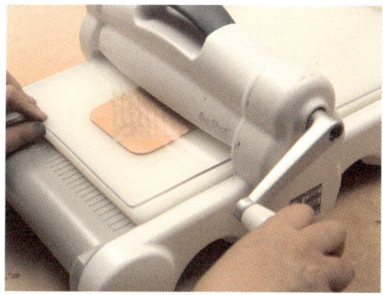

03 Big Shot의 손잡이를 돌려서 가죽을 통과시켜줍니다.

★ 유성염료로 염색하기

+Tip
수지판을 사용해서 음각 무늬와 양각 무늬를 넣은 모습입니다.
대리석 위에 놓고 나무망치나 쇠망치를 사용해서 무늬를 넣을 수도 있습니다.

01 무늬를 넣은 가죽에 분무기를 사용해서 베이스 칼라를 전체에 뿌려줍니다.

+Tip 베이스 칼라의 비율
유성염료 : 에탄올 = 1 : 4
각자의 취향에 따라서 에탄올을 비율을 올리면 더 흐린 색상으로, 내리면 더 진한 색상의 베이스가 뿌려져요.

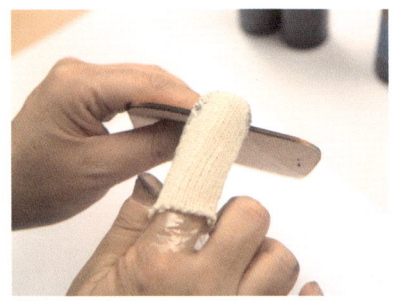

02 손가락에 비닐장갑을 끼우고 목장갑을 끼워준 후 진밤색 염료를 목장갑에 묻혀 가죽의 절단면을 염색합니다.

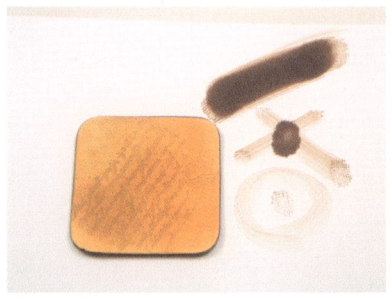

03 장갑에 묻은 염료가 종이에 동그라미처럼 묻어날 때까지 장갑을 문질러서 염료를 빼주세요. 장갑에 염료가 너무 많이 남으면 자연스러운 염색이 안 되고 너무 진하게 됩니다.

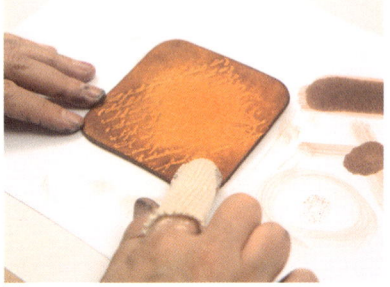

04 흐려진 염료를 가죽의 바깥쪽부터 안쪽으로 동그라미를 그리면 문질러줍니다.

05 07의 과정과 같은 방법으로 한 번 더 염색한 모습입니다.

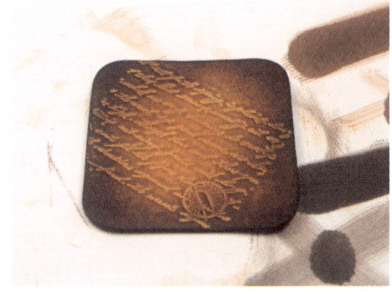

06 같은 방법으로 모서리 부분을 한 번씩 더 염색했습니다.

07 여러 가지 칼라로 염색을 해보세요.

수성염료로 염색하기(방염 기법)

1. 라텍스 방염 기법

준비물 ★ 베지터블 생지, 나뭇잎.

약품 ★ 가죽 전용 수성염료, 라텍스 원액, 가죽 전용 수성라카

라텍스방염

01 베지터블 생지와 가죽 전용 수성 염료, 라텍스 원액, 은행잎을 준비합니다.

02 가죽에 분무기를 사용해서 가죽이 젖을 만큼 물을 뿌려줍니다.

03 은행잎에 라텍스 원액을 찍어줍니다.

04 생지 위에 라텍스를 찍은 은행잎을 찍어줍니다.

05 생지 위에 라텍스를 찍은 은행잎을 여러 번 사진처럼 자유롭게 찍어줍니다.

06 찍은 라텍스 액이 반투명하게 굳으면 붓으로 노란색 수성 염료를 여기저기 칠해줍니다.

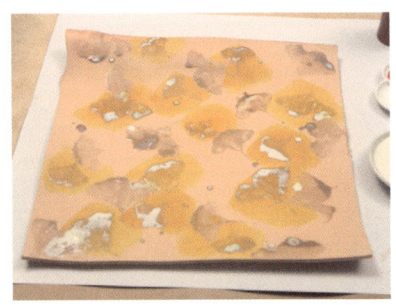

07 노란색 염료를 칠한 부분에 은행잎을 사용해서 라텍스를 찍어줍니다.

08 찍은 라텍스 액이 반투명하게 굳으면 주황색 수성 염료를 붓으로 여기저기 칠해줍니다.

09 주황색 염료를 칠한 부분에 은행잎을 사용해서 라텍스를 찍어줍니다.

10 찍은 라텍스 액이 반투명하게 굳으면 빨간색 수성 염료를 전체적으로 다 칠해줍니다.

11 빨간색 염료를 칠한 부분에 은행잎을 사용해서 라텍스를 찍어줍니다.

12 찍은 라텍스가 반투명하게 굳으면 검정색 수성 염료로 전체를 칠해줍니다.

13 화장지를 사용해서 라텍스 위에 있는 염료를 꾹꾹 눌러서 닦아줍니다. 라텍스 위에 있는 염료는 잘 마르지 않습니다.

14 라텍스 위의 염료를 휴지로 모두 닦아내고. 다 굳은 라텍스를 벗겨냅니다.

15 라텍스를 벗겨낸 후에 찬바람으로 가죽 위의 염료를 말린 다음 수성 라카를 3회 발라줍니다.

> **+Tip 수성라카를 사용하는 이유**
> 염료를 사용하는 염색 방법은 수성라카를 사용해서 코팅을 해야 사용할 때 옷에 염료가 묻어나지 않습니다.

▲ 단풍잎을 활용한 염색

▲ 박스 단면을 이용한 체크 무늬

▲ 박스 단면을 사용한 세로 무늬

2. 크랙 방염 기법

준비물 ★ 베지터블 생지, 납 전용 붓,

약품 ★ 가죽 전용 수성염료, 목납, 백납, 가죽 전용 수성라카

크렉 방염 기법

01 가죽과 가죽 전용 수성염료 빨간색, 주황색, 노란색을 준비하고 분무기를 사용해서 가죽이 젖을 만큼 물을 뿌려줍니다.

02 물을 뿌린 가죽 위에 노란색→주황색→빨간색 순서로 염색을 해줍니다.

03 목납과 백납을 적당히 섞어서 중탕기나 핫플레이트에 녹여줍니다. 너무 높은 온도에서는 타버릴 수 있으니 조심하세요.

04 납 전용 붓을 사용해서 가죽 위에 녹인 액을 뿌려줍니다.

05 전체적으로 뿌려주거나 칠해준 모습입니다.

06 왼손의 손가락을 가죽 아래에 넣고 오른손 손가락으로 천천히 누르면서 크랙(갈라짐)을 만들어줍니다.

07 크랙이 만들어진 모습입니다.

08 크랙이 만들어진 가죽 위에 검정색 가죽 전용 수성염료로 전체에 발라줍니다.

09 목납 위에 남겨진 염료를 휴지를 사용해서 닦아줍니다.

10 가죽에 남겨진 목납액을 떼어줍니다.

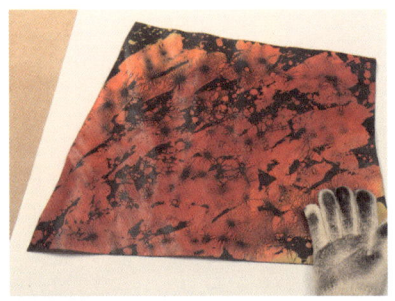

11 목장갑을 사용해서 가죽 위에 남아있는 가루나 찌꺼기를 제거합니다.

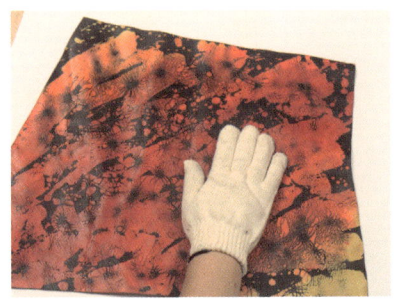

12 가죽 전용 수성 라카를 3회 발라줍니다.

+TIP 목납과 백납의 계절에 따른 비율

	목납	백납
겨울	2 :	1
여름	1 :	2
봄, 가을	1 :	1

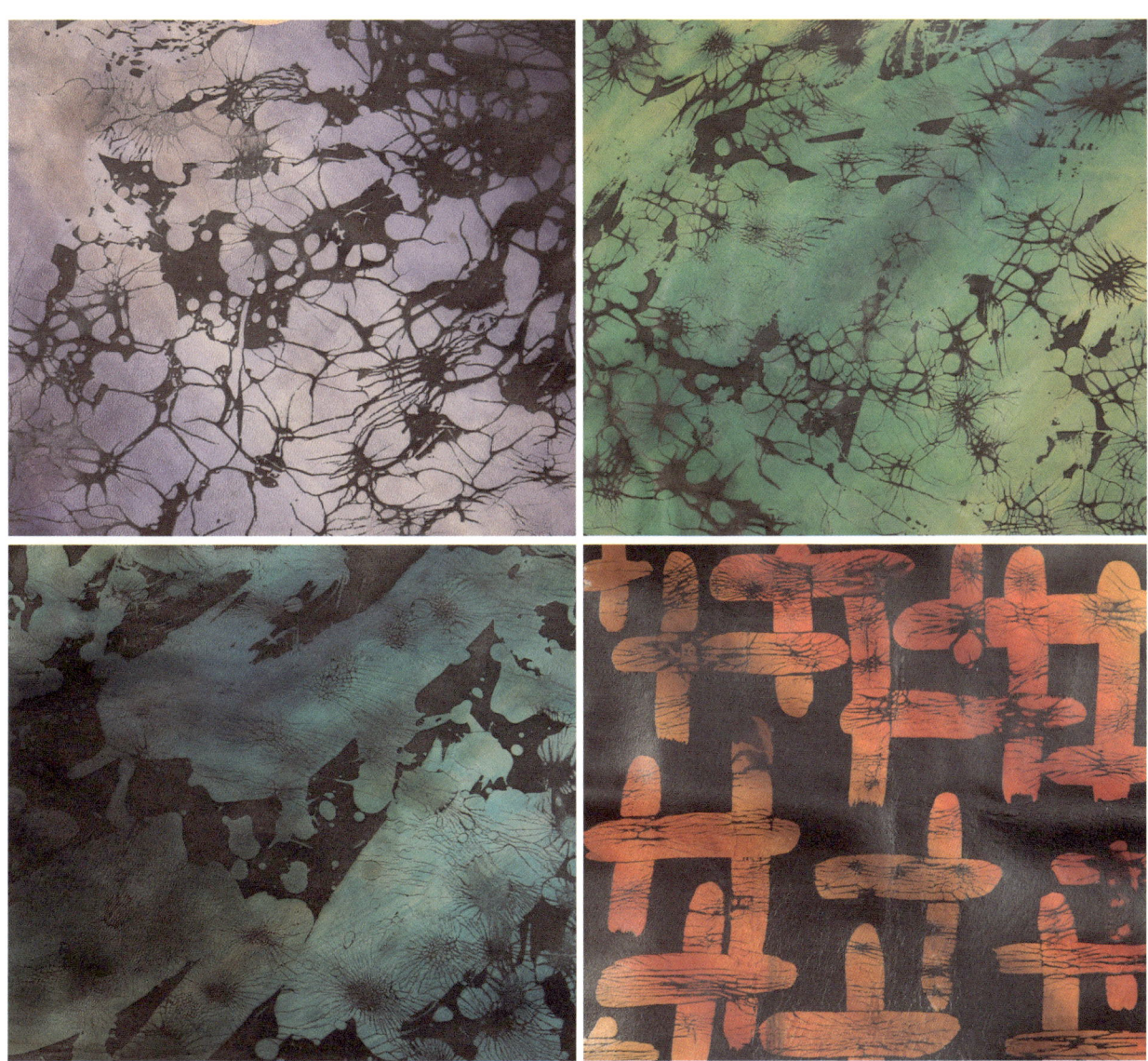

▲ 여러 가지 색상의 수성염료를 사용한 후 크랙 방염 기법으로 표현했습니다.

3. 마블 기법

준비물 ★ 베지터블 생지, 전사펜(또는 송곳) 3개, 가죽 크기보다 큰 쟁반

약품 ★ 가죽 전용 수성염료, cmc 용액,

마블 기법

01 가죽 전용 수성염료와 쟁반, 가죽을 준비합니다.

02 CMC 가루를 물과 섞어서 걸쭉하게 탕수육 소스 정도의 농도로 만들어 쟁반에 1cm 이상의 두께로 부어줍니다.

03 여러 가지 색상의 가죽 전용 수성염료를 자유롭게 여러 가지 색으로 뿌려줍니다.

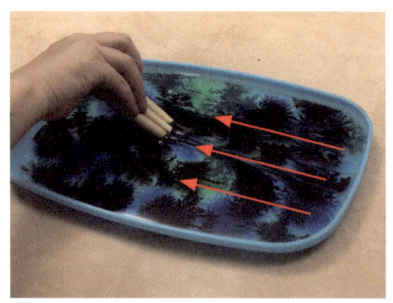

04 전사펜 3개를 나란히 잡고 사진처럼 가로 방향으로 쟁반의 바닥이 긁히도록 그어줍니다.

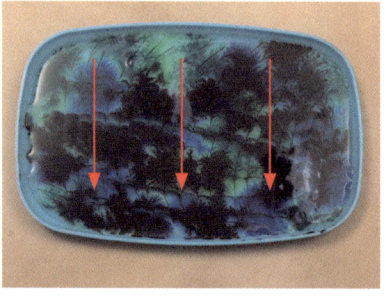

05 전사펜 3개를 세로 방향으로 긁어줍니다.

06 준비된 쟁반보다 작은 가죽을 액체 위에 왼쪽부터 오른쪽 방향으로 천천히 올려줍니다.

07 가죽을 올린 상태로 약 2분간 기다립니다.

08 염료가 다 흡수된 가죽을 들어 올려서 흐르는 물에 씻어줍니다.

09 가죽 위에 묻은 액체를 휴지나 천(면)으로 닦아주고 가죽을 그늘에서 말려주세요.

▲ 여러 가지 색상을 사용해 마블 기법으로 염색한 모습

+Tip CMC 용액 만들기

물 1.8L와 종이컵 ⅖의 CMC 가루를 섞어서 24시간 후 사용하면 됩니다.

4. 여러 가지 염색 기법을 활용한 작품들

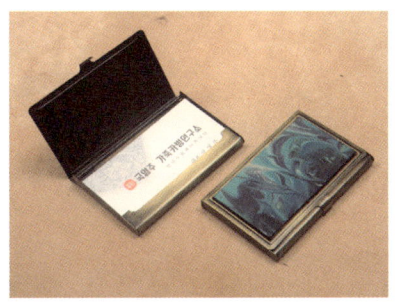  

▲ 마블 기법을 활용한 명함케이스

▲ 라텍스 기법을 활용한 명함케이스

▲ 크랙 기법을 활용한 북마크

◀ 각각의 반제품을 사용해서 그에 맞는 사이즈로 재단한 후에 절단면을 염색하여 마감하고 본드를 사용해서 반제품에 붙이면 완성됩니다.

65

·04· 가죽공예 카빙의 기초

1. 스위블 커터 사용법

스위블 커터의 명칭과 구조를 이해하고 칼날 관리 방법을 알아봅니다.

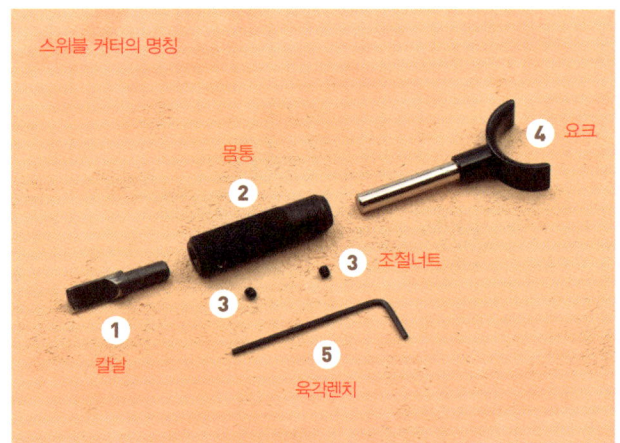
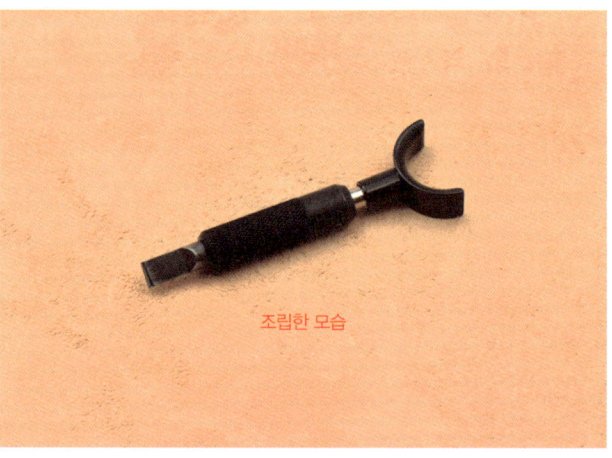

★ 조립하기

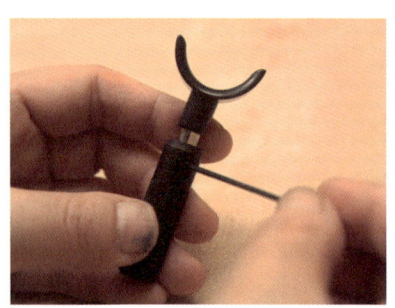
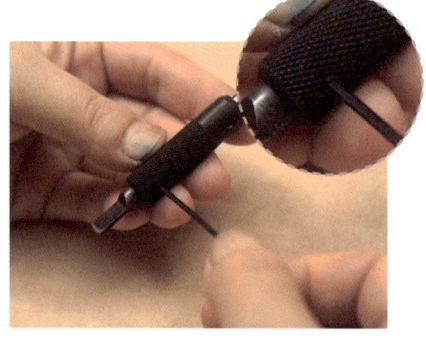

01 육각렌치를 사용해서 요크와 연결된 조절너트를 내 손의 크기와 맞게 높이를 조절합니다.

02 칼날을 몸통의 아래 부분에 끼우고 아래 부분의 조절너트를 육각렌치를 사용해서 돌려서 빠지지 않게 꽉 조여줍니다.

> **+Tip** 요크 부분이 잘 들어가지 않을 경우
> 요크 부분이 잘 들어가지 않을 경우 요크를 완전히 분해한 상태에서 요크의 맨 아래 부분에 샤프너오일을 한 방울 떨어뜨리고 다시 조립합니다.

★ 스위블 커터 칼날 갈기

01 샤프너오일 오일숫돌 각도 조절기를 준비합니다.

스위블 커터 칼날 갈기

02 오일스톤 위에 각도 조절기와 칼날을 사진과 같이 끼워서 올려주세요. 칼날의 단면과 오일스톤의 단면이 일치되는 위치에서 각도 조절기의 나사를 조여서 각도를 조절합니다.

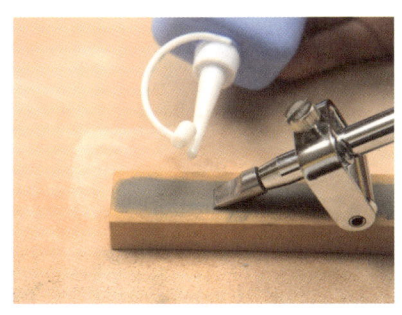

03 오일스톤 위에 샤프너오일을 몇 방울 떨어뜨립니다.

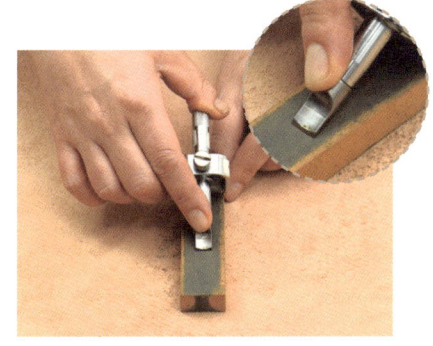

04 손으로 각도 조절기와 칼날을 사진처럼 잡고 밀 때는 힘을 주고 당길 때는 힘을 빼면서 한 10~15회 갈아줍니다. 다른 한 면도 같은 방법으로 갈아줍니다.

05 1000번 시포에 샤프너오일을 몇 방울 떨어뜨리고 칼날의 경사면을 사포 면에 완전히 밀착되게 올리고 양쪽 모두 2~3회 갈아줍니다.

06 가죽의 거친 면이 붙은 루즈스틱대에 루즈스틱을 몇 번 문질러서 묻혀주고 샤프너오일을 한 방울 떨어뜨립니다.

07 사진처럼 화살표 방향으로 여러 번 당겨서 양쪽 칼날이 윤이 나게 만들어줍니다.

★ 스위블 커터 잡는 방법

+Tip 루즈스틱대가 없을 경우

루즈스틱대가 없을 때는 베지터블 생지의 뒷면에 루즈스틱을 바르고 사용해도 됩니다. 작업 중간에 칼날을 갈 때는 샤프너오일을 떨어뜨리지 않고 사용합니다.

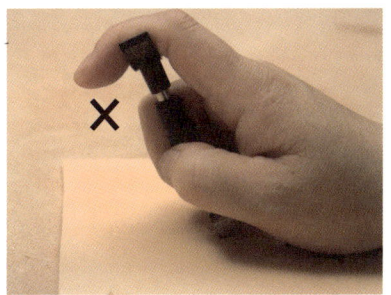

01 엄지와 중지로 몸통을 잡고 검지로 요크에 걸칩니다. 사진처럼 첫 마디가 요크에 올라가도록 해주세요. 가죽과 칼날 단면과의 각도는 30°~45°가 좋습니다.

02 사진처럼 요크의 높이가 낮아서 검지 두 번째 마디에 올리면 칼날의 회전 각도가 작아집니다. 자신의 손에 맞게 요크의 높이를 조절해주세요.

03 가죽과 칼날은 사진처럼 직각이 되어야 합니다.
수직으로 그어야 V자 모양으로 양쪽이 균일하게 커팅 라인이 나옵니다.

04 사진처럼 가죽과 칼날의 경사가 기울어지면 가죽의 절단면이 한쪽 방향으로 기울어지게 됩니다. 칼날을 반드시 직각으로 세워서 그어주어야 합니다.

+Tip 회전조각도 잡는 방법
사진처럼 엄지와 중지를 사용하여 대를 잡고 검지는 대의 위쪽에 올려줍니다. 가죽과 회전조각도의 날은 90°로 만납니다.

2. 스위블 커터로 가죽에 선 긋기

★ 가죽에 물 묻히기

+Tip 가죽에 물을 균일하게 묻혀주세요.
물을 묻힐 때는 전체 가죽의 색상이 균일하게 되도록 물을 묻혀주세요

01 카빙이 가능한 베지터블(생지) 가죽에 해면스펀지를 사용해서 앞면과 뒷면에 모두 가죽이 부드러워질 만큼 물을 적당히 묻혀줍니다.

02 2~3분 후 스펀지의 자국이 사라지면 가죽 카빙 준비가 된 것입니다.

★ 직선 긋기

01 자와 전사펜을 사용해서 사진처럼 연습용 직선을 가죽에 표시합니다.

02 손목을 가볍게 해서 가죽과 칼날을 수직으로 올리고 가죽과 칼날의 각도는 30~45도 각도로 만들고 몸 쪽으로 당기면서 부드럽게 직선을 그어줍니다.

03 힘의 강약을 조절하여 진하게 또는 연하게도 그어봅니다.
가죽 두께의 약 2분의 일이나 3분의 2 정도의 깊이로 선을 그어주면 좋습니다.

★ 곡선긋기

 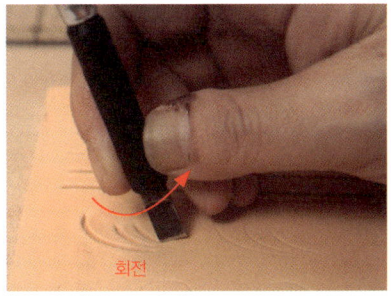 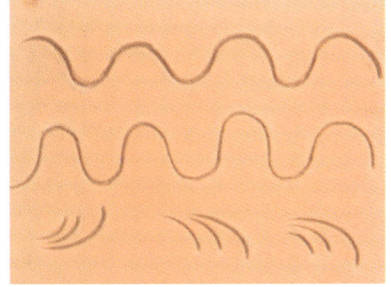

01 물을 묻혀준 가죽에 전사펜을 이용해서 사진처럼 곡선 모양을 그어줍니다.

02 칼날의 회전 각도가 좀 더 잘 나오도록 칼날을 몸과 수평이 되는 위치에 잡아주고 엄지와 중지를 이용해서 몸체를 돌려가면서 곡선을 그어줍니다. 처음엔 힘을 강하게, 끝 부분은 힘을 약하게 해서 그어줍니다.

03 파도 모양처럼 곡선을 만들어서 오른쪽 곡선과 왼쪽 곡선 모두 연습합니다. 곡선을 그을 때는 가죽과 칼날의 단면 경사를 좀 더 크게 하면 쉽습니다.

3. 각인 사용 방법 연습하기

01 직사각형 모양의 선을 전사지에 그리고 물을 적신 가죽 위에 전사지를 올립니다. 그리고 전사펜을 사용해서 꾹 눌러 가죽에 모양을 그어줍니다.

02 스위블 커터를 사용해서 가죽에 직선을 그어줍니다.

03 이때 직각 부분은 만나지 않게 그어줍니다.

★ 민자 무늬 베벨러(Beveler)

스위블 커터의 칼선 라인을 따라서 베벨러로 가죽을 눌러주면 입체적인 모양을 만들 수 있습니다. 보통은 입체를 만들고 싶은 모양의 바깥쪽을 눌러줍니다.

01 입체를 만들고 싶은 사각형의 외각에 가죽과 베벨러의 높이가 높은 면을 사진처럼 가죽과 수직으로 만나게 잡아주고 약 2mm 간격으로 조금씩 미끄러지듯이 움직이면서 망치를 수직으로 타격하여 줍니다.

02 사각형의 외각 부분에 베벨러를 쳐준 모양입니다. 직각 부분은 베벨러가 직선 바깥쪽으로 나가지 않게 신경 써서 쳐주세요.

+Tip 베벨러를 각인한 모양

베벨러 각인 모양은 오른쪽 부분처럼 하나의 면처럼 나오게 균일하게 망치로 쳐주어야 합니다. 왼쪽처럼 세로줄이 나오지 않게 쳐주세요.

★ 철망무늬 베벨러

민자무늬 베벨러에 비해 더 입체적이고 명확한 모양이 나옵니다.

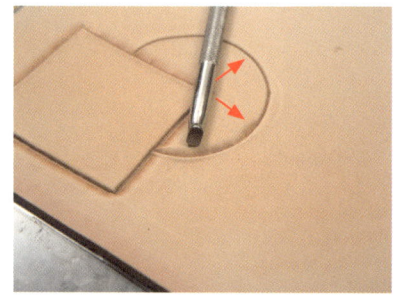

01 민자 베벨러와 같은 방법으로 세로줄 무늬가 없이 하나의 면처럼 나오게 쳐줍니다.

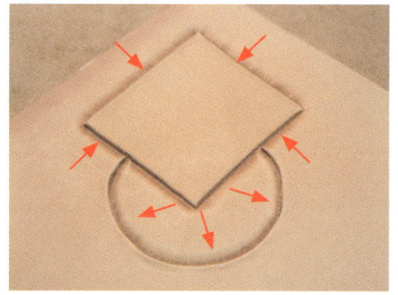

02 직사각형 부분은 사각형의 외각에서 민자 베벨러로 눌러주고 곡선 부분은 곡선의 안쪽에서 철망무늬 베벨러로 눌러준 모양입니다.

★ 페어 쉐이더 (Pear shader)

물방울 모양으로 생긴 각인으로 부드러운 입체감을 표현할 때 사용합니다. 꽃잎이나 잎사귀의 부드러운 곡선을 표현할 수 있습니다. 각인의 넓은 부분이 몸쪽으로 향하게 잡아줍니다.

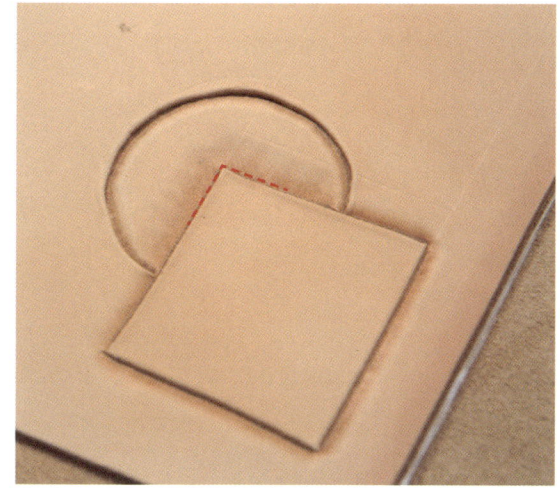

01 베벨러를 친 부분에 페어쉐이더를 1~2mm씩 미끄러지듯이 연속해서 베벨러와 같은 방법으로 쳐줍니다.

★ 백그라운드(Backgroung)

돌출되는 무늬를 더 부각시키기 위해서 배경 부분을 눌러줄 때 사용합니다.

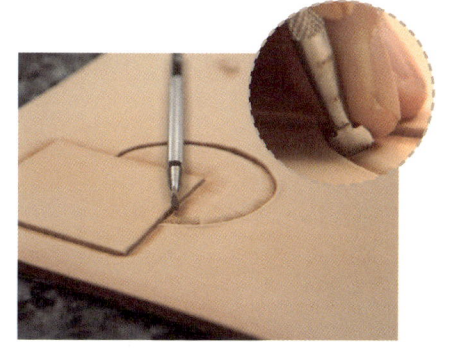

01 백그라운드를 사용해서 사진처럼 가죽과 둥근 부분이 비스듬하게 만나게 해서 1~2mm씩 미끄러지듯이 연속해서 배경 부분을 눌러줍니다.

02 배경이 되는 부분의 둘레는 백그라운드를 사용해서 비스듬하게 눌러준 모습입니다.

4. 엔틱다이 염색하기

★ 수성 라카를 이용한 엔틱다이 염색 방법 (엔틱다이가 가죽에 흡수되는 것을 막아줍니다.)

01 수성 라카를 사용한 부분은 가죽 원래의 색상이 드러나게 해줍니다. 카빙이 완성된 가죽에 수성 라카를 발라주고 마르면 반복해서 2번 더 발라 줍니다.

02 수성 라카가 완전히 건조된 가죽 위에 칫솔을 사용해서 최대한 빠르게 엔틱다이를 사진처럼 골고루 발라줍니다.

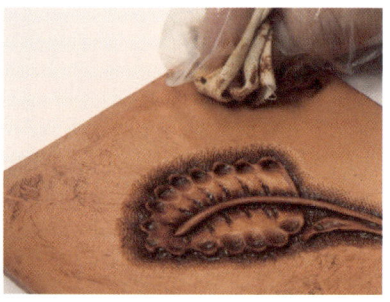

03 천(면직물)을 사용해서 엔틱다이를 빠르게 닦아줍니다.

04 탄코트를 사용해서 한 번 더 닦아줍니다. 탄코트는 얼룩을 제거하고 한 번 더 코팅을 해주는 역할을 합니다.

05 탄코트가 완전히 마르면 1번에서 사용한 수성 라카를 천(면직물)에 묻혀서 사진처럼 톡톡 두드리며 발라줍니다.

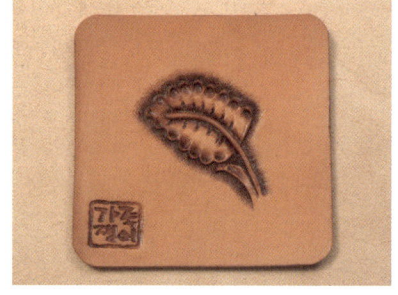

06 수성 라카를 사용한 엔틱다이 염색이 완성된 사진입니다.

★ 오일을 사용한 엔틱다이(Neastsfood Oil) (엔틱다이가 가죽에 빨리 흡수되는 것을 도와줍니다.)

01 양모를 준비해서 사진처럼 털의 길이가 약 5mm가 되게 가위를 사용해 잘라줍니다.

02 털의 길이를 5mm로 잘라준 양모 입니다.

03 잘린 양모에 니드풋오일을 묻혀줍니다.

04 양모에 오일이 골고루 번지도록 손가락을 사용해서 비벼줍니다.

05 카빙이 완성된 가죽에 오일을 골고루 발라줍니다.

06 오일이 골고루 발라진 가죽입니다. 가죽의 칼라가 균일하게 나와야합니다.

07 오일이 고르게 퍼진 가죽 위에 엔틱다이를 약 2~3mm의 두께로 균일하게 올려주고 약 1분 정도 기다려줍니다.

+TIP 엔틱다이 염색을 진하게 하려면
기다리는 시간에 따라 오래 기다릴수록 엔틱다이 염료가 가죽에 잘 흡수되어 색상이 진하게 나옵니다.

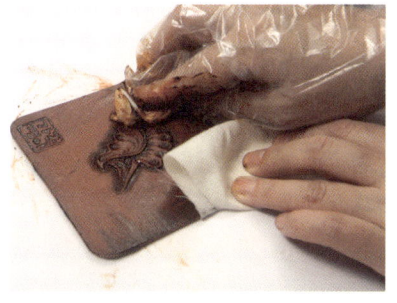

08 두껍게 올려진 엔틱다이를 천(면직물)을 사용해서 깨끗하게 닦아줍니다.

09 탄코트를 사용해 한 번 더 닦아줍니다. 탄코드는 얼룩을 제거하고 한 번 더 코팅을 해주는 역할을 합니다.

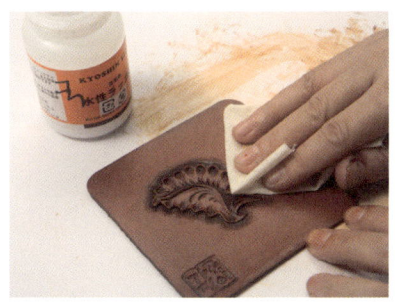

10 탄코트가 완전히 마르면 수성 라카를 천(면직물)에 묻혀서 사진처럼 톡톡 두드리며 발라줍니다.

11 오일을 사용한 엔텍다이 염색이 완성된 사진입니다.

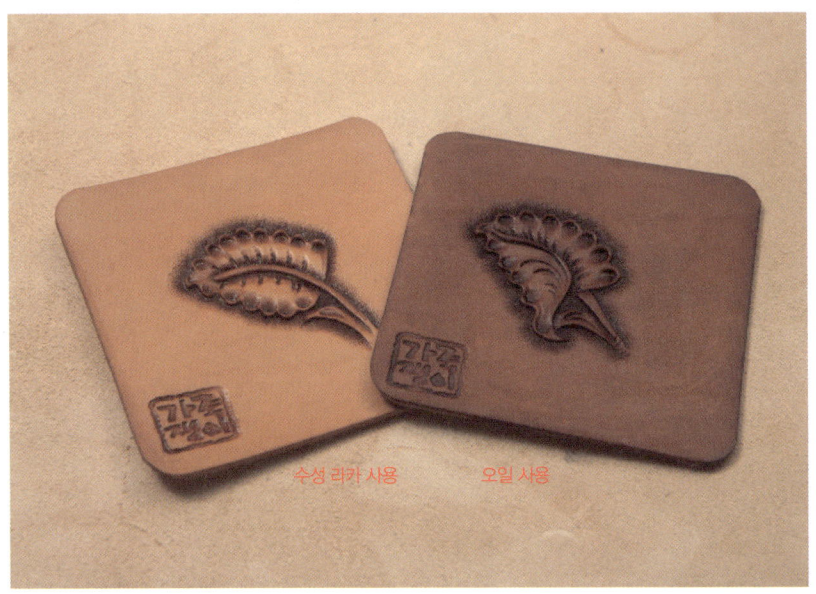

12 같은 색상의 엔틱다이를 사용해서 염색을 하더라도 수성 라카를 사용할 때는 가죽의 칼라가 보이면서 밝게 염색이 되고 오일을 사용할 때는 엔틱다이가 가죽에 깊게 흡수되어 엔틱다이 칼라가 진하게 염색됩니다.

5. 카빙을 활용한 다양한 작품

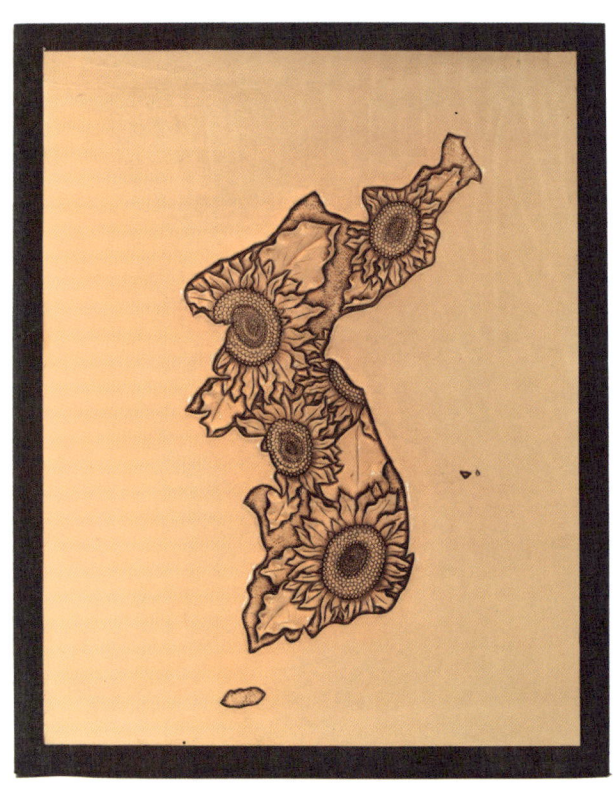

통일바라기 액자

민화호랑이 클러치

블랙 쉐리단 백백

블랙 모던 쉐리단 백

로즈 핸드백

블랙 심플 쉐리단 백

옐로우 플라워 거울

PART 2

처음 시작하는 가죽공예

01 핸드메이드 가위집 & 송곳집
02 심플 바늘쌈지
03 가죽공예용 칼싸기
04 가죽공예용 칼집
05 네츄럴 보관집
06 펜접시로 가죽 카빙 따라하기
07 빈티지 카드지갑
08 브라운 체크액자
09 트위스트 네 줄 꼬기 팔찌
10 트라이앵글 커플 삼각동전지갑

·01· 핸드메이드 가위집 & 송곳집

01 핸드메이드 가위집 & 송곳집

★ 실물본 : 01 핸드메이드 가위집 & 송곳집(책 91쪽)

준비물 ★ 1mm 베지터블 약 8×11 1장, 약 6×11 1장
실 : 비니모 MBT #5 no 108 약 140cm

약품 ★ 토코롤(투명)

도구 ★ 3mm 치즐, 우드슬리커
예상 재료비 : 약 5,000원~12,000원
예상 제작시간 : 30분
예상 완제품 가격 : 10,000원~25,000원

형지 제작 및 재단하기 ★

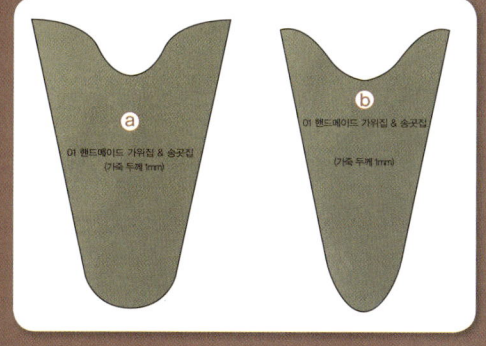

ⓐ 가위집 : 실물본(약 8×11cm) 1장
ⓑ 송곳집 : 실물본(약 6.2×11cm) 1장

★ ⓐ, ⓑ는 부록의 실물본을 이용해서 형지를 만든 후 재단하세요.

★ 재단하기

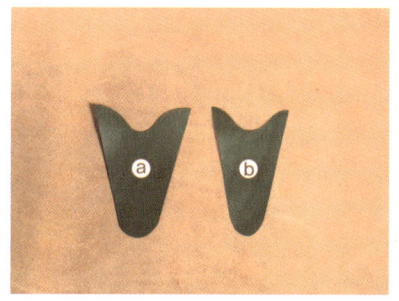

01 실물본으로 만든 형지를 가죽에 올리고 송곳을 사용하여 그린 후 재단합니다.

★ 구멍 뚫기

02 디바이더를 2.5mm 간격으로 해서 바느질 자리를 입구 부분만 표시합니다.

03 양쪽 끝부분을 송곳을 사용하여 구멍을 뚫어줍니다.

★ 실 끼우기

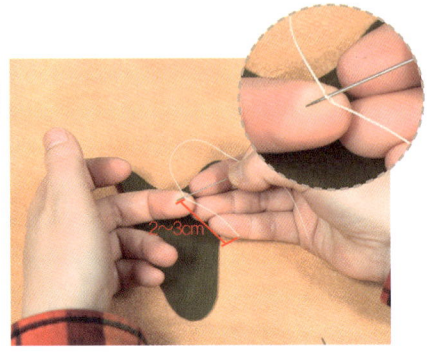

04 송곳으로 구멍을 뚫은 부분을 제외하고 3mm 2날 치즐을 사용하여 입구 부분에 구멍을 뚫어줍니다.

05 미니모 MBT #8 NO108을 약 25cm 준비해서 사진처럼 바늘에 넣어줍니다.

06 약 2~3cm 되는 부분을 사진처럼 바늘로 실을 통과합니다.

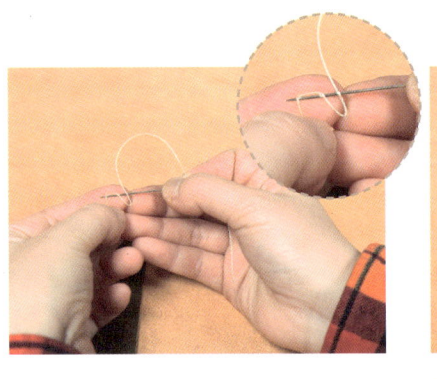

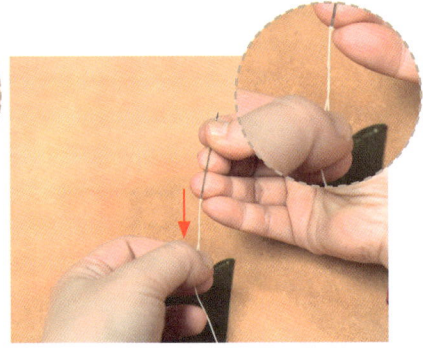

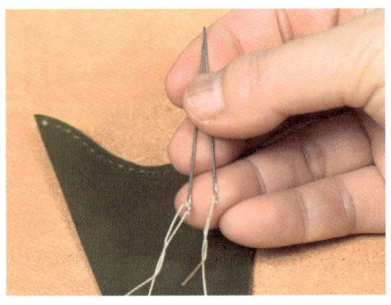

07 같은 방법으로 바늘로 실을 2번 더 통과합니다.

08 통과된 바늘을 손가락으로 감싸서 화살표 방향으로 내려줍니다.

09 다른 실 한쪽 끝도 같은 방법으로 실을 끼워줍니다.

★ 바느질 하기

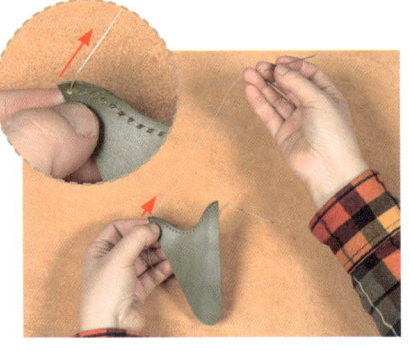

10 준비된 실을 구멍이 뚫어진 가죽에 하나만 넣어서 양쪽 실의 길이가 같도록 만들어 줍니다.

11 가죽의 겉면에 있는 실을 치즐이 뚫어진 방향과 일치하게 위쪽으로 잡아당겨줍니다.

12 잡아당긴 실을 오른쪽 방향의 바로 옆 구멍에 넣어줍니다.

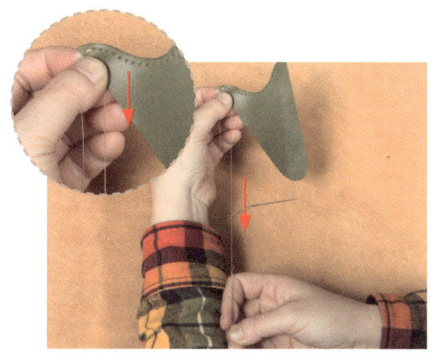

13 사진처럼 화살표로 표시한 방향으로 잡아당겨줍니다.

14 13번 과정에서 잡아당긴 실은 왼쪽 손가락으로 눌러줍니다.

15 뒤쪽에 있는 실을 왼손으로 누른 실 위쪽으로 당겨서 잡아줍니다.

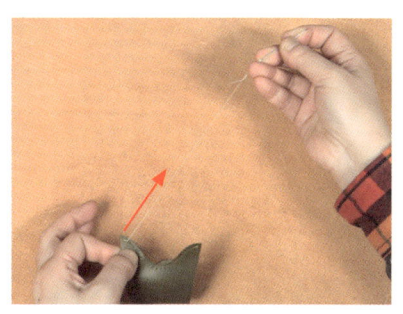

16 15번 과정에서 나온 실을 구멍 뚫어진 방향과 일치하게 위쪽으로 잡아당겨줍니다.

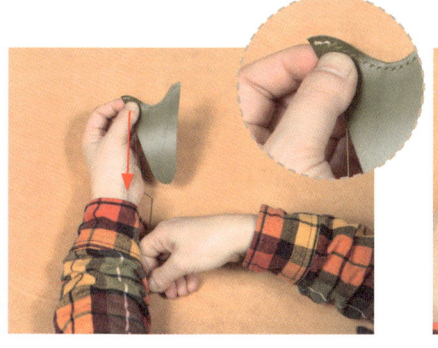

17 16번 과정에서 잡아당긴 실을 오른쪽으로 한 칸 가서 구멍에 넣고 화살표 방향으로 잡아당겨 줍니다.

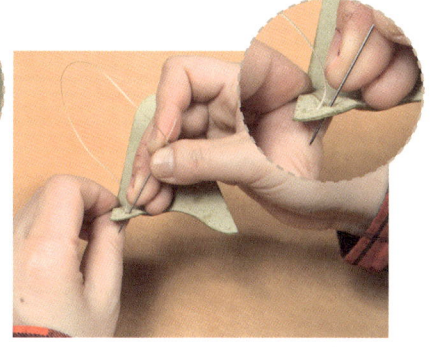

18 잡아당긴 실은 왼손으로 눌러주고 뒤에 있는 실을 오른손으로 잡고 눌러진 실이 나온 구멍의 오른쪽으로 넣어줍니다.

★ 실 마감하기

19 18번 과정에서 나온 실을 구멍의 뚫어진 방향과 일치하게 위쪽으로 잡아당겨줍니다.

20 같은 방법으로 마지막 구멍까지 바느질한 후 가죽 전용 실 본드를 양쪽으로 나온 실에 약 3cm 만큼 묻혀줍니다.

21 실을 같은 방향으로 나오게 만들고 매듭을 한 번 묶어줍니다.

22 실을 한쪽으로 몰아서 약 1~2mm만큼 남기고 잘라줍니다.

23 사진처럼 가죽을 세우고 라이터 불을 옆으로 해서 실을 녹인 후 라이터 끝으로 눌러줍니다.

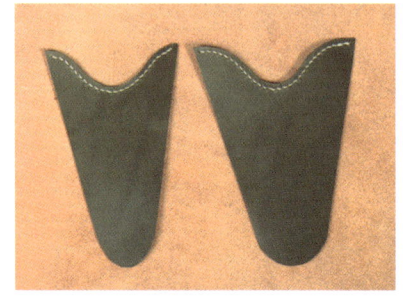

24 나머지 한 개도 같은 방법으로 만들어서 준비합니다.

★ 접착하기

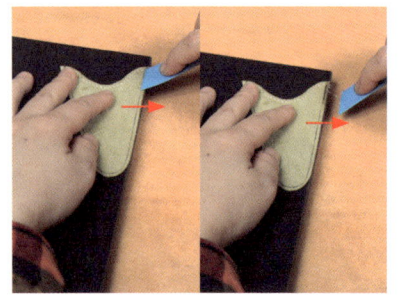

25 바느질한 부분을 제외하고 나머지 부분은 고무판의 끝에 가죽이 오도록 놓고, 화살표 방향으로 당기며 얇게 본드로 칠합니다.

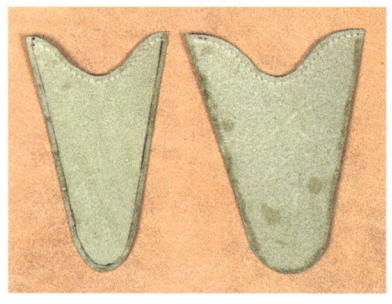

26 나머지 하나도 같은 방법으로 본드를 칠해줍니다.

27 본드가 꾸덕꾸덕해지면 가죽을 반으로 접어서 붙여줍니다.

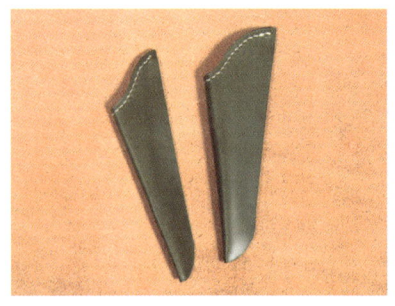

28 접착 부분을 롤러로 문질러주거나 망치로 두들겨 주고 접착 면에 붙은 본드는 본드지우개로 지워줍니다.

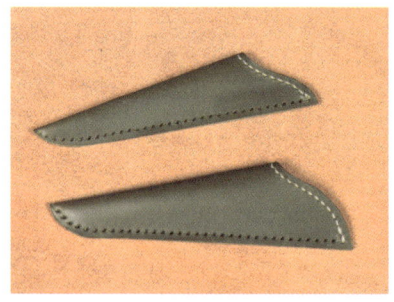

29 디바이더를 이용하여 2.5mm 간격으로 바느질 선을 표시하고 3mm 치즐 2날과 6날을 사용하여 구멍을 뚫어줍니다.

30 앞에서 한 방법과 같은 방법으로 바느질을 해줍니다.

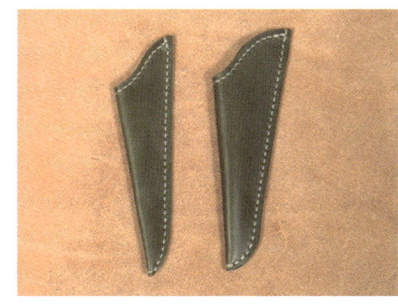

★ 절단면 정리하기

31 양쪽 모두가 보이는 부분이므로 본드를 사용하여 두 땀 더 가서 실 마감을 합니다.

32 나머지 하나도 바느질을 해줍니다.

33 절단면이 일정하지 않을 때는 칼을 사용하여 잘라줍니다.

★ 토코롤을 사용한 절단면 마감

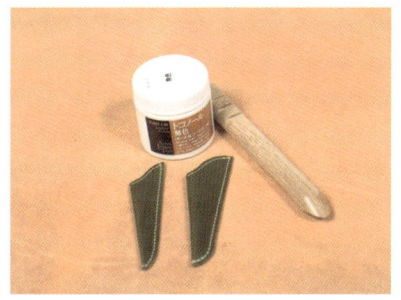

34 잘라진 단면이 일정하지 않으면 다시 한 번 사포를 사용해서 절단면을 갈아줍니다.

35 토코롤과 우드슬리커, 절단면을 마감할 가죽을 준비합니다.

36 절단면에 토코롤을 얇게 발라줍니다. 토코롤은 베지터블 가죽에만 사용합니다.

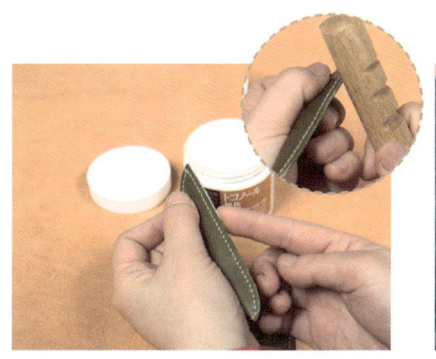

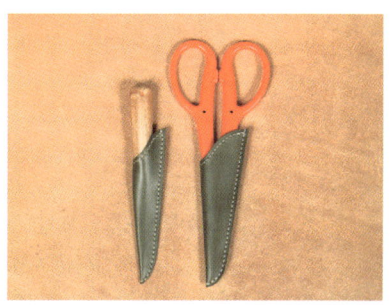

37 절단면에 발라준 토코롤이 적당히 흡수되면 우드스틱을 사용해서 문질러줍니다.

38 절단면 마감 전과 마감 후 사진입니다.

39 완성된 송곳집과 가위집에 송곳과 가위를 넣어보았습니다.

·02· 심플 바늘쌈지

02 심플 바늘쌈지

★ 실물본 : 02 심플 바늘쌈지(책 91쪽)

준비물 ★
1.5mm 가죽 약 5×21cm, 펠트지 약 4×7cm
실 : 약 30cm(비니모 MBT #5 no108)
10mm 와이어 스냅

약품 ★
토코롤(투명)

도구 ★
3mm 치즐, 10mm 와이어 스냅 셔터와 13mm 쇠판, 4.0mm 원형펀치, 2.5mm 원형펀치, 0.7mm 원형펀치
예상 재료비 : 약 3,000원~9,000원
예상 제작시간 : 1시간
예상 완제품 가격 : 15,000원~25,000원

형지 제작 및 재단하기 ★

ⓐ 몸판 가죽 : 실물본(26cm×4.5cm) 1장
ⓑ 펠트지 : 실물본(7cm×3.5cm) 1장
ⓒ 단추 싸는 가죽(0.6mm) 20×20mm 1장

★ 실물본을 형지를 만든 후 재단하세요.

★ 재단하기

01 형지를 가죽에 올리고 송곳을 사용하여 그린 후 재단합니다.

★ 바느질하기

02 디바이더를 이용해 2.5mm 간격으로 바느질 선을 표시하고 토코롤과 우드슬리커를 사용해서 절단면을 마감합니다.

03 직각 부분은 송곳을 사용하여 구멍을 뚫어주고 3mm 치즐 2날과 6날을 사용하여 바느질 구멍을 뚫어줍니다.

★ 단추 가죽싸기

04 10mm 와이어 스냅 뚜껑과 두께 0.5mm의 가죽을 지름 20mm의 원으로 잘라서 준비합니다.

05 준비한 10mm 와이어 스냅의 겉단추 부분과 가죽의 안쪽에 본드 칠을 하고 꾸덕꾸덕해지면 서로 붙여줍니다.

06 단추보다 가죽이 약 4mm 정도 나오게 사진처럼 가죽을 잘라줍니다.

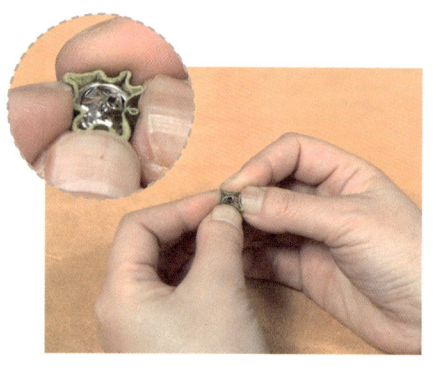

07 단추를 싼 가죽을 손가락 사이에 두고 사진처럼 접어서 가죽을 눌러줍니다.

08 단추를 모두 싸서 주름을 잡아준 모습입니다.

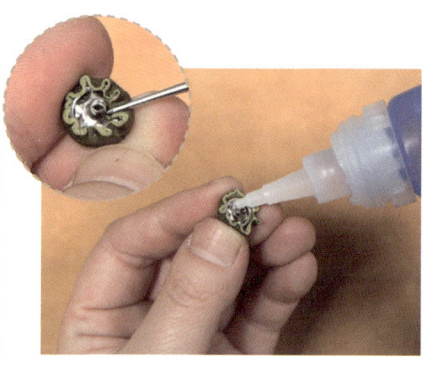

09 가죽과 단추 사이에 순간접착제를 바르고 송곳을 사용하여 붙여줍니다.

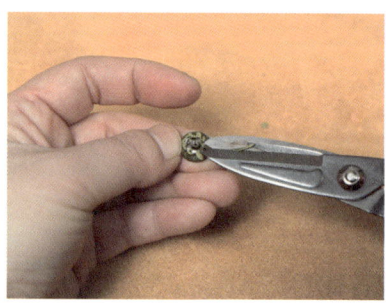

10 튀어나온 가죽은 가위를 사용해서 잘라줍니다.

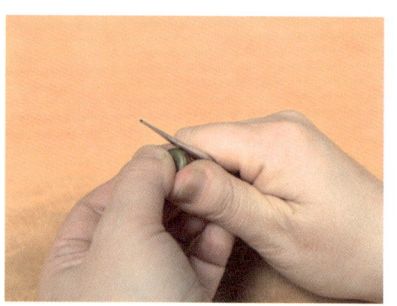

11 송곳을 사용해서 가죽을 싼 단추의 옆면을 다듬어줍니다.

★ 조립하기

12 실물본에 표시된 대로 펠트지를 자르고 은펜으로 구멍 뚫을 자리를 표시하고 7mm 펀치를 사용해서 구멍을 뚫어줍니다.

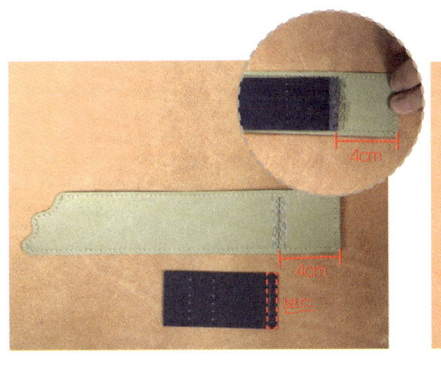

13 펠트지의 아래쪽 5mm 앞뒤와 가죽의 4cm 위치에 본드를 바르고 사진처럼 붙여줍니다.

14 4cm 되는 부분을 사진처럼 접어서 붙이고 접착 부분을 망치로 한 번 더 두둘겨줍니다.

15 사진처럼 아래 부분에 디바이더 3mm 간격으로 표시하고 바느질을 해줍니다.

★ 단추 달기

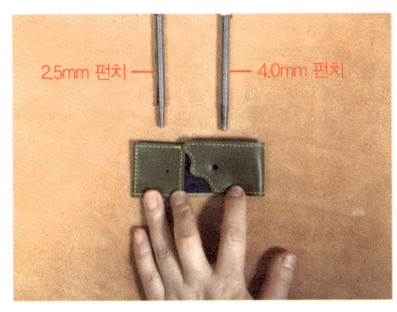

16 실물본에 표시된 위치에 10mm 단추가 달릴 자리를 표시하고 펀치를 사용해 구멍을 뚫어줍니다.

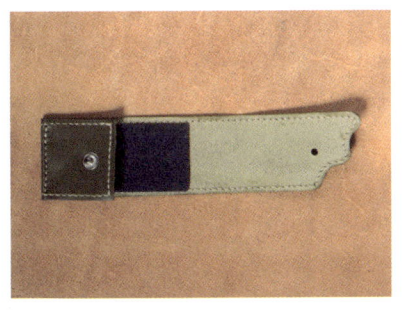

17 10mm 쇠판의 평평한 부분에 아래 부분 단추를 올리고 사진처럼 달아줍니다.

18 가죽으로 단추를 쌓았기 때문에 단추의 크기가 커져서 13mm 쇠판의 오목한 부분에 단추를 올리고 단추를 달아줍니다.

19 완성해서 바늘을 넣어준 모습입니다.

·03· 가죽공예용 **칼싸기**

03 가죽공예용 칼싸기

★ 실물본 : 필요 없음(자신의 칼 모양을 가죽에 그려서 사용)

준비물 ★ 2.5mm 베지터블 가죽 약 5×10cm
실 : 비니모 MBT #5 no 108 약 20cm

약품 ★ 토코롤(투명)

도구 ★ 재단 도구, 바느질 도구, 마감 도구, 4mm 치즐 2날
예상 재료비 : 약 3,000원~6,000원
예상 제작시간 : 30분
예상 완제품 가격 : 15,000원~20,000원

형지 제작 및 재단하기

★ 실물본을 자신의 칼 모양을 그려서 사용하세요.

★ 재단하기

01 5×10cm 이상의 자투리 가죽을 준비한 후

02 가죽 위에 가죽칼을 올리고 사진처럼 좌우로 은펜을 사용해 칼 모양을 그려줍니다.

03 칼 모양을 그린 후 사진처럼 높이를 5cm로 그려줍니다.

★ 가죽공예용 칼싸기

04 그려진 선 밖으로 5mm 두께로 사포질 해줍니다.

05 가죽을 5cm 너비로 표시한 부분을 재단하고 사포질한 부분에 본드 칠을 합니다.

06 칼을 사이에 넣고 반으로 접어 붙여줍니다.

★ 바느질선 표시하기

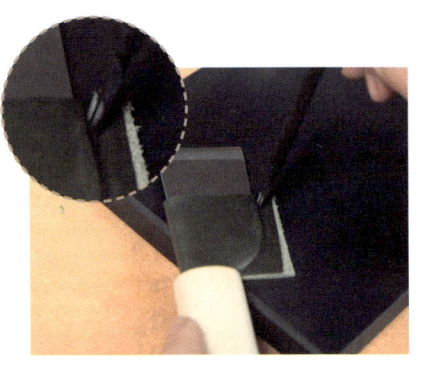

07 우드슬리커의 뾰족한 부분으로 바느질 라인을 잡아줍니다.

08 4mm 치즐을 사용해서 바느질 구멍을 뚫어줍니다.

★ 바느질하고 완성하기

09 비니모 MBT #5 no 108 약 20cm 실을 사용해서 바느질한 후 2땀 더 가서 마감합니다.

10 칼을 사용하여 단면을 4mm의 간격을 두고 자른 후 사포로 절단면을 다듬어줍니다.

11 절단면에 토코롤을 얇게 발라주고 적당히 흡수되면 우드스틱을 사용해서 문질러줍니다.

국영주의 친절한
가죽공예 클래스 DIY 실물본

01 핸드메이드 가위집 & 송곳집

02 심플 바늘쌈지

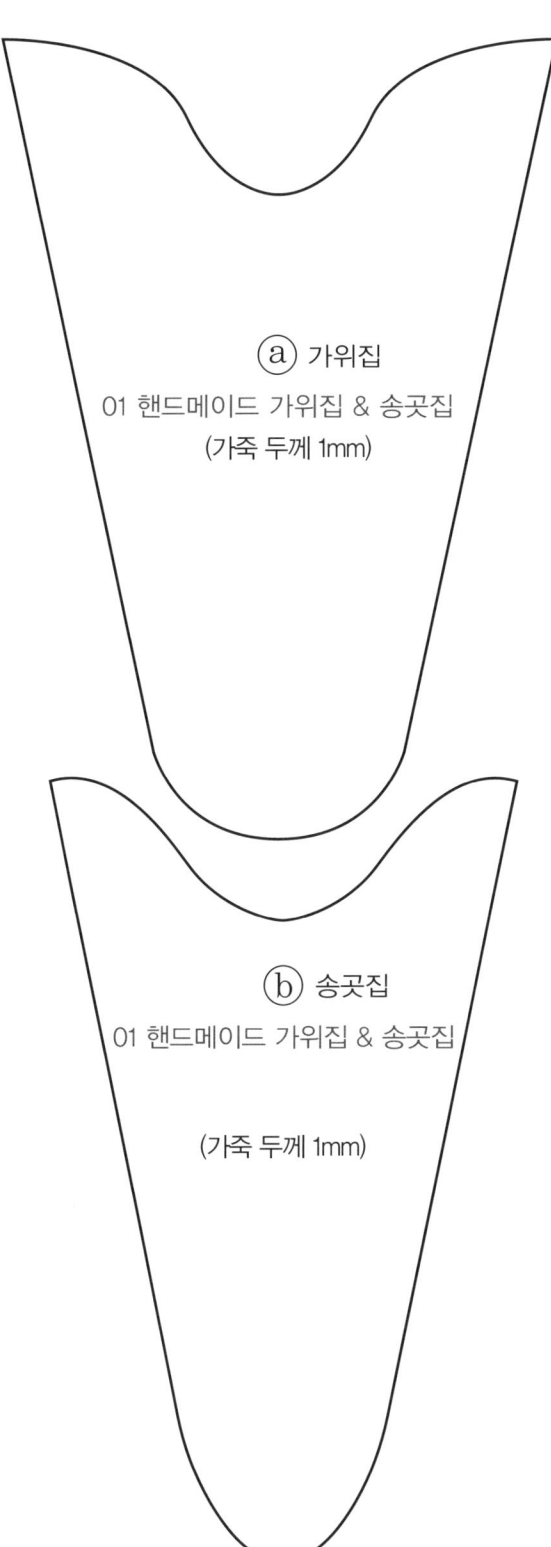
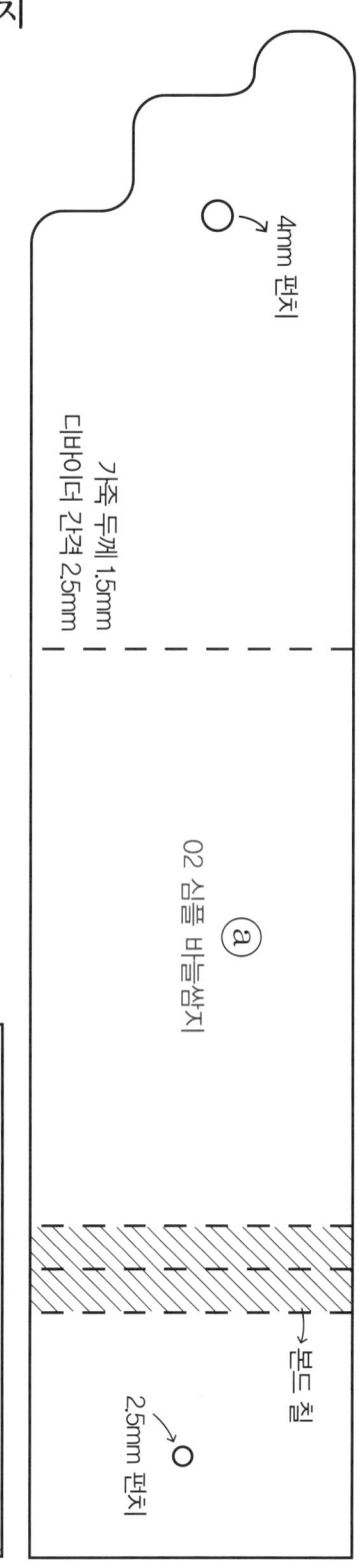

·04· 가죽공예용 **칼집**

04 가죽공예용 칼집

★ 실물본 : 04 가죽공예용 칼집(책 121쪽)

준비물 ★ 1mm 베지터블 생지 약 8.5×20cm
실 비니모 MBT #5 no 108 dir 150cm 10mm 와이어 스냅

약품 ★ 토코롤(투명)

도구 ★ 3mm 치즐 2날과 6날, 10mm 와이어 스냅 셔터, 13mm 쇠판, 4.0mm 원형펀치, 2.5mm 원형펀치

예상 재료비 : 약 10,000~25,000원
예상 제작시간 : 2시간
예상 완제품 가격 : 약 30,000~60,000원

형지 제작 및 재단하기 ★

ⓐ 칼집의 몸판 : 실물본(약 10.2×8.5cm)
ⓑ 칼집 안쪽 몸판 : 실물본(약 5×8.5cm)
ⓒ 칼집 뚜껑 보강가죽 : 실물본(약 3.3×8cm)

★ ⓐ~ⓒ는 부록의 실물본을 이용해서 형지는 만든 후 재단하세요.

★ 동경수차 오른손잡이 40mm 칼의 형지입니다.

★ 재단하기

01 실물본을 이용하여 ⓐ, ⓑ, ⓒ의 형지를 만들어 가위 위에 놓고 송곳으로 덧그린 후 재단합니다.

02 실물본에 표시된 위치에 사진처럼 가죽의 뒷면에 본드를 칠할 자리를 표시합니다.

★ 단추 달기

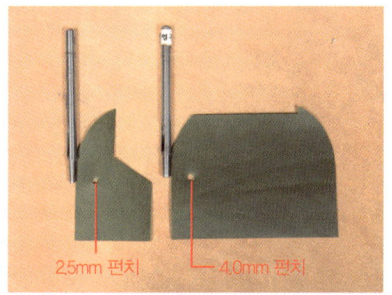

03 실물본에 표시된 위치에 사진처럼 2.5mm와 4.0mm 펀치를 사용해서 구멍을 뚫어줍니다.

04 쇠판과 10mm 와이어 스냅 셔터를 준비합니다.

05 사진처럼 와이어 스냅 셔터의 수놈을 준비합니다.

06 사진처럼 쇠판의 평평한 부분에 올리고 10mm 와이어 스냅 셔터의 오목한 부분을 사용하여 달아줍니다.

★ 재단하기

07 02번 과정에서 표시한 본드 칠할 자리에 본드를 바르고 사진처럼 붙여줍니다.

08 디바이더를 3mm 간격으로 해서 사진처럼 바느질 선을 표시합니다.

09 사진에 표시된 곳을 송곳으로 뚫어줍니다.

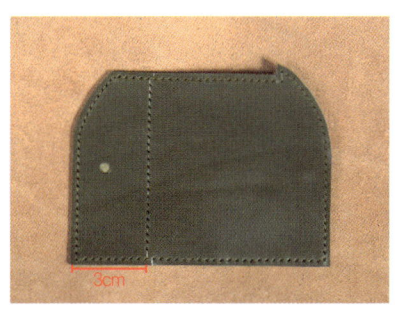

10 송곳으로 뚫은 곳을 빼고 나머지 부분을 3mm 치즐 2날과 6날을 사용해서 바느질할 구멍을 뚫어줍니다.

11 사진처럼 가운데 부분만 비니모 MBT #8 no 108 약 30cm를 사용하여 바느질을 하고 두 땀 더 바느질해 실을 마감합니다.

12 비니모 MBT #8 no 108 약 120cm를 사용해서 둘레를 바느질하고 두 땀 더 가서 실을 마감합니다.

13 사진과 같은 10mm 와이어 스냅 셔터와 가죽을 싼 겉단추를 준비해서 13mm 쇠판에 올리고 단추를 달아줍니다.

14 절단면을 정리하고 토코롤을 사용하여 절단면을 마감합니다.

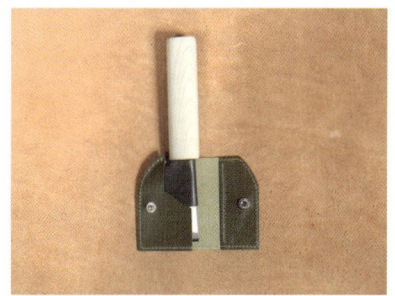

15 가죽칼을 넣어본 모습입니다.

16 완성

·05· 네츄럴 보관집

05 네츄럴 보관집

★ 실물본 : 05 네츄럴 보관집(실물본 A)

준비물
- 15mm 슈렁큰 약 42×33, 1×90
- 실 : 3합 초실 연보라 약 750cm

도구
- 4mm 치즐, 원형 송곳
- **예상 재료비** : 약 15,000~40,000원
- **예상 제작시간** : 6시간 30분
- **예상 완제품 가격** : 100,000~150,000원

형지 제작 및 재단하기 ★

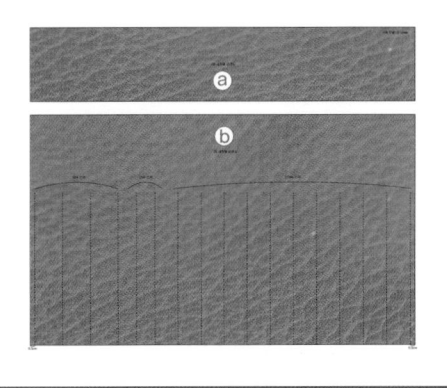

ⓐ 보관집의 뚜껑(약 41.5×8cm)
ⓑ 보관집의 몸판(약 41.5×25cm)
ⓒ 끈(약 90×1cm)

★ ⓐ, ⓑ 실물본으로 형지를 만든 후 재단하세요.

★ 재단하기

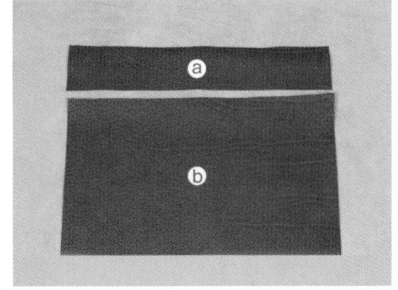

01 실물본대로 ⓐ, ⓑ 형지를 만들어 가죽 위에 놓고 송곳으로 덧그린 후 재단합니다.

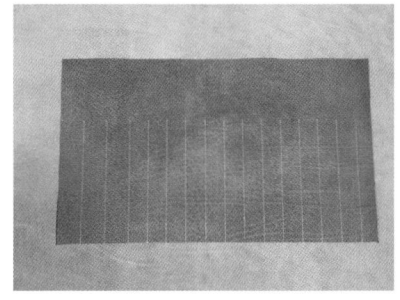

02 ⓑ 형지에 표시된 대로 은펜으로 사진처럼 그려줍니다.

★ 접착하고 바느질하기

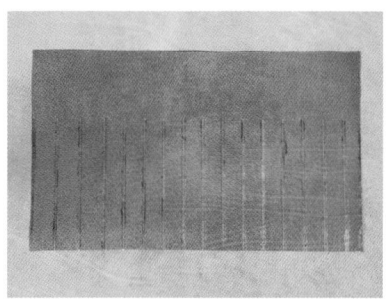

03 은펜으로 그린 자국을 따라서 3mm 정도의 두께로 본드를 발라줍니다.

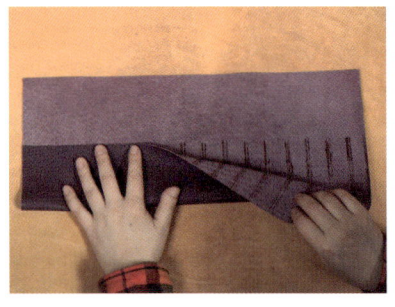

04 본드가 꾸덕꾸덕해지면 사진처럼 반으로 접어서 붙여주고 대리석 위에 올리고 접착 부분을 망치로 두둘겨줍니다.

05 접은 후 사진처럼 본드 바른 간격과 같은 간격으로 가죽 위에(ⓑ 실물본에 표시된 위치) 은펜으로 바느질 선을 표시합니다.

06 은펜으로 표시한 부분에 4mm 치즐을 사용해서 구멍을 뚫어줍니다.

07 바느질 구멍을 뚫은 후에 물티슈를 사용하여 은펜 자국을 닦아줍니다.

08 3합 초실 약 36cm를 준비해서 17곳을 각각 바느질합니다.

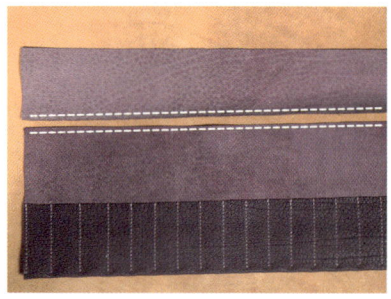

09 가죽 ⓐ, ⓑ의 접착 부분에 3mm 너비로 본드를 바릅니다.

10 가죽 ⓐ, ⓑ를 붙여주고 은펜으로 3mm 간격으로 바느질 선을 표시합니다.

11 10번 과정에서 표시한 부분을 4mm 치즐로 구멍을 뚫고 은펜 자국을 물티슈로 지운 후 약 120cm의 3합 초실로 바느질합니다.

★ **끈 달기**

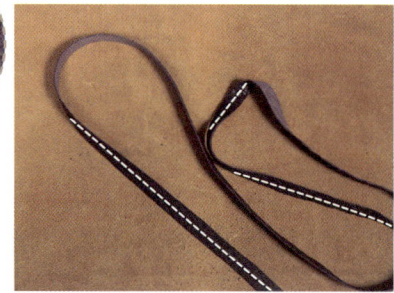

12 몸판과 같은 가죽으로 1×90(cm)를 준비해서 사진처럼 은펜으로 가운에 표시한 후 4mm 치즐을 사용해서 바느질 구멍을 뚫어줍니다.

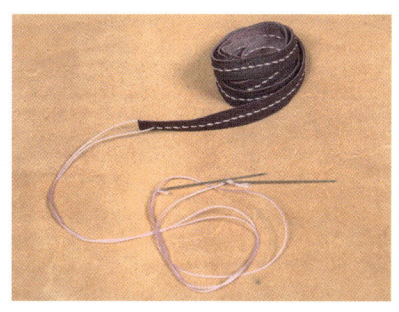

13 3합 초실 약 270cm를 사용해서 바느질을 해줍니다.

14 바느질한 끈의 가운데 부분을 사진처럼 본드를 사용해서 붙여줍니다.

15 겹쳐지는 부분은 송곳을 사용해서 구멍을 뚫어줍니다.

16 3합 초실 약 15cm를 사용해서 바느질합니다.

17 2땀 더 가서 본드 마감한 후에 가죽 사이로 실을 빼서 가위로 잘라줍니다.

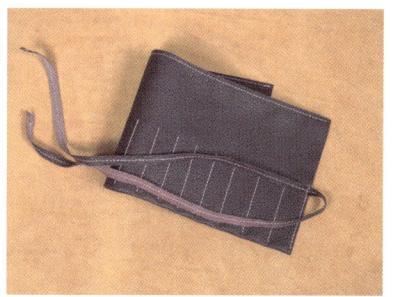

18 바느질이 완성된 모습입니다.

19 완성

·06· 펜접시로 **가죽 카빙 따라하기**

06 펜접시로 가죽 카빙 따라하기

★ 실물본 : 06 펜접시 카빙 실물본(책 305쪽)

준비물 ★
2mm 베지터블 생지 약 27×18cm
안감 약 30×20cm
트레팔지 약 27×18cm

약품 ★
가죽 전용 유성염색약 진밤, 토코롤 (무색)
수성라카, 탄코트, 엔틱다이

도구 ★
전사펜, 스위블 나이프 대와 칼날, c454, p211,
EMS 20-01, EMS 51-01, EMS 10-01, EMS 10-00, s706,
c432, PA003, PA004(USA툴), S349, 대리석, 카빙 시트지
예상 재료비 : 약 40,000원
예상 제작시간 : 8시간
예상 완제품 가격 : 300,000원

형지 제작 및 재단하기 ★

가죽 : 약 27×17cm

★ 전사하기

01 약 27×17cm의 가죽과 트레팔지, 카빙 실물본을 각각 준비합니다.

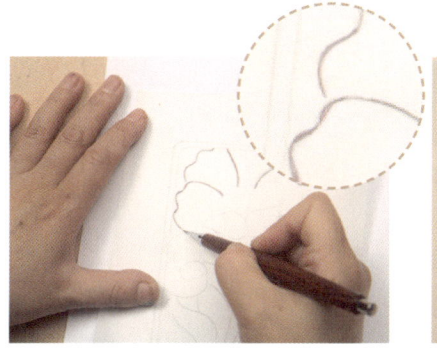

02 준비된 카빙 실물본 위에 트레팔지를 올리고 비치는 선을 따라 위와 아래의 선은 만나지 않게 그려줍니다.

03 실물본의 선은 곡선으로 깔끔하게 그려주세요. 직선은 자를 대고 그려도 좋습니다.

04 해면스펀지를 사용해서 가죽의 앞면과 뒷면에 물을 충분히 묻혀주고 가죽 표면에 물기가 없어질 때까지 기다려줍니다.

05 물이 묻은 가죽 중앙 위에 실물본대로 옮겨 그린 트레팔지를 올리고 전사펜으로 눌러서 따라 그려주며 가죽에 실물본을 옮겨줍니다.

06 가죽의 뒷면에 카빙 시트지를 붙여주고 유리를 사용해 접착이 잘되도록 문질러줍니다.

★ 칼선 긋기

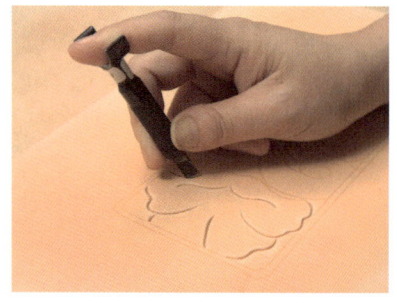 

07 스위블 커터를 사용해서 칼선을 그어줍니다.

+Tip
까무쁠라쥬(Camouflage)는 툴의 각도에 따라서 사진처럼 모양이 다르게 나옵니다.

ⓐ 무게 중심이 왼쪽일 때
ⓑ 무게 중심이 앞쪽일 때
ⓒ 무게 중심이 오른쪽일 때

★ 각인하기

 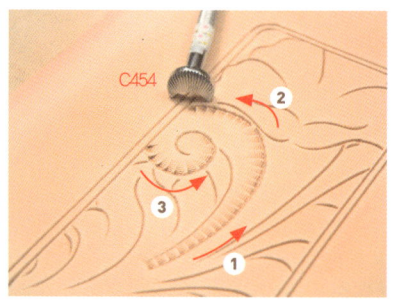 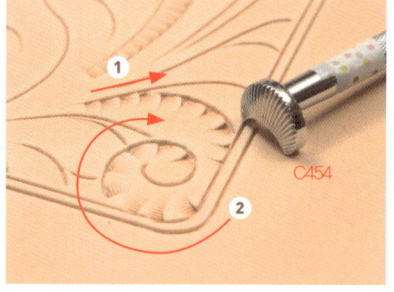

08 까무쁠라쥬(c454)를 사진의 화살표 방향처럼 오른쪽으로 기울여 경사를 주면서 아래에서 위쪽 방향으로 무늬를 넣어줍니다.

09 큰 회오리 부분의 까무쁠라쥬(c454)가 찍힌 모양입니다. 방향을 주의하면서 사진의 화살표 방향 순서대로 무늬를 넣어주세요.

10 작은 회오리 부분에 까무쁠라쥬(c454)가 찍힌 모양입니다. 방향을 주의하면서 사진의 화살표 방향 순서대로 무늬를 넣어주세요.

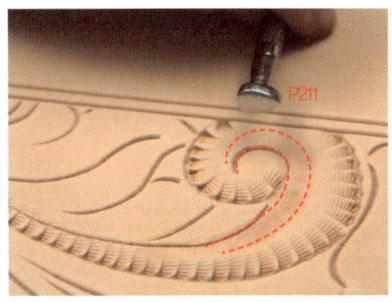

11 피어쉐이더(p211)를 사용해서 사진에 표시된 부분처럼 무늬를 넣어줍니다.

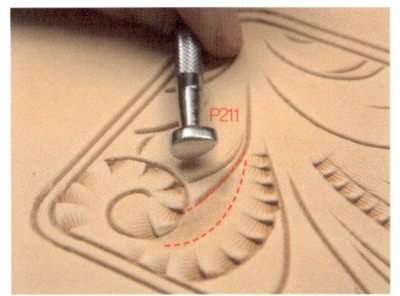

12 작은 회오리 부분에 각인을 한 모양입니다.

13 p211를 사용해서 사진에 표시된 부분처럼 무늬를 넣어줍니다.

+Tip 입체감을 주는 방법

언더컷 베벨러(Undercut beveler, EMS 20-01) 가죽을 들어서 입체감을 만들어줍니다.

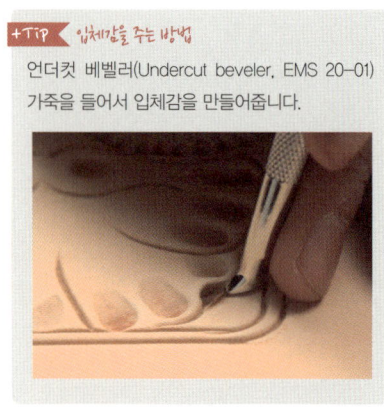

14 사진에 표시된 부분에 언더컷 베벨러(EMS20-01)를 사용해서 가죽을 들어줍니다.

+Tip 센터 쉐이더 사용법

센터 쉐이더를 (EMS 51-01)를 사용할 때는 사진처럼 가죽과 툴의 각도를 약 45도 정도로 각인 해주세요.

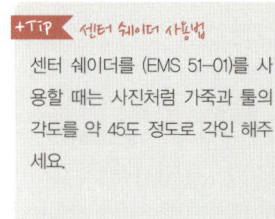

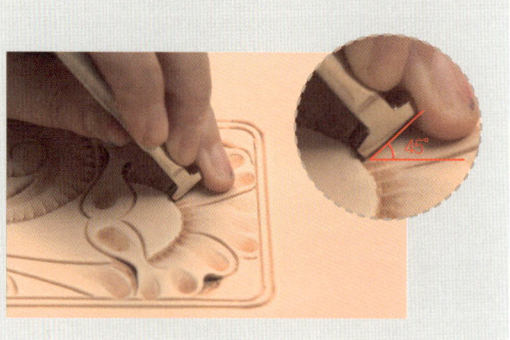

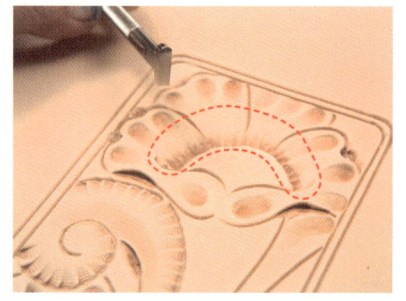

15 센터 쉐이더(EMS51-01)을 사용해서 사진에 표시된 부분에 각인합니다.

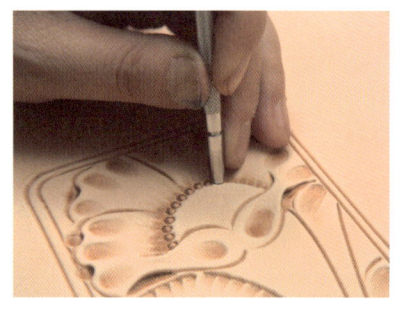

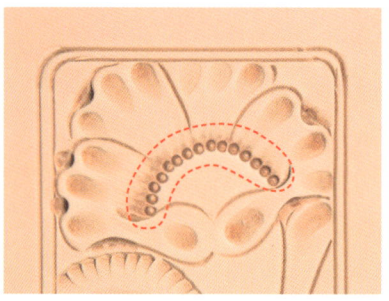

16 씨드(s706)를 사용해서 사진처럼 무늬를 넣어주세요

17 씨드(s706)를 사용해서 무늬를 넣은 전체 모양입니다.

18 베벨러(EMS10-01, EMS10-00)를 사용해서 칼선을 그은 부분에 무늬의 바깥쪽에서 타격해주세요.

베벨러를 눌러주는 방향입니다.

 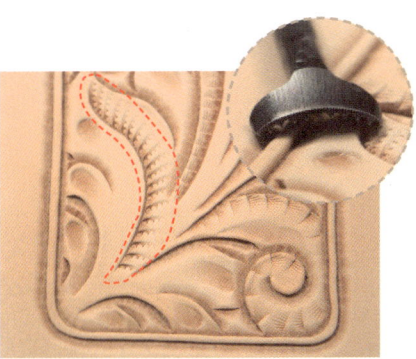 

19 립라인쉐이더(EMS51-02)를 사용해서 잎사귀 부분에 경사를 줍니다.

20 립라인쉐이더(EMS51-02)를 사용해서 경사를 준 부분에 사진처럼 EMS 72-02를 사용해 각인합니다.

21 큰 회오리 부분과 작은 회오리 부분의 끝에 사진처럼 까무뿔라쥬(c432)를 사용해서 각인합니다.

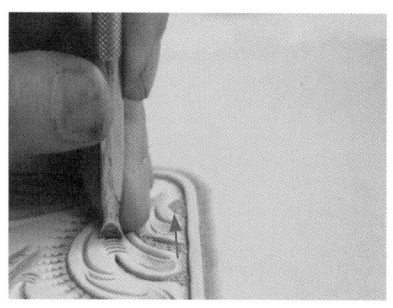

22 물레풋(EMS81-02)를 몸 쪽에서 뒤로 향하면서 사진처럼 각인합니다. 각도를 가죽과 가깝게 기울일수록 무늬가 작게 나타납니다.

23 물렛풋(EMS81-02)을 각인한 세 곳 모양입니다.

24 사진처럼 데코레이드 컷을 스위블 커터를 사용해서 그어줍니다.

★ 배경 각인하기

25 사진처럼 꽃 무늬를 제외한 사진에 표시된 빨간색 점선 부분을 백그라운드를(PA003, PA004)를 사용해서 눌러줍니다.

★ 염색하기

26 시드(S349)를 회오리의 가운데 부분에 사진처럼 각인합니다.

27 백그라운드(PA003, PA004)를 사용해서 눌러준 부분에 가죽 전용 유성염료 진밤을 세필붓으로 칠합니다.

28 가죽 전용 유성염료 진밤을 중간의 라인 부분을 제외하고 나머지 부분에도 칠합니다.

29 진밤 염료가 다 마르면 수성라카를 발라줍니다. 마른 후에 다시 바르기를 2번 반복합니다.

30 수성라카가 완전히 마르면 칫솔을 이용해서 엔틱다이를 전체에 빠르게 발라줍니다.

31 섬유(면직물)을 사용해서 가죽에 묻어있는 엔틱다이를 닦아줍니다.

32 천(면직물)을 사용해서 가죽에 묻어있는 엔틱다이를 닦아줍니다.

33 탄코드를 사용해서 가죽에 묻어있는 엔틱다이를 닦아내고 코팅도 해줍니다. 이 때 얼룩이 제거되면서 염색이 균일하게 됩니다.

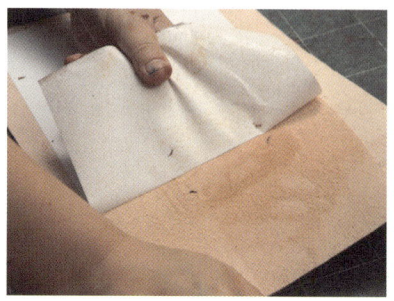
34 가죽의 뒷면에 붙어있는 카빙시트지를 뜯어줍니다.

★ 재단하고 조립하기

35 카빙이 된 사각형 부분에서 각각 5.5cm 바깥쪽으로 큰 사각형이 되게 송곳으로 표시합니다.

36 카빙된 가죽보다 큰 돈피를 준비합니다.

37 가죽의 뒷면에 본드를 칠합니다.

38 준비된 돈피의 뒷면에 본드를 칠합니다.

39 본드를 칠한 가죽과 돈피를 각각 마주 붙이고 롤러를 사용해서 접착을 강하게 만들어줍니다.

40 송곳으로 표시된 부분을 가죽칼로 잘라줍니다.

41 코너 칼을 사용해 꼭짓점 부분을 4군데 잘라줍니다.

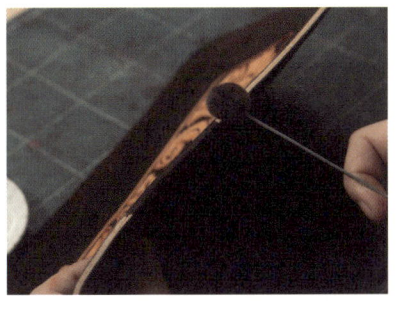

42 절단된 단면에 양모봉을 사용해서 가죽 전용 유성염료 진밤을 칠합니다.

43 토코롤(무색)을 절단면에 발라주고 우드슬리커를 사용해서 문질러줍니다.

★ 성형하기

44 마감된 가죽의 뒷면에 해면스펀지를 사용해서 물을 충분히 묻혀줍니다.

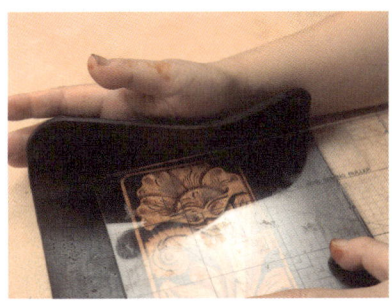

45 5cm 되는 부분에 자를 대고 사진처럼 접어줍니다.

46 네 군데를 모두 자를 사용해서 접어줍니다.

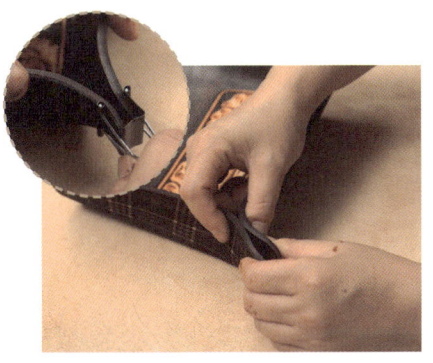

47 사진처럼 양쪽을 접어서 만나게 하여 집게로 찝어줍니다.

48 네 군데를 모두 집게를 사용해서 집어준 후 가죽이 다 마를 때까지 이틀 정도 기다립니다.

49 가죽이 다 마른 후 집게를 제거해주면 가죽이 성형되어 모양이 유지됩니다.

·07· 빈티지 카드지갑

07 빈티지 카드지갑

★ 실물본 : 07 빈티지 카드지갑(책 304쪽)

준비물 ★ 오일풀업 가죽 2mm 약 1/3평
카드속지, 갈고리형 잠금장식, 6mm 리벳 4쌍
양면테이프
실 : 약 30cm(비니모 MBT #5 no108)

약품 ★ 토코롤(투명)

도구 ★ 4mm 치즐, 3.5mm 원형펀치, 6mm 리벳 셔터와 쇠판, 반지름 1.5cm 라운드 커터
예상 재료비 : 약 10,000원~15,000원
예상 제작시간 : 1시간
예상 완제품 가격 : 20,000원~25,000원

형지 제작 및 재단하기 ★

ⓐ 카드지갑 겉면 : 실물본(약 19×10cm) 1장

★ ⓐ는 부록의 실물본을 이용해서 형지를 만든 후 재단하세요.

★ 재단하기

01 실물본을 이용하여 형지를 만들어 가죽 위에 놓고 형지의 선을 따라 송곳으로 덧그린 후 카드지갑 겉면을 재단합니다.

02 라운드커터를 사용하여 오른쪽 두 꼭짓점 부분을 곡선으로 잘라줍니다. 라운드커터가 없는 경우에는 칼을 사용합니다.

★ 카드 속지 달기

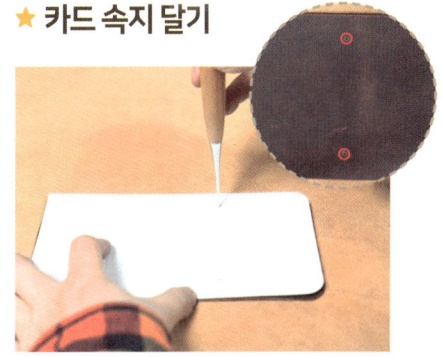

03 실물본에 표시된 바느질 선 부분의 양쪽 끝을 송곳으로 표시합니다.

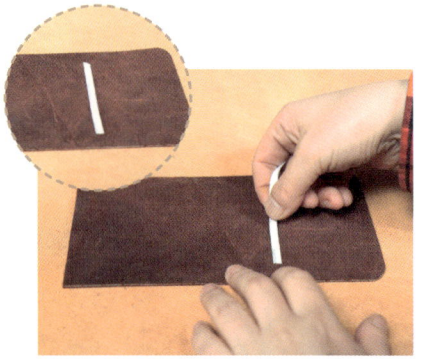

04 가죽의 뒷면이 보이도록 하여 송곳으로 표시한 부분 사이에 양면테이프(두께 3mm)를 붙여줍니다.

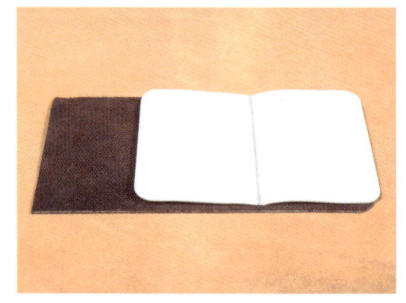

05 카드 속지를 반을 펼쳐 정 가운데를 양면테이프 위에 붙여줍니다.

★ 바느질하기

06 앞의 **03**번 과정에서 표시한 두 곳의 송곳 자국을 직선으로 연결하여 바느질할 부분을 표시하고 4mm 치즐을 사용하여 구멍을 뚫어줍니다.

07 약 30cm의 실을 사용해서 새들스티치를 한 후 실이 풀리지 않게 본드를 사용해서 마감합니다.

★ 갈고리형 부속철물 달기

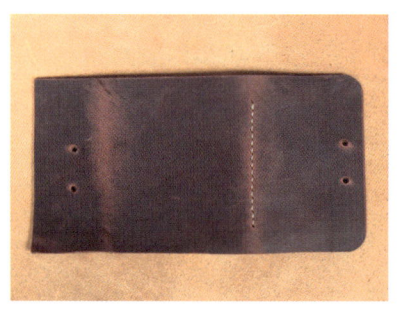

08 실물본에 표시된 위치에 3.5mm 원형펀치를 사용하여 사진처럼 구멍을 뚫어줍니다.

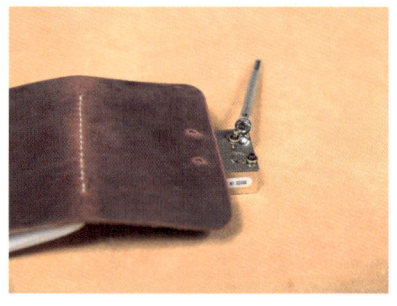

09 사진처럼 6mm 리벳과 쇠판을 준비합니다.

10 갈고리형 잠금장식을 리벳으로 고정한 후 6mm 리벳 셔터와 쇠판을 사용하여 망치로 달아줍니다.

11 쇠판의 평평한 부분에 한 번 더 망치질을 해주면 위 사진처럼 뒷면이 평평해집니다.

12 6mm 리벳을 사용하여 갈고리형 잠금장식을 달아준 모습입니다.

응용작품

▲ 가죽과 장금장식만 바꿔줘도 또 다른 느낌의 카드지갑이 완성됩니다.

·08· 브라운 **체크액자**

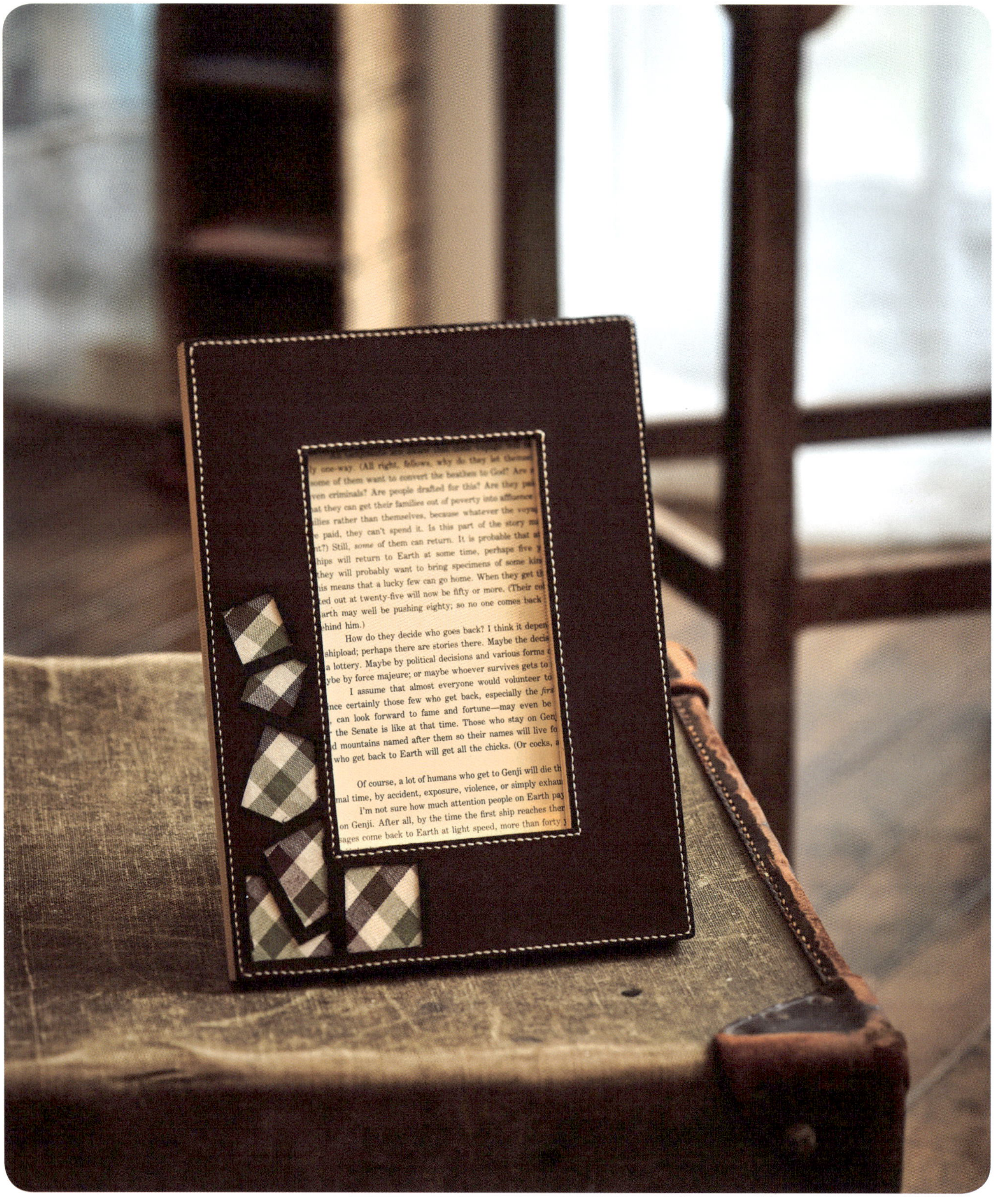
one-way. (All right, fellows, why do they let
some of them want to convert the heathen to God? Are
criminals? Are people drafted for this? Are they
they can get their families out of poverty into affluence
rather than themselves, because whatever the
paid, they can't spend it. Is this part of the story
Still, some of them can return. It is probable that
will return to Earth at some time, perhaps five
they will probably want to bring specimens of some
means that a lucky few can go home. When they get
out at twenty-five will now be fifty or more. (Their
may well be pushing eighty; so no one comes back
him.)
How do they decide who goes back? I think it
shipload; perhaps there are stories there. Maybe the
a lottery. Maybe by political decisions and various forms
by force majeure; or maybe whoever survives gets to
I assume that almost everyone would volunteer
certainly those few who get back, especially the
can look forward to fame and fortune—may even be
the Senate is like at that time. Those who stay on
mountains named after them so their names will live
who get back to Earth will get all the chicks. (Or cocks,
Of course, a lot of humans who get to Genji will die
time, by accident, exposure, violence, or simply
I'm not sure how much attention people on Earth
on Genji. After all, by the time the first ship reaches
come back to Earth at light speed, more than forty

09 트위스트 네 줄 꼬기 팔찌

08 브라운 체크액자

★ 실물본 : 08 브라운 체크액자(실물본 A)

준비물 ★ 베지터블 1mm 가죽 약 18×23cm
실 : 약 250 cm(비니모 MBT #5 no108)
나무 액자, 선염체크무늬 천 10×15cm

약품 ★ 토코롤

도구 ★ 3mm 치즐, 송곳
예상 재료비 : 약 12,000원~ 약 26,000원
예상 제작시간 : 1시간 30분
예상 완제품 가격 : 32,000원~ 46,000원

형지 제작 및 재단하기

ⓐ 액자 앞면 : 실물본(약 16.6×21.2cm) 1장
ⓑ 천 : 실물본(약 7.7×12cm) 1장

★ ⓐ~ⓑ는 부록의 실물본을 이용해서 형지를 만든 후 재단하세요. 단 액자의 크기가 변하면 사이즈를 조절해주세요.

★ 재단하기

01 형지를 사용하여 재단합니다. 액자의 크기가 다를 경우는 테두리는 액자의 크기대로 맞추고 안에 있는 무늬만 자리를 잡아줍니다.

02 토코롤을 사용해서 절단면을 마감해주고 본드를 사용해서 천을 가죽 아래 붙여줍니다.

★ 바느질하기

03 디바이더를 2.5mm로 조절하여 바느질 선을 표시하고 3mm 치즐을 사용해 구멍을 뚫은 후 바느질합니다.

★ 붙이기

04 바느질이 끝난 후 본드를 사용해서 가죽과 액자를 붙여줍니다.

16 완성

09 트위스트 네 줄 꼬기 팔찌

★ 실물본 : 필요 없음

준비물 ★ 3mm 레이스 가죽 하늘색 약 55cm
3mm 레이스 가죽 검정색 약 55cm
마스킹 테이프,
여러 가지 장식품

약품 ★ 순간 접착제

형지 제작 및 재단하기 ★

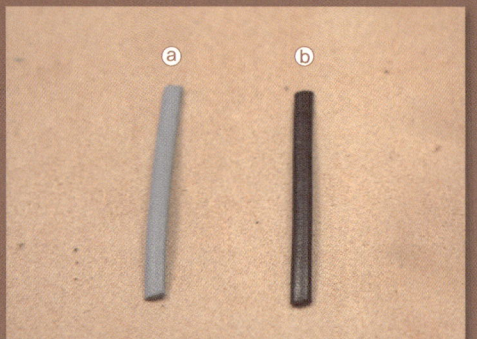

ⓐ 3mm 레이스 가죽 하늘색 약 55cm
ⓑ 3mm 레이스 가죽 검정색 약 55cm

★ 예상 재료비 : 약 10,000원
★ 예상 제작시간 : 1시간
★ 예상 완제품 가격 : 20,000원~25,000원

★ 네 줄 꼬기

 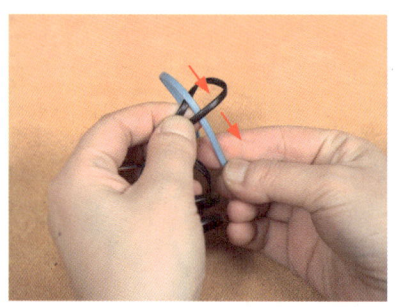 

01 3mm 레이스 가죽 하늘색과 검정색을 약 55cm씩 각각 준비하고 검정색 레이스 가죽을 반으로 접어 준비합니다.

02 파란색 레이스 가죽을 검정색 레이스 가죽 위쪽으로 넣어서 아래쪽으로 빼줍니다.

03 파란색 가죽의 다른 한쪽 끝을 처음 넣은 가죽의 위쪽 방향에서 두고 검정색 가죽의 아래쪽으로 나와서 검정색 가죽 위로 빼줍니다.

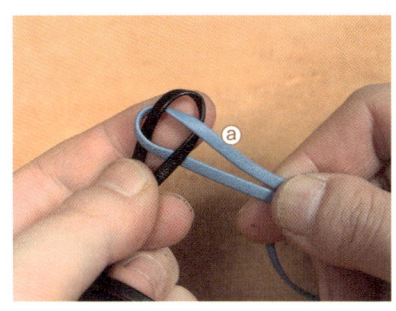

04 가죽의 길이가 같게 해준 후 사진처럼 가죽의 겉면만 보이도록 잡아줍니다.

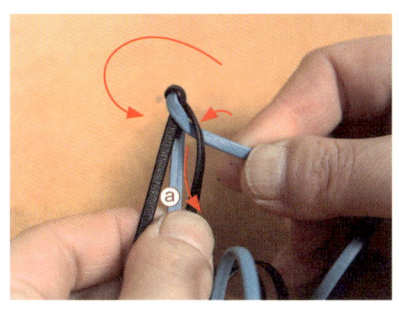

05 ⓐ를 뒤쪽으로 돌려서 두 개의 검정색 가죽 사이로 빼줍니다.

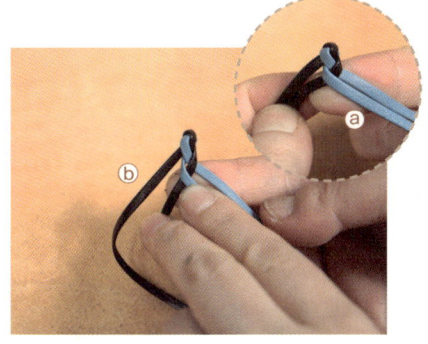

06 빼준 파란색 가죽 ⓐ로 안쪽에 있는 검정색 가죽을 감싸줍니다. 이 때 보이는 가죽은 모두 겉면입니다.

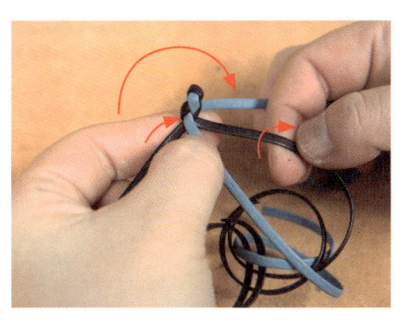

07 맨 오른쪽에 있는 검정색 가죽을 뒤쪽으로 돌려서 두 개의 파란색 가죽 사이로 빼줍니다.

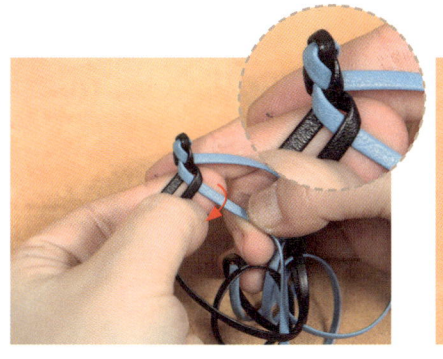

08 뺀 검정색 가죽으로 안쪽에 있는 파란색 가죽을 감싸줍니다. 이 때 보이는 가죽은 모두 겉면입니다.

09 같은 방법으로 반복해서 원하는 크기로 계속 꼬아줍니다.

★ 잠금장식 달기

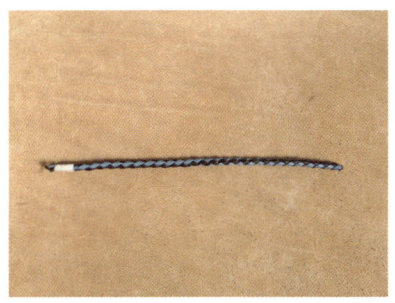

10 원하는 크기가 나오면 마스킹 테이프로 끝을 사진처럼 붙여줍니다.

11 꼬아진 가죽줄에 원하는 참장식을 넣어주고 잠금장식의 크기를 맞춰 봅시다.

12 순간접착제를 사용해서 팔찌 잠금장식(부속철물)과 붙여줍니다.

13 이니셜을 넣어서 완성한 팔찌입니다.

14 여러 가지 장식과 가죽을 칼라를 바꾸어서 팔찌와 목걸이로 응용해보세요.

응용작품

▲ 이니셜 팔찌와 목걸이

국영주의 친절한 가죽공예 클래스 DIY 실물본

04 가죽공예용 칼집

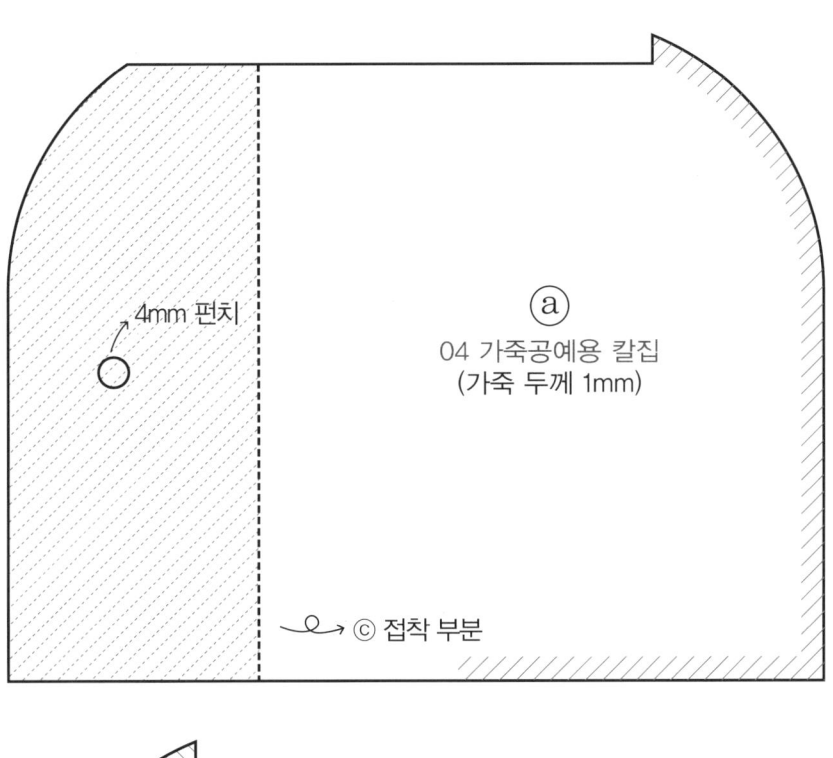

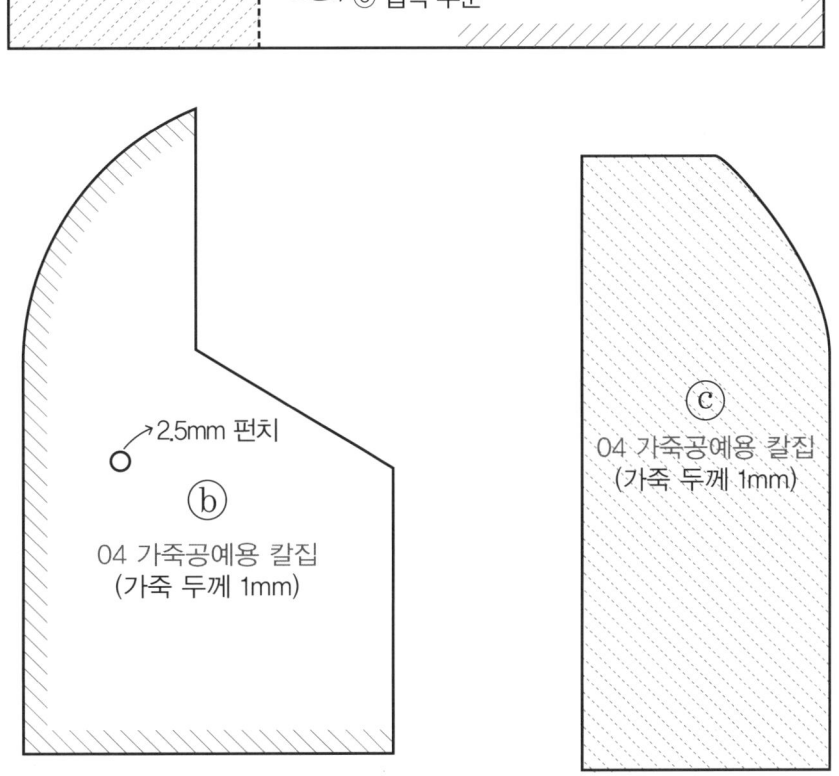

# 10 트라이앵글 **커플 삼각동전지갑**

10 트라이앵글 커플 삼각동전지갑

★ 실물본 : 12 트라이앵글 삼각동전지갑(책 127쪽)

준비물 ★	베지터블 노랑 1mm 약 19×10cm, 6×5cm 실 : 약 90 cm(비니모 MBT #8 no125)
약품 ★	진밤 가죽 전용 유성염료, 절단면 마감제
도구 ★	3mm 치즐 2날과 6날, 방울집게, 펑 플라이어 **예상 재료비** : 약 6,000원~12,000원 **예상 제작시간** : 2시간 **예상 완제품 가격** : 약 25,000원~35,000원

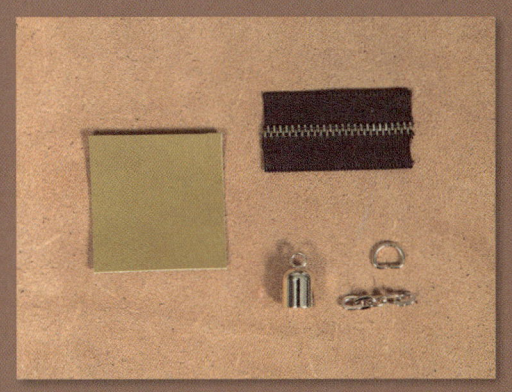

형지 제작 및 재단하기 ★

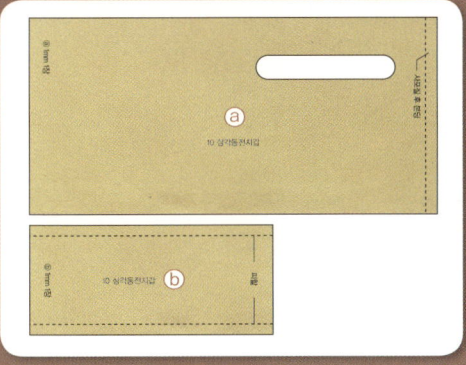

ⓐ 동전지갑 : 실물본(약 18.5×9cm)
ⓑ 테슬 : 실물본(약 10×5cm)

★ ⓐ, ⓑ는 부록의 실물본을 이용해서 형지를 만든 후 재단

★ 재단하기

01 형지를 가죽에 올리고 송곳을 사용하여 그린 후 가죽칼을 사용하여 재단합니다.

★ 지퍼 달기

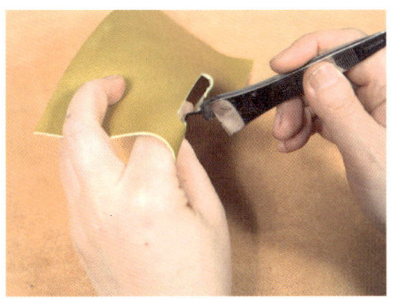

02 지퍼 달릴 자리에 사진처럼 가죽 전용 유성염료로 절단면에 발라주고 토코롤과 스틱을 사용하여 절단면을 마감합니다.

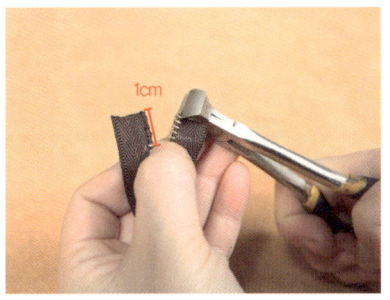

03 방울집게를 사용하여 쇠 지퍼 양쪽 끝 1cm의 지퍼 톱니를 잘라줍니다.

04 절단면을 마감한 가죽과 양쪽 끝 네 군데의 지퍼톱니를 모두 제거한 지퍼를 준비하고 지퍼에 슬라이더를 넣은 후 슬라이더를 화살표 방향으로 밀어 넣어 줍니다.

05 지퍼와 가죽을 사진처럼 붙여줍니다.

06 바느질 선을 2.5mm 간격으로 표시하고 3mm 치즐을 사용해서 구멍을 뚫은 후 45cm의 실을 사용하여 바느질하고 마감합니다.

★ 조립하기

07 사진처럼 지퍼의 옆 부분을 너비 4mm로 사포질합니다.

08 양쪽을 사진처럼 5mm 겹쳐서 붙인 후 바느질 선을 2.5mm 간격으로 표시하고 고무판을 가운데에 넣고 3mm 치즐을 사용해서 구멍을 뚫어줍니다.

09 약 25cm의 실을 사용하여 바느질하고 뒷면에서 매듭을 지은 후 본드 마감합니다.

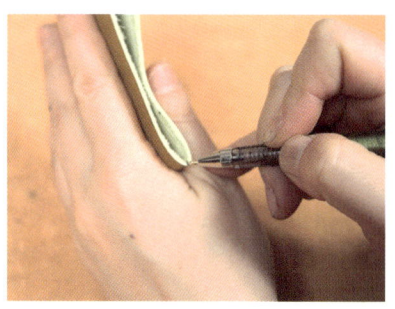

10 사진처럼 접어서 본드를 붙인 후 2.5mm 간격으로 바느질 선을 표시하고 3mm 치즐을 사용해 구멍을 뚫은 후 약 25cm의 실로 바느질하고 마감합니다.

11 바느질을 하지 않은 접어진 가죽에 사진처럼 펜을 사용하여 양쪽 끝을 표시합니다.

12 11번 과정에서 표시한 양쪽 끝을 사진처럼 정중앙에 오도록 하여 본드를 바른 후 붙여줍니다.

★ 미니테슬 만들기

13 2.5mm 간격으로 바느질 선을 표시하고 3mm 치즐을 사용해서 구멍을 뚫은 후 25cm의 실을 사용하여 바느질하고 마감합니다.

14 절단면을 깔끔하게 마무리한 후 절단면 마감제를 잘라줍니다.

15 가죽 ⓑ의 실물본에 표시된 피할할 부분을 가죽 두께의 반만큼 피할하고 가운데 부분은 3mm 간격으로 선을 그어줍니다.

16 가운에 그어진 3mm 간격을 칼을 사용하여 사진처럼 잘라줍니다.

17 양쪽 피할된 부분에 본드를 바른 후 사진처럼 붙여줍니다.

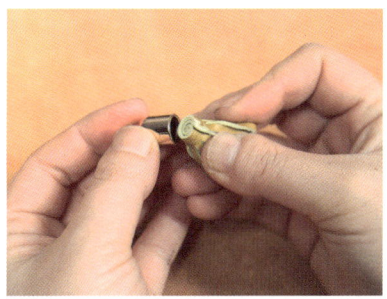

18 테슬 부속철물에 들어갈 크기만큼 말아서 준비합니다.

★ 테슬 만들기

19 피할한 쪽 가죽의 겉면에 사포질을 후 본드를 바르고 사진처럼 원형으로 말아줍니다.

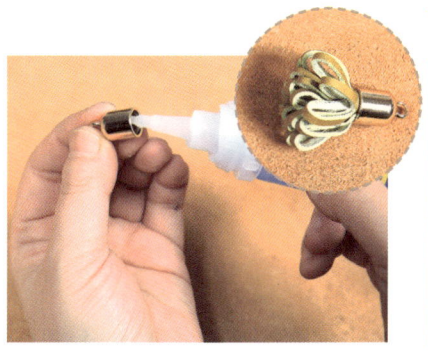

20 테슬 부속철물 안에 순간접착제를 바르고 준비한 가죽을 넣어서 붙여줍니다.

21 만들어진 테슬과 체인을 평플라이어와 오링반지를 사용해서 연결합니다.

22 체인을 평플라이어와 오링반지를 사용해서 슬라이더에 연결합니다.

23 테슬을 동전지갑에 연결한 모습입니다.

24 다른 컬러의 가죽을 만들어서 커플로 사용해도 좋습니다.

응용작품

국영주의 친절한
가죽공예 클래스 DIY 실물본

10 삼각동전지갑

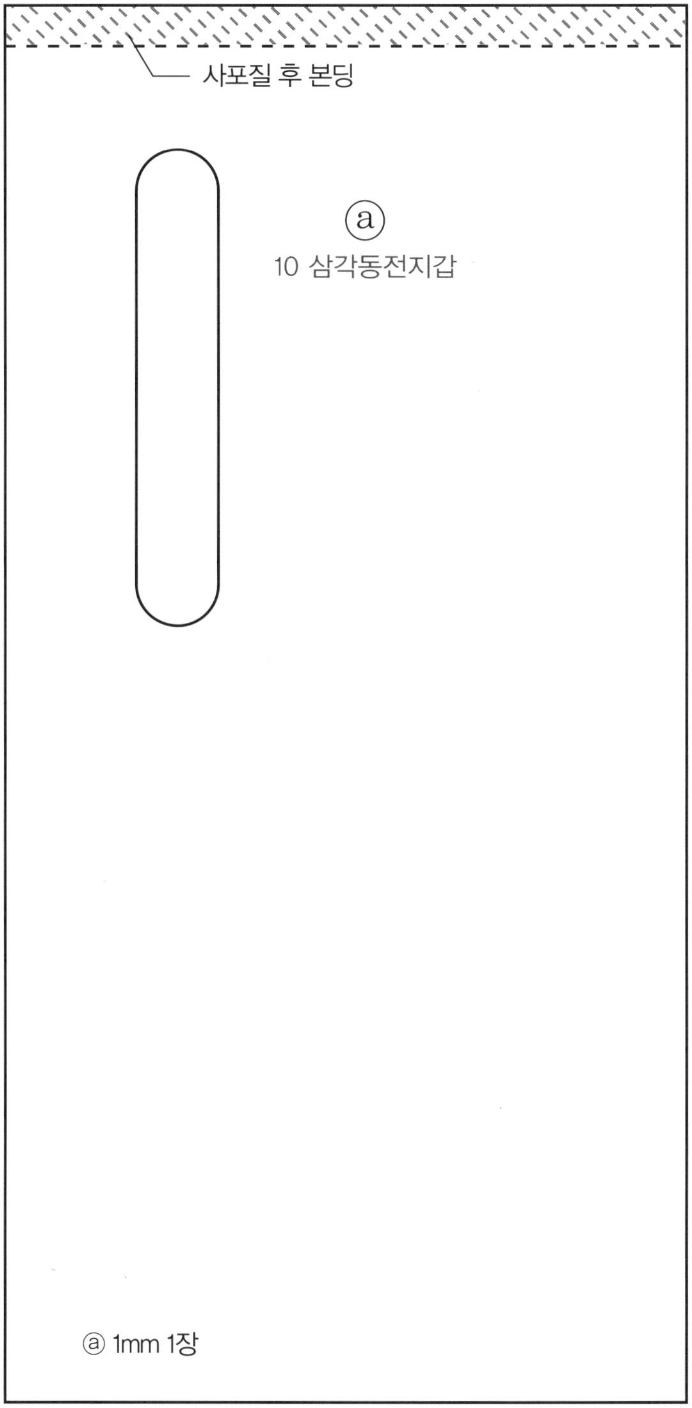

사포질 후 본딩

ⓐ
10 삼각동전지갑

ⓐ 1mm 1장

피할

10 삼각동전지갑
ⓑ

ⓑ 1mm 1장

PART 3

자투리 가죽을 활용한 가죽공예 소품

11 미니 가방 열쇠고리
12 빈티지 로봇시계
13 로봇 카드지갑
14 솔트레지 손목시계
15 버클 장식 두 줄 팔찌
16 엔틱 버클 장식 팔찌
17 커플 이니셜 팔찌
18 러블리 동전지갑
19 악어무늬 반지갑
20 나만의 다이어리

· 11 · 미니 가방 **열쇠고리**

11 미니 가방 열쇠고리

★ 실물본 : 11 미니 가방 열쇠고리(책 306쪽)

준비물 ★
- 베지터블 2mm 탄색 약 8×10cm
- 방수천 약 10×15cm
- 열쇠고리 1개, 아일렛 청동 1호 1개, 솔트레지 5호
- 실 : 70cm(비니모 MBT #8 no 125약)
- 보강테이프 15cm×1cm

도구 ★
- 3mm 치즐, 4mm 원형펀치, 1.5mm 원형펀치, 3.5mm 원형펀치, 1호 아일렛 셔터와 쇠판
- 예상 재료비 : 약 8,000원
- 예상 제작시간 : 60분
- 예상 완제품 가격 : 20,000원

형지 제작 및 재단하기 ★

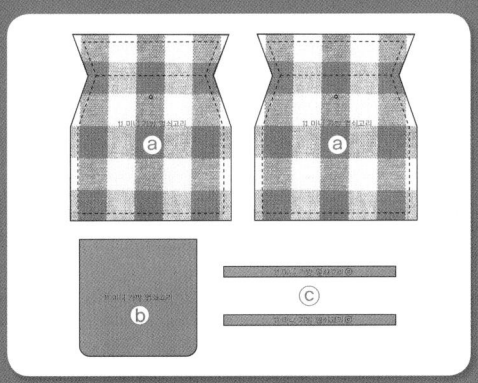

- ⓐ 미니 가방 몸판 : 약 7×8.2cm 2장
- ⓑ 미니 가방 뚜껑 : 약 5.5×5.5cm 1장
- ⓒ 가방끈 : 약 8×0.5cm 2장

★ ⓐ~ⓒ는 부록의 실물본을 이용해서 형지를 만든 후 재단하세요.

★ 재단하기

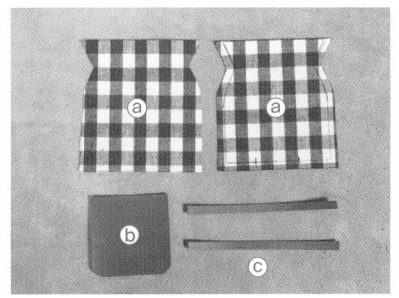

01 형지를 가죽과 방수천에 올리고 그린 후 잘라서 준비합니다. 우측 ⓐ 실물본에 표시된 선을 그려줍니다.

★ 미니 가방 바디 만들기

02 재단된 천 ⓐ의 안쪽에 사진처럼 보강 테이프를 붙여줍니다.

03 빗금친 부분을 본드를 사용하여 사진처럼 붙여줍니다.

★ 가방끈 달기

04 실물본에 표시된 위치에 사진처럼 가죽(ⓒ)을 올려주고 본드를 사용하여 아래 부분 끝 4mm를 붙여줍니다.

★ 입체감 살리기

05 사진처럼 겉면과 겉면을 마주 보게 하여 본드를 사용하여 붙여주고 사진처럼 입구를 제외한 둘레를 5mm 간격으로 바느질 선을 표시합니다.

06 표시된 바느질 선에 3mm 치즐을 사용하여 구멍을 뚫고 약 45cm의 실을 사용하여 바느질합니다.

07 사진처럼 가장의 아래쪽 끝 양쪽에 5mm의 정사각형을 각각 그려줍니다.

08 정사각형이 그려진 부분을 사진처럼 삼각형 모양으로 접어주고 바느질합니다.

09 정사각형 부분을 바느질한 후 뒤집어줍니다.

★ 뚜껑 달기

10 사진처럼 가방끈을 정 중앙에 붙여줍니다.

11 가죽 ⓑ에 2.5mm 간격으로 바느질 선을 표시하고 3mm 치즐을 사용해서 구멍을 뚫어줍니다.

12 위쪽 부분을 빼고 약 40cm의 실을 사용해서 바느질하고 두 땀 더 가서 본드 마감합니다.

★ 잠금장식 달기

13 바느질된 뚜껑을 몸판에 1cm 겹쳐 본드로 붙이고 다시 한 번 구멍을 뚫어줍니다.

14 약 20cm의 실을 사용하여 바느질한 후 본드를 칠하고, 실물본에 표시된 위치에 4mm 원형펀지를 사용해서 구멍을 뚫어줍니다.

15 사진과 같이 커터 칼을 사용하여 약 3mm 만큼 잘라줍니다.

16 사진처럼 가방 뚜껑을 접어 구멍 뚫을 곳에 볼펜으로 표시합니다.

17 1.5mm의 원형펀치로 구멍을 뚫어 줍니다.

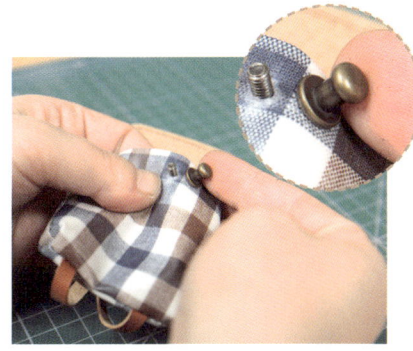

18 뚫어진 구멍에 4mm 솔트레지를 넣어서 달아줍니다.

19 1호 아일렛을 1호 아일렛 셔터와 쇠판을 사용해서 달아줍니다.(3.5mm 원형펀치로 구멍 뚫기)

20 아일렛에 열쇠고리를 달아줍니다.

21 같은 천을 사용하여 만든 가방에 미니 배낭을 달아보았습니다.

133

·12· 빈티지 **로봇시계**

12 빈티지 로봇시계

★ 실물본 : 12 빈티지 로봇시계(실물본 B)

준비물 ★
- 가죽 3mm 2.5×18cm
- 가죽 1mm 2.5×3cm
- 잠금장식, 접착식 보감심지 2.5×2.5cm
- 로봇시계, 6합 무지개실 약 100cm

약품 ★ 토코놀(투명)

도구 ★ 드라이버, 송곳
- 예상 재료비 : 약 20,000원
- 예상 제작시간 : 40분
- 예상 완제품 가격 : 35,000원~40,000원

형지 제작 및 재단하기 ★

ⓐ 시계줄(약 2.5×18cm) 1장
ⓑ 잠금장식 마감 가죽(약 2.5×3cm) 1장

★ ⓐ, ⓑ는 부록의 실물본을 이용해서 형지를 만든 후 재단하세요.
★ ⓐ는 각자의 손목 둘레 + 1~2cm 여유분으로 개인 편차가 있습니다.

★ 재단하기

01 형지를 가죽에 올리고 송곳을 사용하여 그린 후 가죽칼을 사용하여 재단합니다.

02 가죽 ⓐ의 뒷면을 사진처럼 가죽 ⓑ의 크기만큼 2mm 두께로 부분 피할합니다.

★ 잠금장식 달기

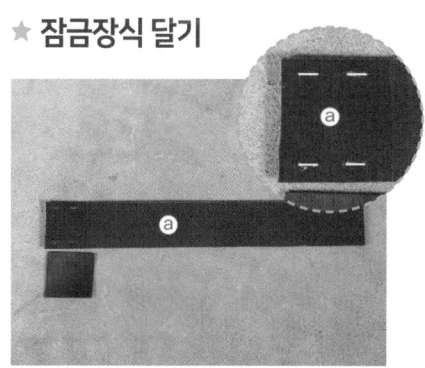

03 피할한 가죽 ⓐ의 앞면에 잠금장식이 들어갈 자리를 표시합니다.

04 표시된 자리를 칼을 사용해서 잘라주고 사진처럼 잠금장식을 넣어줍니다.

05 잠금장식을 안쪽으로 꺾어서 달아주고 보강 테이프를 약간 작게 붙여줍니다.

06 보강테이프 위에 가죽 ⓑ를 사진처럼 붙여줍니다.

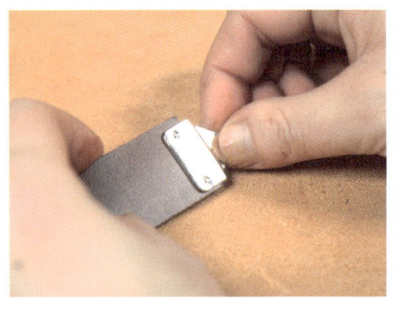

07 본인의 손목 사이즈에 맞게 가죽을 다시 한 번 재단하고 사진처럼 잠금장식을 넣어줍니다.

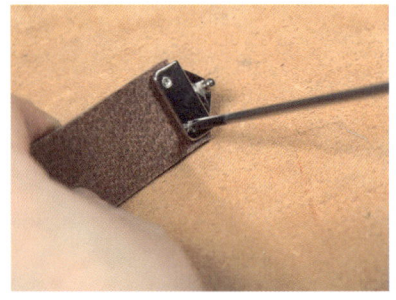

08 잠금장식의 나사가 들어갈 부분을 송곳을 사용하여 구멍을 뚫어주고 나사를 조여줍니다.

09 잠금장식을 달고 토코롤과 우드스틱을 사용해서 절단면을 마감합니다.

★ 시계 달기

10 잠금장식을 단 시계줄에 로봇시계가 들어갈 자리를 송곳을 사용하여 구멍을 뚫어줍니다.

11 무지개 실을 사용해서 시계를 가죽에 달아줍니다.(단추 달듯이 바느질 하면 됩니다.)

12 시계줄에 로봇 시계를 달아서 완성한 모습입니다. 본인의 취향에 따라서 스탬프를 찍어도 좋습니다.

응용작품 ⭐⭐

▲ 뒤쪽 잠금장식을 솔트레지를 사용해서 달아보는 것은 어떨까요?

· 13 · 로봇 **카드지갑**

13 로봇 카드지갑

★ 실물본 : 13 로봇카드지갑(실물본 B)

준비물 ★ 1mm 베지터블 노란색 가죽 약 12×25cm
로봇시계, 체인, 1호 아일렛 청동, 무지개실 약 100cm
실 : 약 120cm (비니모 MBT #5 no125)

약품 ★ 토코롤(투명)

도구 ★ 4mm 치즐, 1호 아일렛 셔터와 쇠판, 3.5mm 원형펀치
우드스틱
예상 재료비 : 약 25,000~30,000원
예상 제작시간 : 2시간
예상 완제품 가격 : 50,000~ 60,000원

형지 제작 및 재단하기 ★

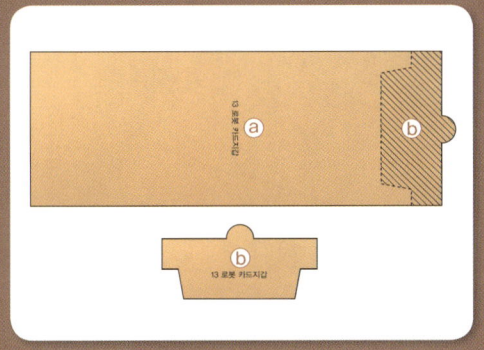

ⓐ : 실물본(약 18.5×7cm) 1장
ⓑ : 실물본(약 7×2.7cm) 1장

★ ⓐ~ⓑ는 부록의 실물본을 이용해서 형지를 만든 후 재단하세요.

★ 재단하기

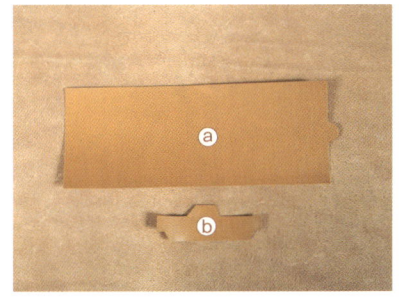

01 형지를 가죽에 올리고 송곳을 사용하여 그린 후 가죽칼을 사용하여 재단합니다.

02 가죽 ⓐ와 ⓑ를 사진처럼 붙여줍니다.

★ 아일렛 달기

03 실물본에 표시된 위치에 3.5mm 원형펀치로 구멍을 뚫어줍니다.

★ 시계 달기

04 뚫어진 구멍에 1호 아일렛 셔터와 쇠판을 사용해서 1호 아일렛을 달아줍니다.

05 무지개 실을 꼬아서 로봇 목도리를 만들어주고 사진처럼 로봇이 달릴 자리에 송곳으로 구멍을 뚫어줍니다.

06 무지개 실을 사용해서 로봇을 가죽에 바느질합니다.

★ 조립하기

07 사진과 같은 위치에 3mm 간격으로 바느질 선을 표시하고 4mm 치즐을 사용해서 구멍을 뚫은 후 약 30cm의 실을 사용하여 바느질하고 마감합니다.

08 사진처럼 가죽을 반으로 접어서 가장자리만 붙여주고 3mm 간격으로 바느질 선을 표시하고 4mm 치즐을 사용해서 구멍을 뚫은 후 약 80cm의 실을 사용하여 바느질하고 마감합니다.

09 사포를 사용하여 절단면을 갈아주고 토코롤과 우드스틱을 사용하여 절단면을 마감합니다.

10 바느질이 완성된 후에 체인을 아일렛 부분에 달아줍니다.

11 형지를 살짝 변형하여 아일렛이 있는 위치를 바꿔서 만들어보았습니다.

응용작품

▲ 아일렛의 위치를 바꾼 로봇 카드지갑

·14· 솔트레지 손목시계

· 15 · 버클 장식 **두 줄 팔찌**

14 솔트레지 손목시계

★ 실물본 : 14 솔트레지 손목시계(책 167쪽)

준비물 ★ 2mm 베지터블 노란색 약 1×20cm
시계, 5호 솔트레지

약품 ★ 토코롤(투명)

도구 ★ 4mm 원형펀치, 1.5mm 원형펀치
예상 재료비 : 약 15,000원
예상 제작시간 : 30분
예상 완제품 가격 : 25,000원~30,000원

형지 제작 및 재단하기 ★

ⓐ 시계줄 : 실물본(약 1cm × 손목 둘레 +6~7cm) 1장

★ ⓐ는 설명대로 실물본을 만들어 형지를 만든 후 재단

★ **재단하기**

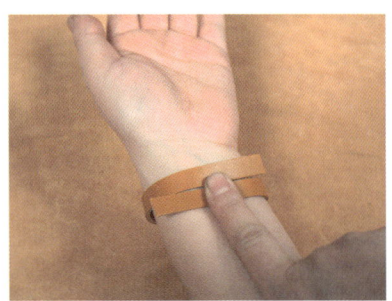

01 1cm 너비의 두께 2mm 베지터블 가죽을 사진처럼 한 바퀴를 돌려서 약 4~6cm 겹치게 준비합니다.

★ **시계 넣기**

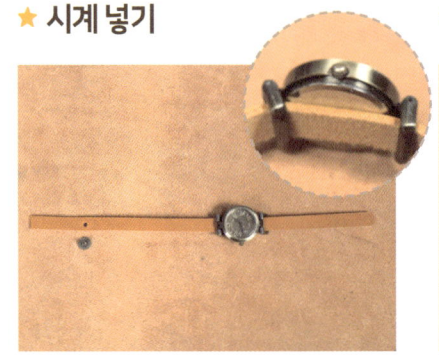

02 가죽에 시계를 사진처럼 넣어줍니다.

★ **잠금장식 달기**

03 4mm 솔트레지가 들어갈 자리에 1.5mm 원형펀치를 사용하여 구멍을 뚫어줍니다.

144

 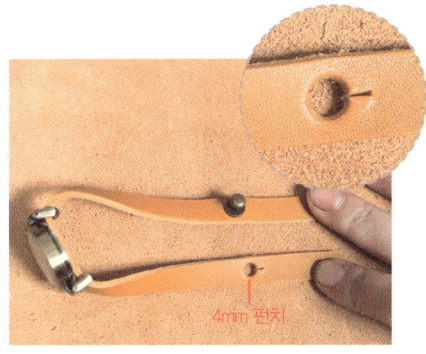 

04 뚫어진 구멍에 솔트레지를 달아줍니다.

05 내 손목의 두께에 맞추어 4mm 원형 펀치로 구멍을 뚫은 후 사진처럼 칼집을 넣어줍니다.

06 솔트레지를 달고 시계줄을 잠근 모습입니다.

15 버클 장식 두 줄 팔찌

★ 실물본 : 15 버클 장식 두 줄 팔찌(책 167쪽)

준비물 ★ 2mm 베지터블 빨간색 가죽 약 1×40cm
팔지 잠금장식 세트

약품 ★ 토코롤(투명)

도구 ★ 3mm 치즐, 2.0mm 원형펀치
예상 재료비 : 약 8,000~10,000원
예상 제작시간 : 30분
예상 완제품 가격 : 15,000원~20,000원

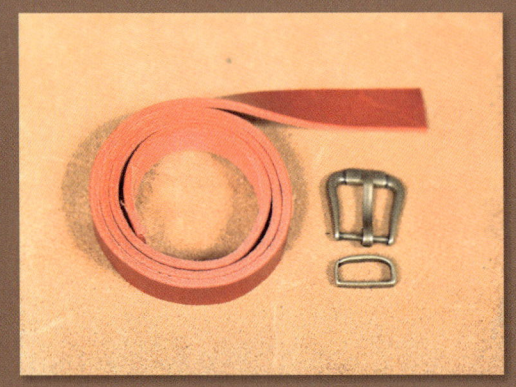

형지 제작 및 재단하기 ★

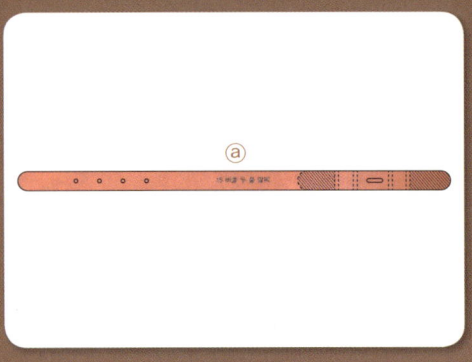

ⓐ 두 줄 팔지 : 실물본(약 1×40cm) 1장

★ ⓐ는 부록의 실물본을 이용해서 형지는 만든 후 재단하세요.

★ 재단하기

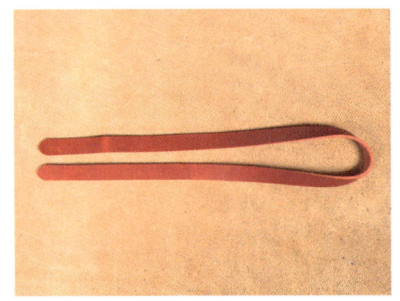

01 두께 2mm의 가죽을 1×40cm로 재단하고, 절단면은 토코롤을 사용해서 마감합니다.

★ 버클 달기

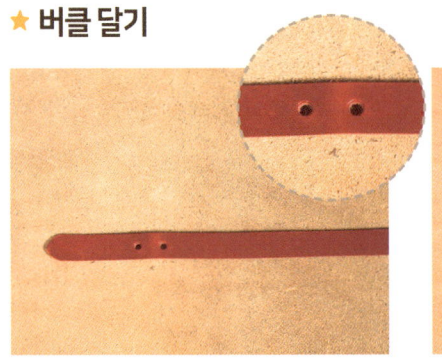

02 실물본에 표시된 위치에 2.0mm 원형 펀치를 사용해서 구멍을 뚫어줍니다.

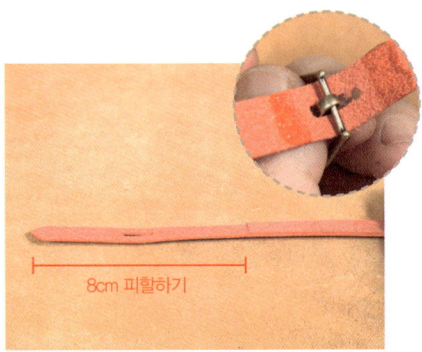

03 구멍을 뚫은 사이를 칼로 잘라주고 사진처럼 8cm 만큼 1.5mm 두께로 부분 피할하고 버클을 넣어줍니다.

★ 사각링 넣기

 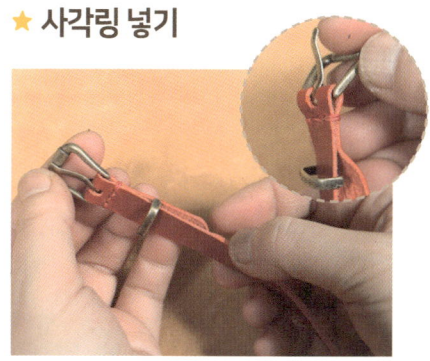 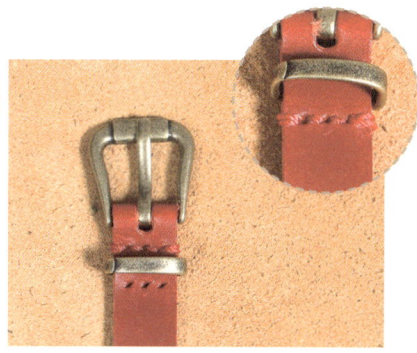

04 버클을 넣은 후 실물본에 표시된 위치에 본드를 발라 붙여줍니다. 바느질된 위치를 확인하고 3mm 치즐을 사용하여 구멍을 뚫고 바느질합니다.

05 버클 사각링을 사진처럼 넣어주고 접착합니다.

06 본드 붙인 자리를 3mm 치즐을 사용하여 구멍을 뚫고 바느질합니다.

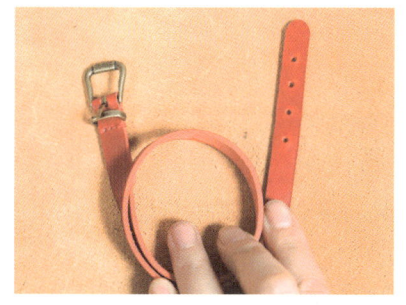  

07 팔찌를 조절할 수 있는 구멍을 2.0mm 원형펀치를 사용해 뚫어줍니다.

08 완성된 팔찌의 모습입니다.

09 다른 컬러의 가죽으로 만들어서 커플 팔찌를 만들어 보았습니다.

·16· 엔틱 버클 장식 팔찌

커플 이니셜 팔찌

16 엔틱 버클 장식 팔찌

★ 실물본 : 16 엔틱 버클장식 팔찌(책 167쪽)

준비물 ★ 3mm 베지터블 그린 약 1×20cm
팔지 버클장식세트

약품 ★ 토코롤(투명)

도구 ★ 2.0mm 원형펀치
예상 재료비 : 약 12,000원
예상 제작시간 : 30분
예상 완제품 가격 : 20,000원

형지 제작 및 재단하기

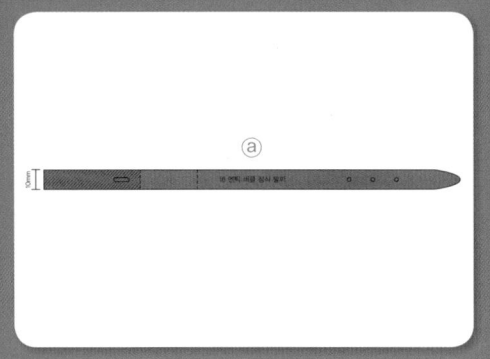

ⓐ 시계줄 : 약 1×(손목 둘레+6~7)cm

★ ⓐ는 설명대로 실물본을 만들어 형지를 만든 후 재단하세요.

★ 재단하기

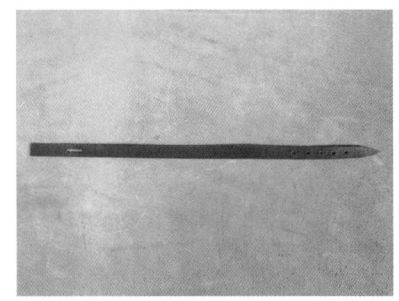

01 형지를 가죽에 올리고 송곳을 사용하여 그린 후 가죽칼을 사용하여 재단합니다. 손목의 크기를 조절하는 구멍은 자유롭게 뚫어주세요

★ 버클 달기

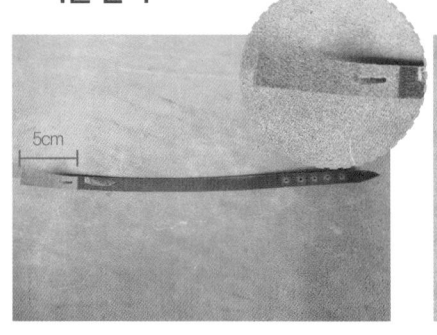

02 구멍이 뚫어진 가죽의 뒷면에 버클이 들어갈 자리를 너비 5cm 만큼 가죽 두께의 반으로 부분 피할합니다.

03 버클을 사진처럼 넣어줍니다.

★ 사각링 넣기　　★ 장식 달기

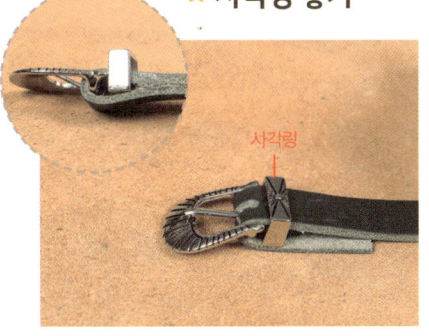

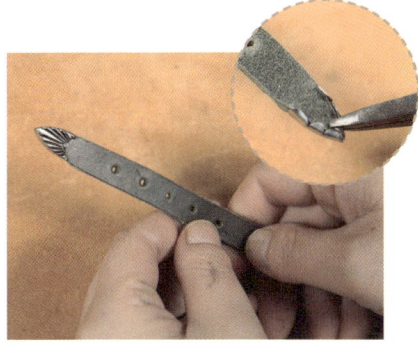

04 사진처럼 사각링을 넣은 후 실물본에 표시된 본드 바르는 위치에 본드를 발라 붙여줍니다.

05 반대편 가죽의 끝을 버클 장식과 같은 크기로 잘라주고 사진처럼 장식을 넣어줍니다.

06 평플라이어를 사용해서 원에 표시된 사진처럼 눌러줍니다.

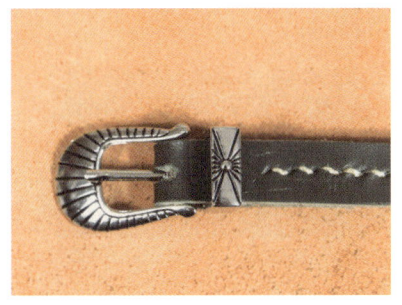

07 본드를 붙인 자리의 중앙에 3mm 치즐을 사용하여 구멍을 뚫고 바느질합니다.

08 토코롤과 우드스틱을 사용해서 절단면을 마감합니다.

09 완성된 팔찌의 모습입니다.

★ 응용작품

17 이니셜 팔찌

★ 실물본 : 필요 없음

준비물 ★ 1mm 베지터블 가죽 카키 약 0.8×20cm
팔지 잠금장식, 이니셜 장식
실 : 약 120cm(비니모 MBT #8 no108)

약품 ★ 토코롤(투명)

도구 ★ 3mm 치즐
예상 재료비 : 약 20,000원
예상 제작시간 : 1시간 30분
예상 완제품 가격 : 40,000원

형지 제작 및 재단하기

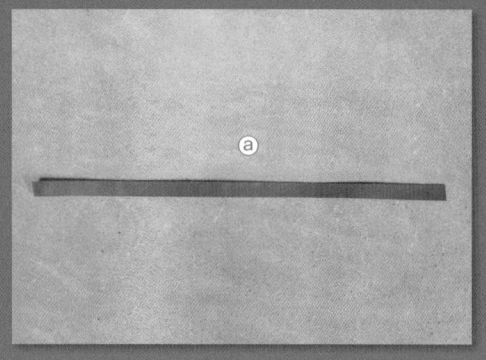

ⓐ 팔지: 1.5mm 가죽 0.8cm×20cm 1장
가죽의 길이=자신의 팔 둘레+2cm 여유분 - 부속철물 길이

★ ⓐ는 설명대로 실물본을 만들어 형지를 만든 후 재단하세요.

★ 재단하기

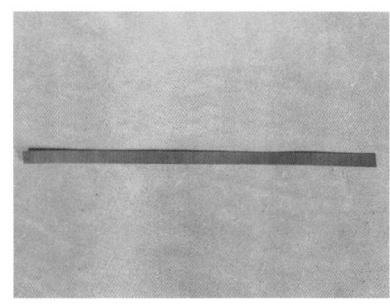

01 알파벳 이니셜 부속의 너비와 굵기에 따라서 가죽의 두께와 너비가 달라집니다. 이 책에선 0.8cm×20cm 가죽을 사용했습니다.

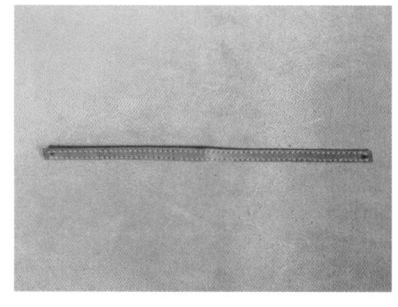

02 양쪽에 2.5cm 간격으로 바느질 선을 표시하고 4mm 치즐을 사용해서 구멍을 뚫은 후 약 45cm의 실을 사용하여 바느질하고 절단면을 마감합니다.

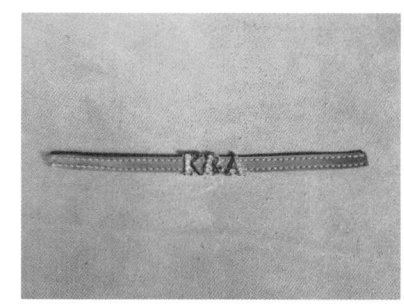

03 바느질 후에 알파벳 이니셜을 원하는 대로 넣어줍니다.

★ **잠금장식 달기**

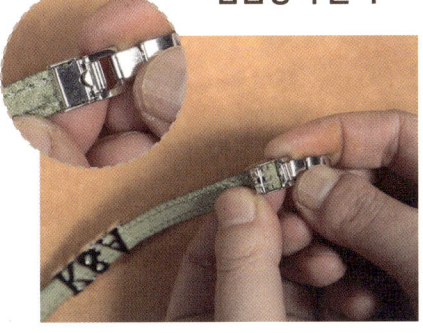

04 사진처럼 잠금장식을 넣어서 닫아 줍니다.

05 잠금장식을 달아준 모습입니다.

· 18 · 러블리 동전지갑

18 러블리 동전지갑

★ 실물본 : 18 러블리 동전지갑(책 307쪽)

준비물 ★	1.5mm 철망 가죽 약 10×30cm 너비 1cm 토션 20cm 10mm 와이어 스냅 1쌍

약품 ★	투명 절단면 마감제

도구 ★	3mm 치즐, 10mm 와이어 스냅 셔터 4mm 원형펀치, 2.5mm 원형펀치 **예상 재료비** : 약 8,000~20,000원 **예상 제작시간** : 1시간 **예상 완제품 가격** : 15,000원~40,000원

형지 제작 및 재단하기 ★

ⓐ 동전지갑 겉 : 실물본(약 10×19.5cm) 1장
ⓑ 동전지갑 뚜껑 안 : 실물본(약 10×4.5cm) 1장

★ ⓐ, ⓑ는 부록의 실물본을 이용해서 형지는 만든 후 재단하세요.

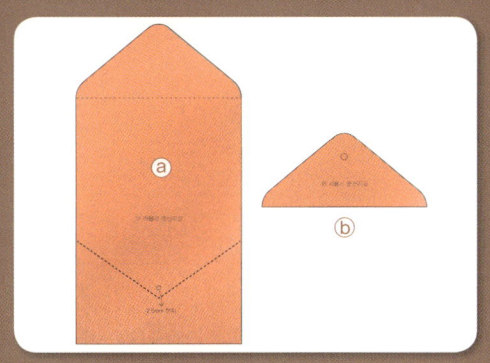

★ 재단하기

01 형지를 가죽에 올리고 송곳으로 그린 후 가죽칼을 사용하여 재단하고, 토션을 이용해서 만든 리본도 준비합니다.

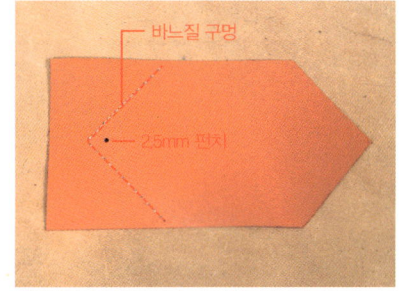

02 실물본에 표시된 위치에 2.5mm 원형펀치를 사용해서 구멍을 뚫고, 3mm 치즐을 사용해서 바느질 구멍도 뚫어줍니다.

★ 리본 달기

03 3mm 치즐로 구멍을 뚫은 부분을 바느질하고 실물본에 표시된 위치에 송곳으로 구멍을 뚫어줍니다.

04 단추를 달듯이 뚫어진 구멍을 이용해서 리본을 달아줍니다.

★ 단추 달기

05 실물본에 표시된 위치에 10mm 와이어 스냅을 10mm 와이어 스냅 셔터와 쇠판을 사용해서 달아줍니다.

★ 조립하기

06 가죽 ⓑ를 가죽 ⓐ의 뒷면에 사진처럼 본드를 사용하여 붙여줍니다.

07 사진처럼 가운데를 1cm 남기고 접어서 붙여줍니다.

08 사진처럼 양쪽 두 곳에 3mm 간격으로 바느질 선을 표시하고 3mm 치즐을 사용해 구멍을 뚫은 후 약 20cm의 실로 각각 바느질하고 마감합니다.

09 사진처럼 뚜껑 부분은 가죽의 겉면이 보이도록 해서 3mm 간격으로 바느질 선을 표시합니다.

10 앞에서 뚫은 뚜껑 부분을 3mm 치즐을 사용해서 구멍을 뚫은 후 약 30cm의 실로 바느질하고 마감합니다.

10 절단면을 사포로 갈아 매끈하게 갈아주고 투명 절단면 마감제를 발라 절단면을 마감합니다.

응용작품

·19· 악어무늬 **반지갑**

19 악어무늬 반지갑

★ 실물본 : 19 악어무늬 반지갑(실물본 B)

준비물 ★ 1mm 악어무늬 가죽 약 10×22cm
1mm 베지터블 갈색 가죽 약 30×30cm
실 : 약 270cm(비니모 MBT #5 no108)

약품 ★ 토코롤(투명)

도구 ★ 3mm 치즐, 우드슬리커
예상 재료비 : 약 25,000~60,000원
예상 제작시간 : 5시간
예상 완제품 가격 : 150,000~ 200,000원

형지 제작 및 재단하기 ★

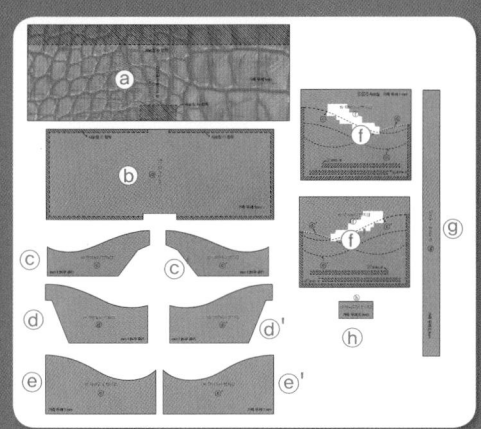

- ⓐ 지갑 겉지 : 실물본(약 23×8.5cm) 1장
- ⓑ 지갑속지1 : 실물본(약 21×8cm) 1장
- ⓒ 카드수납공간1 : 실물본(약 9×5.2cm) 1장
- ⓒ' 카드수납공간1 : 실물본(약 9×5.2cm) 1장
- ⓓ 카드수납공간1 : 실물본(약 9×4cm) 1장
- ⓓ' 카드수납공간1 : 실물본(약 9×4cm) 1장
- ⓔ 카드수납공간1 : 실물본(약 9.7×5.2cm) 1장
- ⓔ' 카드수납공간1 : 실물본(약 9.9×5.2cm) 1장
- ⓕ 카드수납공간1 : 실물본(약 9.7×5.2cm) 1장
- ⓕ' 카드수납공간1 : 실물본(약 9.7×5.2cm) 1장
- ⓖ 지갑 겉지 안감1 : 실물본(약 1.5×23.5cm) 1장
- ⓗ 지갑 겉지 안감2 : 실물본(약 3×1.5cm) 1장

★ ⓐ~ⓗ는 부록의 실물본을 이용해서 형지를 만든 후 재단하세요.

★ 재단하기

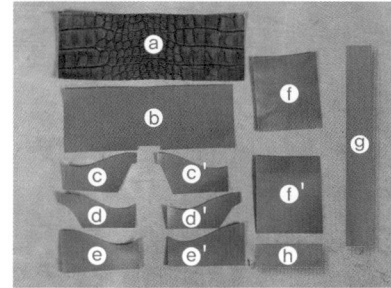

01 실물본을 이용하여 형지를 만들어 가죽 위에 놓고 송곳으로 덧그린 후 가죽칼을 사용하여 재단합니다.

★ 카드 수납공간 만들기

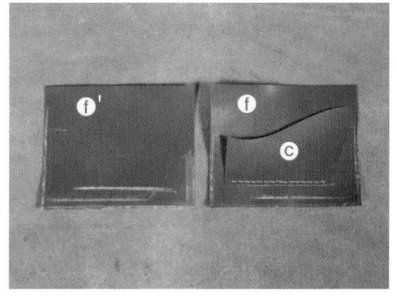

02 ⓕ 실물본에 표시된 위치에 사진처럼 사포질을 하고 ⓒ 가죽을 붙여줍니다. 디바이더로 2.5mm 간격으로 바느질 선을 표시하여 바느질합니다.

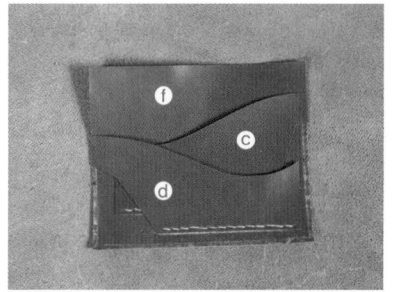

03 2번 가죽 위에 ⓓ 가죽을 붙이고 2.5mm 간격으로 디바이더로 바느질 선을 표시하여 바느질합니다.

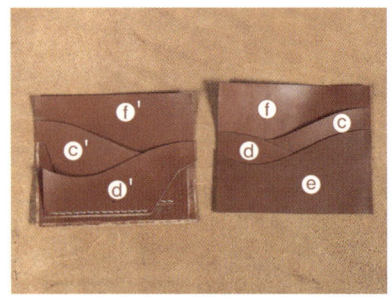

04 ⓓ 가죽 위에 사진처럼 ⓔ 가죽을 붙여줍니다.

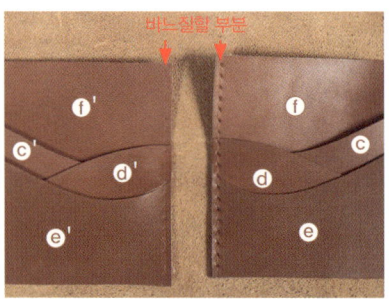

05 카드 수납공간이 다 붙여지면 사진처럼 안쪽을 디바이더로 2.5mm 간격으로 바느질 선을 표시하고 약 25cm의 실을 사용하여 바느질하고 마감합니다.

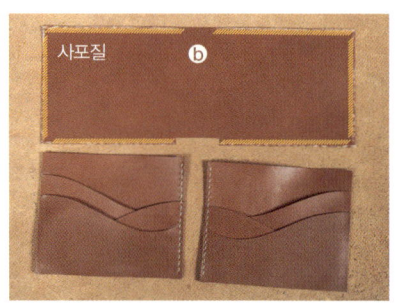

06 나머지 한쪽도 바느질하고 가죽 ⓑ 에 카드 수납공간이 붙여질 자리 만큼 사진처럼 사포질을 합니다.

★ 겉 가죽과 안 가죽 조립하기

07 사포질한 부분과 접착이 될 부분에 본드 칠을 한 후 붙여줍니다.

08 사진처럼 위 부분에 2.5mm 간격으로 바느질 선을 표시하고 3mm 치즐을 사용해서 구멍을 뚫은 후 약 60cm의 실을 사용하여 바느질하고 마감합니다.

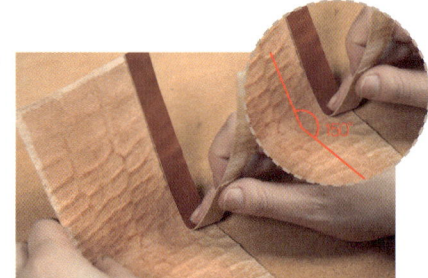

09 가죽 ⓐ의 안쪽을 토코롤과 유리를 사용하여 뒷면 마감하고 가죽 ⓖ를 사진처럼 약 150° 정도의 각도로 구부려서 붙여줍니다.

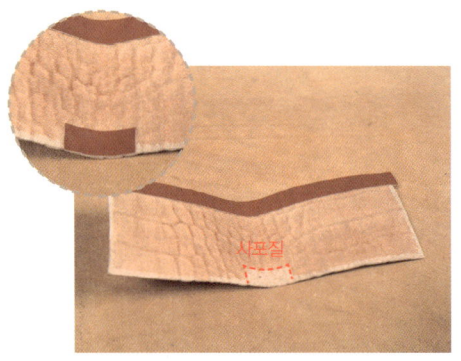

10 가죽 ⓐ의 안쪽에 사진처럼 가죽 ⓗ 가 들어갈 자리만큼 사포질하고 붙여줍니다.

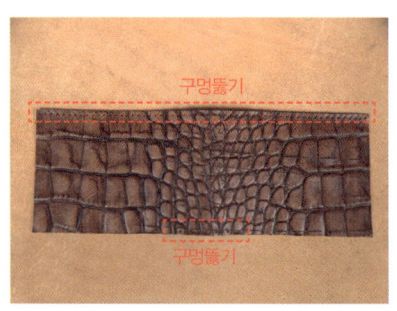

11 가죽 ⓐ의 앞면에 3mm 너비로 바느질 간격을 표시하고 가죽 ⓖ와 가죽 ⓗ가 붙여진 부분을 3mm 치즐을 사용하여 바느질 구멍을 뚫어줍니다.

12 가죽 ⓐ에 만들어진 카드 수납공간을 붙여주고 나머지 부분에 3mm 치즐을 사용하여 바느질 구멍을 뚫어줍니다.

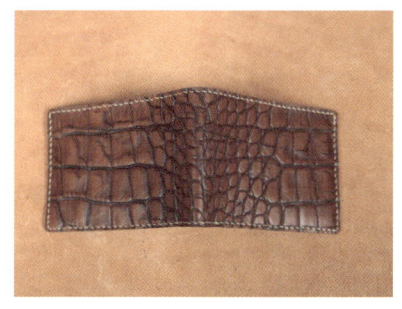  

13 약 160cm의 실을 사용하여 바느질을 합니다.

14 절단면을 사포를 사용하여 깔끔하게 갈아주고 토코롤과 우드슬리커를 사용하여 광을 내줍니다.

15 절단면을 마감한 후의 사진입니다.

16 악어무늬 반지값 완성

20. 나만의 다이어리

20 나만의 다이어리

★ 실물본 : 20 나만의 다이어리(실물본 A)

준비물 ★ 3mm 베지터블 탄색 약 1평, 2mm 베지터블 탄색 약 1평,
1mm 베지터블 탄색 약 10×18cm
안감 30×45cm
실 : 약 160cm 니모 MBT #5 no108)
6공 바인더, 2호 아일렛, 고무줄 약 30cm, 고무줄 고정철물 2개,
10mm 와이어 스냅.

약품 ★ 토코롤(투명)

도구 ★ 3mm 치즐 2날과 6날, TR 셔터, 10mm 와이어 스냅 셔터, 4mm
원형펀치, 2.5mm 원형펀치, 4.5mm 원형펀치, 우드슬리커
예상 재료비 : 30,000원~약 50,000원
예상 제작시간 : 4시간
예상 완제품 가격 : 80,000원~150,000원

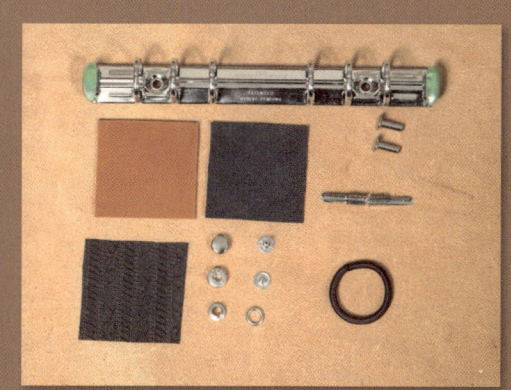

형지 제작 및 재단하기 ★

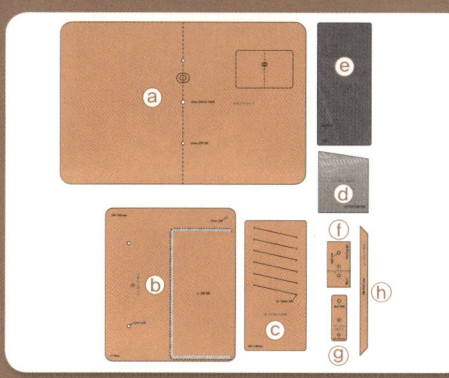

ⓐ 다이어리 겉 : 실물 본 (약 32×21cm) 1장
ⓑ 다이어리 속 : 실물 본 (약 10.2×8.5cm) 1장
ⓒ 카드 수납 공간 겉 : 실물 본 (약 8×17cm) 1장
ⓓ 카드 수납 공간 안감 1 : 실물 본 (약 6.5×8cm) 6장
ⓔ 카드 수납 공간 안감 2 : 실물 본 (약 7×16cm) 1장
ⓕ 고무줄 고정 부분 : 실물 본 (약 3×6cm) 1장
ⓖ 단추 부착 부분 : 실물 본 (약2×6cm) 1장
ⓗ 카드 수납 공간 안: 실물 본 (약1×17cm) 1장

★ ⓐ~ⓗ는 부록의 실물본을 이용해서 형지를 만든 후 재단하세요.

★ 재단하기

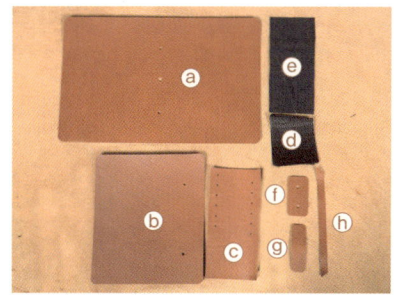

01 형지를 사용하여 가죽과 안감을 재단합니다.

★ 카드수납공간 만들기

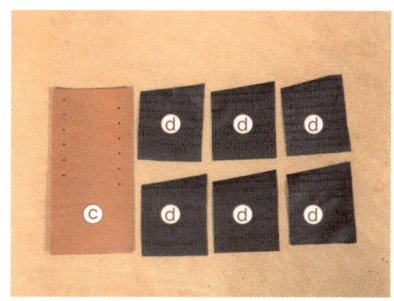

02 ⓒ 가죽과 속지 ⓓ를 6장 준비합니다.

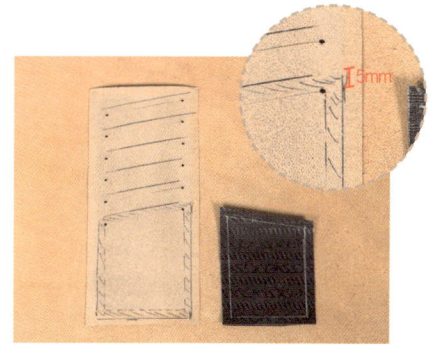

03 사진처럼 칼집 위로 5mm와 나머지 주변도 5mm를 표시합니다. 본드를 ㅁ자 모양으로 각각 본딩 후 붙여줍니다.

04 나머지 5장도 같은 방법으로 붙여줍니다.

05 카드 속지를 6장 붙인 가죽과 안감 ⓔ에 사진처럼 본드를 칠해서 붙여줍니다.

06 안감 ⓔ를 붙인 후 가죽 ⓗ를 사진처럼 붙여줍니다.

07 디바이더를 2.5mm 간격으로 해서 바느질 선을 표시하고 3mm 치즐을 사용해서 구멍을 뚫은 후 실 약 50cm를 사용하여 바느질하고 마감합니다.

08 바느질한 옆면을 염료와 토코롤로 마감하고 사진처럼 ⓑ가죽에 본드 붙일 자리를 사포로 긁어줍니다.

09 카드 수납 공간과 가죽 ⓑ 사포질한 부분에 본딩 후 붙여줍니다.

★ 앞 수납공간 달기

10 2.5mm 간격으로 바느질 선을 표시하고 3mm 치즐을 사용해서 구멍을 뚫은 후 약 90cm 실을 사용하여 바느질하고 마감합니다.

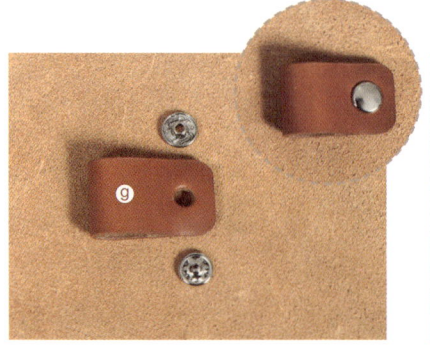

11 가죽 ⓖ에 표시된 위치에 4.0mm 원형펀치를 사용하여 구멍을 뚫은 후 10mm 와이어 스냅 셔터를 사용하여 암놈 단추를 달아줍니다.

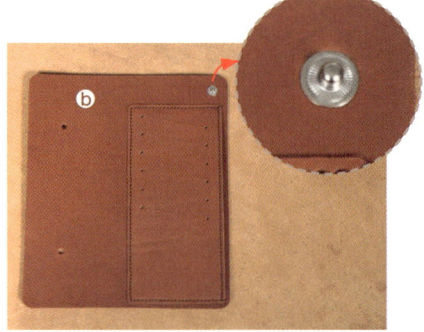

12 가죽 ⓑ 단추가 달릴 자리에 2.5mm 펀치를 사용하여 구멍을 뚫은 후 10mm 와이어 스냅 셔터를 사용하여 수놈 단추를 달아줍니다.

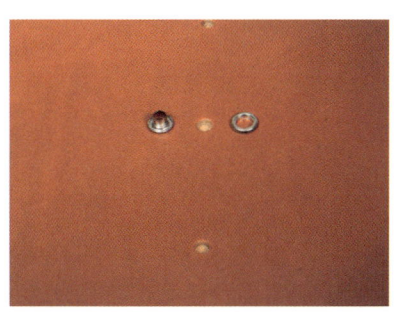
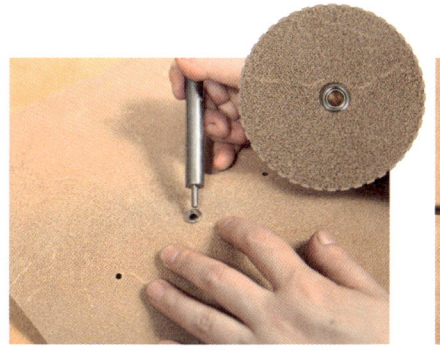
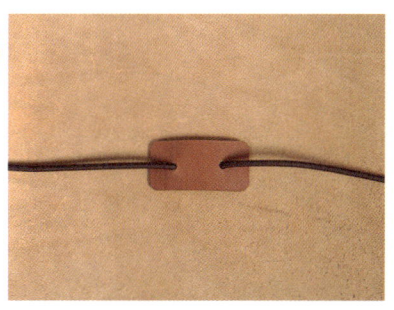

13 가죽 ⓐ에 사진처럼 4.5mm 펀치를 사용하여 구멍을 뚫어줍니다.

14 가운데 구멍에 2호 아일렛을 아일렛 셔터와 쇠판을 사용하여 달아줍니다.

15 가죽 ⓕ에 사진처럼 고무줄을 넣어 준비합니다.

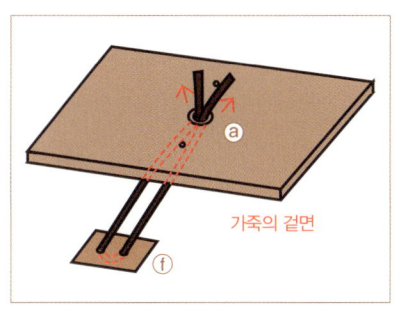
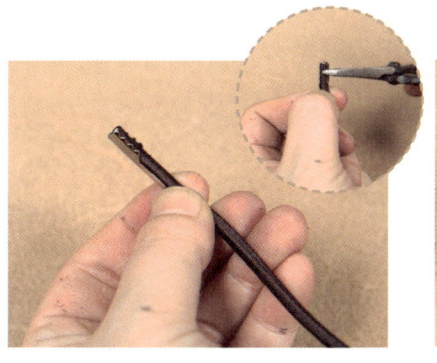
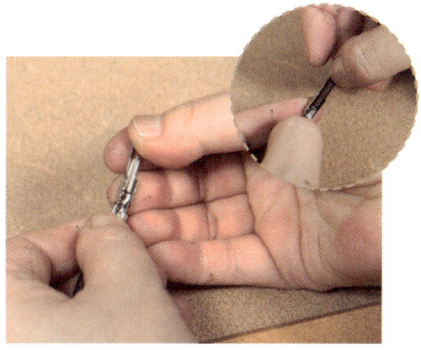

16 아일렛 구멍으로 위그림처럼 고무줄을 넣어줍니다.

17 고무줄에 고정 부속철물을 사진처럼 넣어서 평프라이어로 눌러줍니다.

18 나머지 한쪽 고무줄도 사진처럼 넣어서 눌러줍니다.

★ 바인더 달기

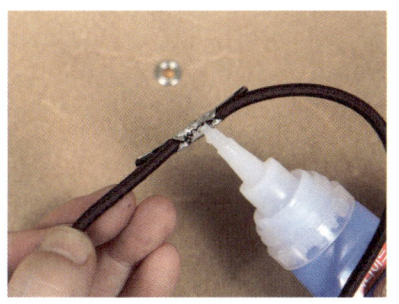

19 눌러진 고정부속철물에 순간 접착제로 다시 한 번 붙여줍니다.

20 사진처럼 고무줄을 잡아당겨줍니다.

21 사진처럼 가죽 ⓐ와 가죽 ⓑ, 6공 바인더와 바인더 연결 부속을 준비합니다.

+Tip 고무줄이 들어가는 부분을 ⓐ가죽에 고무줄 굵기의 펀치를 사용해서 뚫어주면 고무줄이 가운데 잘 고정되서 좋습니다.

22 TR 펀치와 10mm 쇠판을 사용해서 사진처럼 가죽에 6공 바인더를 부착합니다.

23 고무줄을 사용해서 접어준 모습입니다.

국영주의 친절한
가죽공예 클래스 DIY 실물본

LEATHER CRAFT

14 솔트레지 손목시계

○→ 4mm 펀치   ⓐ 14 솔트레지 손목시계   ○→ 1.5mm 펀치

15 버클 장식 두 줄 팔찌

○→ 2.0mm 펀치   ⓐ 15 버클장식 두 줄 팔찌

16 앤틱 버클 장식 팔찌

○→ 2.0mm 펀치   ⓐ 16 앤틱 버클 장식 팔찌   ←엔드

10mm

PART 4

스탬핑을
활용한 소품

21 여행을 부르는 여권케이스
22 다용도 레터링 필통
23 참장식 캣 이중카드지갑
24 큐티캣 머리핀

·21· 여행을 부르는 **여권케이스**

21 여행을 부르는 여권케이스

★ 실물본 : 21 여행을 부르는 여권 케이스(책 308~309쪽)

준비물 ★
- 1.2mm 베지터블 노란색 약 21×15cm
- 1mm 베지터블 노란색 약 20×15cm
- 안감 약 10×20cm
- 가시메형 참장식 2개, 우드 장식 1개
- 실 : 약 310cm(비니모 MBT #8 no125)

약품 ★ 가죽 전용 유성염색약 진밤, 토코롤(투명)

도구 ★ 3mm 치즐, 쇠판과 6mm 리벳 셔터와 쇠판, 2.0mm 원형펀치
- 예상 재료비 : 약 35,000~50,000원
- 예상 제작시간 : 2시간 30분
- 예상 완제품 가격 : 100,000~150,000원

형지 제작 및 재단하기 ★

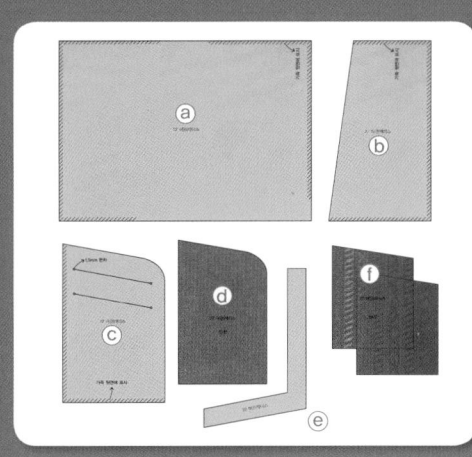

- ⓐ 여권케이스 겉 : 20.1×14.5cm 1장
- ⓑ 여권케이스 오른쪽 날개 : 약 8.2×14.5cm 1장
- ⓒ 여권케이스 왼쪽 날개 : 약 8.2×13cm 1장
- ⓓ 왼쪽 날개 안감 : 약 7.1×11.2cm 1장
- ⓔ 왼쪽 날개 속 : 약 8.2×13cm 1장
- ⓕ 왼쪽 날개 안감(카드수납) : 약 6.5×8.5cm 2장

★ ⓐ~ⓕ는 부록의 실물본을 이용해 형지를 만든 후 재단

★ 재단하기

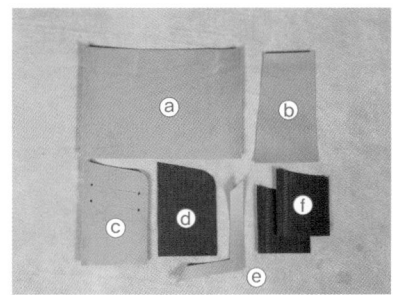

01 형지를 만들어 가죽, 안감에 재단할 선을 그리고 재단합니다.

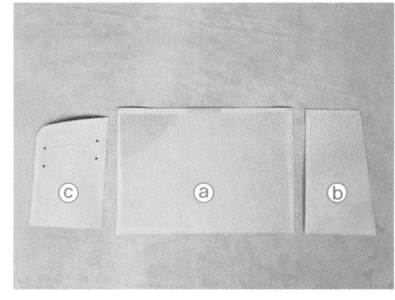

02 가죽 ⓐ, ⓑ, ⓒ의 뒷면을 실물본에 표시된 자리만큼 부분 피할합니다.

★ 카드 수납 공간 만들기

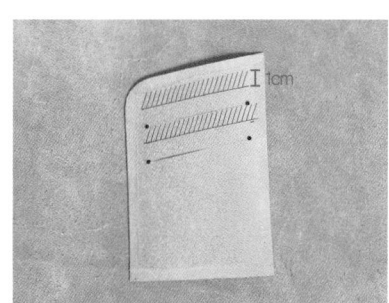

03 사진처럼 가죽 ⓑ의 뒷면에서 칼집 1cm 위쪽으로 본드 칠할 자리를 표시합니다.

04 03번 과정에서 그은 선에 왼쪽 날개 안감 ⓕ를 사진처럼 올리고 ⓕ의 밖을 따라서 볼펜으로 선을 그려 줍니다.

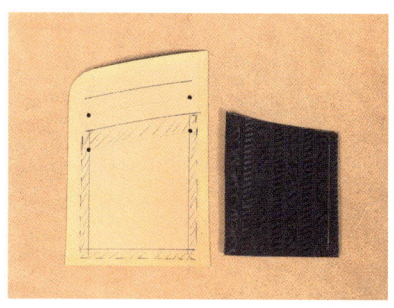

05 그려진 선을 기준으로 5mm만큼 본드 바를 자리를 그려줍니다.

06 05번의 본드 바를 자리에 본드를 가죽과 안감에 모두 바르고 붙여줍니다.

07 03~05번 과정과 같은 방법으로 왼쪽 날개 안감을 한 장 더 붙여줍니다.

08 안감 ⓓ를 준비하고 사진에 표시된 점선 부분과 ⓓ의 뒷면에 각 각 본드를 바르고 붙여줍니다.

09 가죽 ⓔ와 안감을 붙인 ⓒ를 준비하고 접착될 부분에 각각 본드를 바른 후 붙여줍니다.

★ **겉면 꾸미기**

10 조립이 완성된 ⓒ와 가죽 ⓑ의 사진에 표시된 "염색 부분" 위치에 가죽 전용 유성염색약을 바르고 토코롤과 우드 스틱을 사용해 절단면 마감을 합니다.

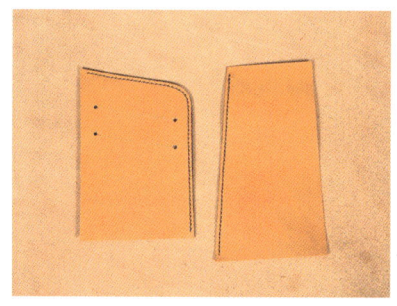

11 ⓒ와 가죽 ⓑ에 3mm 간격으로 바느질 선을 표시하고 3mm 치즐을 사용해 구멍을 뚫은 후 각각 약 50cm와 40cm의 실로 바느질하고 마감합니다.

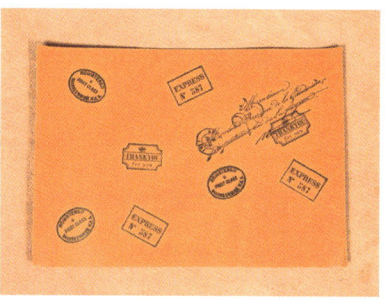

12 여권케이스 겉 가죽 ⓐ에 사진처럼 유성프탬프액을 사용해서 자유롭게 스탬프를 찍어줍니다.

 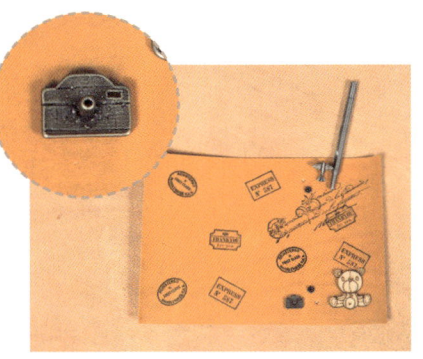 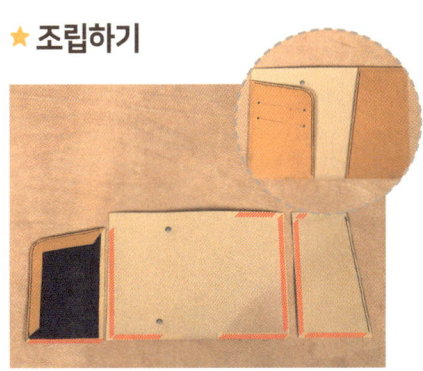

13 곰돌이 우드 장식이 붙여질 자리를 사진처럼 사포질하고 두 가지 접착제를 사용해서 붙여줍니다.

14 가시메형 참장식이 달릴 자리에 2.0mm 원형펀치를 사용해 구멍을 뚫고 참장식을 달아줍니다.

★ 조립하기

15 2번 과정에서 피할한 부분에 각각 본드를 칠하고 붙여줍니다.

★ 옆면 마감하기

16 사진처럼 앞면에서 3mm 간격으로 바느질 선을 표시하고 3mm 치즐을 사용해 구멍을 뚫은 후 약 220cm의 실을 사용하여 바느질하고 마감합니다.

17 가죽 전용 유성염색약을 여권케이스의 절단면에 바르고 토코롤과 우드스틱을 사용해서 절단면 마감을 합니다.

18 여행을 떠나고 싶어지는 여권 케이스가 완성되었습니다.

★ 응용작품

 다용도 레터링 필통

· 23 · 참장식 캣 이중카드지갑

22 다용도 레터링 필통

★ 실물본 : 22 다용도 레터링 필통(실물본 C)

준비물 ★
1mm 베지터블 가죽 약 30×30cm
접착심지 약 10×10cm
참장식 1개, 가죽라벨 1개, 잠금장식 1개
실 : 약 30 cm(비니모 MBT #5 no125)
실 : 약 60 cm(비니모 MBT #8 no108) (라벨 바느질용)

약품 ★
4mm 치즐, 토코놀(투명)

도구 ★
은펜, 세밀용 칼
예상 재료비 : 약 30,000~40,000원
예상 제작시간 : 1시간 30분
예상 완제품 가격 : 40,000~60,000원

형지 제작 및 재단하기 ★

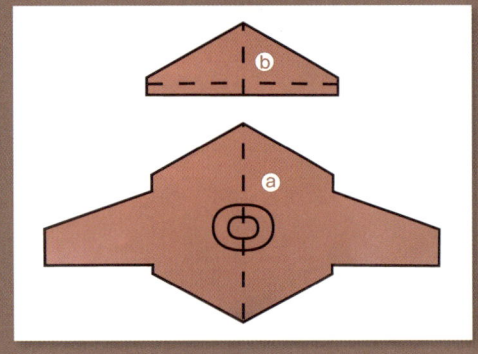

ⓐ 필통 겉 : 실물본(약 44×22cm) 1장
ⓑ 필통 뚜껑 속 : 실물본(약 20×6.5cm) 1장

★ ⓐ, ⓑ는 부록의 실물본을 이용해서 형지를 만든 후 재단

★ 재단하기

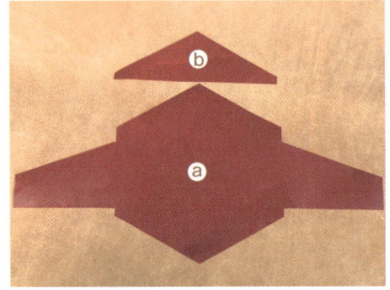

01 다용도 리터링 필통 형지를 가죽에 올리고 송곳을 사용하여 형지를 그려준 후 가죽칼을 사용하여 재단합니다.

★ 필통 꾸미기

02 가죽 ⓐ에 자유롭게 스탬프를 찍어 줍니다. 스탬프를 찍기 전에 완성된 모습을 생각하고 찍어주세요.

03 스탬프를 찍은 후에 가죽 라벨을 붙여서 바느질합니다. 단 완성 시 가려지지 않게 라벨을 붙여주세요.

04 가죽을 접어서 접착되는 부분을 송곳으로 표시합니다.

05 송곳으로 표시한 접어서 접착되는 부분을 사포를 사용하여 갈아줍니다.

06 사포로 갈은 부분의 가루를 털어주고 접착 부분 두 곳에 본드를 바른 후 붙여줍니다.

★ 잠금장식 달기

07 필통의 끝 가죽 ⓑ가 붙여질 자리를 송곳을 사용해서 표시합니다.

08 송곳으로 표시한 접착될 부분에 각각 본드를 바르고 붙여줍니다.

09 앞에 붙여질 잠금장식에 은펜으로 색칠을 합니다.

10 잠금장식을 사진처럼 필통의 정중앙에 위치하도록 스탬프를 찍듯이 찍어줍니다.

11 은펜으로 찍어진 부분을 세밀용 칼을 사용해서 사진처럼 잘라줍니다.

12 송곳을 사용해서 잠금장식을 눌러가면서 뚫어진 구멍에 넣어줍니다.

13 잠금장식의 암놈 뒷 장식을 나사를 사용해서 달아줍니다.

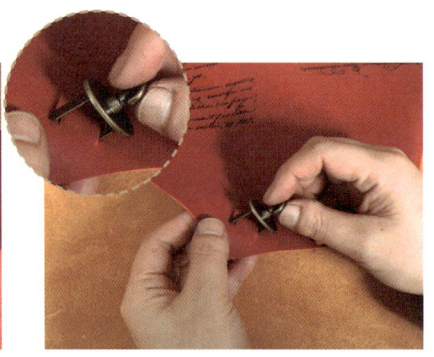

14 실물본에 표시된 위치에 칼집을 넣고, 잠금장식 수놈을 넣어줍니다.

15 잠금장식 수놈의 막대 부분을 사진처럼 밖으로 접어줍니다.

★ 조립하기

16 04번 과정과 같은 방법으로 붙여질 부분을 송곳으로 사용하여 표시하고 사포로 갈아줍니다.

17 접착하기 전에 잠금장식이 달린 부분에 접착심지를 2장~3장 붙여줍니다.

18 빗금친 부분처럼 접착이 될 두 부분에 모두 본드를 바르고 붙여줍니다.

19 실물본에 표시된 바느질 위치에 3mm 간격으로 바느질 선을 표시합니다. 그리고 4mm 치즐을 사용하여 구멍을 뚫고, 약 20cm의 실을 사용해서 바느질을 합니다.

20 절단면을 사포로 갈아내고 토코롤과 우드슬리커를 사용해서 마감합니다.

21 다른 색상의 가죽을 사용해서 필통을 하나 더 만들어보았습니다.

응용작품

23 참장식 캣 이중카드지갑

★ 실물본 : 23 참장식 캣 이중카드지갑(책 183쪽)

준비물 ★
1mm 베지터블 카키색 약 10×30cm
투명 필름지 약 8×9cm, 참장식 1개
실 : 약 215 cm(비니모 MBT #8 no108)

약품 ★ 스탬프 전용 유성잉크패드, 토코롤(투명)

도구 ★ 3mm 치즐, 송곳, 우드슬리커
우드스틱
예상 재료비 : 약 15,000원~20,000원
예상 제작시간 : 1시간 30분
예상 완제품 가격 : 40,000원~50,000원

형지 제작 및 재단하기 ★

ⓐ 카드지갑 앞면 뒷판 : 1mm 약 7×10cm 1장
ⓑ 카드지갑 앞면 앞판 : 1mm 약 7×7.5cm 1장
ⓒ 카드지갑 뒷면 뒷판 : 1mm 약 7×4.5cm 1장
ⓓ 카드지갑 뒷면 앞판 : 1mm 약 7×8.5cm 1장
ⓔ 투명 필름지 : 약 6.8×7.5cm 1장

★ ⓐ~ⓓ는 부록의 실물본을 이용해서 형지를 만든 후 재단. 가죽의 두께는 모두 1mm.

★ 재단하기

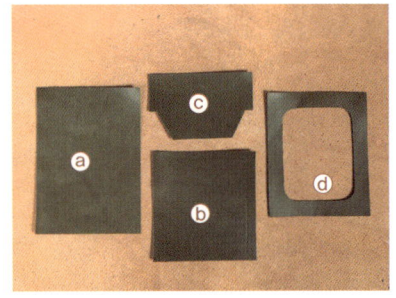

01 실물본을 이용하여 형지를 만들어 가죽 위에 놓고 송곳으로 덧그린 후 재단합니다.

02 사진처럼 ⓓ 가죽의 안쪽 절단면은 토코롤과 우드슬리커를 사용해서 마감합니다.

03 사진에 빨간 선으로 표시된 부분을 토코롤과 우드슬리커를 사용해서 절단면 마감합니다.

★ 필름지 붙이기

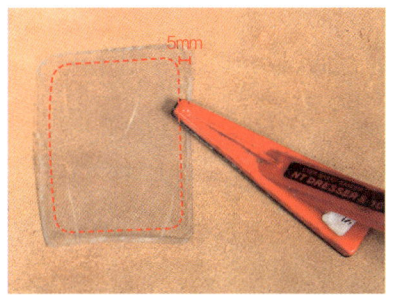

04 사포를 사용해서 투명 필름지의 둘레를 5mm 간격으로 긁어줍니다.

05 ⓓ 가죽의 뒷면과 투명 필름지의 사포질한 부분 5mm에 각각 본드를 발라줍니다.

06 본드가 꾸덕꾸덕해지면 가죽의 뒷면에 투명 필름지를 붙여줍니다.

07 2.5mm 간격으로 바느질 선을 표시하고 3mm 치즐을 사용해서 구멍을 뚫어줍니다. 그리고, 사진과 같이 바느질하고 마감합니다.(실 : 25cm, 70cm)

08 스탬프에 잉크를 충분히 묻혀서 가죽 ⓒ에 사진처럼 스탬핑을 합니다.

★ 침장식 달기

09 송곳을 사용해서 바느질한 두 곳에 모두 4개의 구멍을 뚫어주고 단추를 달듯이 침장식을 가죽에 달아줍니다.

★ 조립하기

10 2.5mm 간격으로 바느질 선을 표시하고 4mm 치즐을 사용해서 구멍을 뚫은 후 약 30cm의 실로 바느질하고 마감합니다.

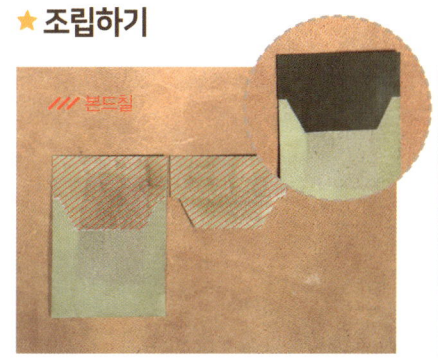

11 가죽 ⓐ의 뒷면과 가죽 ⓑ의 뒷면에 사진처럼 본드를 발라주고 붙여줍니다.

12 사진에 표시된 위치처럼 가죽 ⓐ의 뒷면과 ⓒ의 뒷면에 너비 3mm 만큼 본드를 발라줍니다.

13 본드가 꾸덕꾸덕해지면 뒷면의 가죽이 보이지 않게 붙여줍니다.

14 사진에 표시된 위치처럼 가죽 ⓐ의 앞면을 사포질하고 본드를 바른 후 ⓒ의 뒷면에 너비 3mm 만큼 본드를 발라줍니다.

15 본드가 꾸덕꾸덕해지면 뒷면의 가죽이 보이지 않게 붙여주고 2.5mm 간격으로 바느질 선을 표시합니다.

16 3mm 치즐을 사용해서 구멍을 뚫은 후 약 95cm의 실로 바느질하고 마감합니다.

17 네 군데의 꼭짓점은 코너칼을 사용해서 가죽을 잘라줍니다.

18 사포를 사용해서 절단면을 매끈하게 갈아준 후 토코롤과 우드스틱을 사용하여 마감합니다.

19 여러 가지 칼라의 가죽과 장식들을 응용해서 다른 느낌의 카드지갑을 완성해보세요.

응용작품

국영주의 친절한
가죽공예 클래스 DIY 실물본

23 참장식 캣 이중카드지갑

ⓑ
23 참장식 캣 이중카드지갑
1mm 가죽 1장

1mm 가죽 1장
ⓒ
23 참장식 캣 이중카드지갑

ⓐ
23 참장식 캣 이중카드지갑
1mm 가죽 1장

1mm 가죽 1장
23 참장식 캣 이중카드지갑 ⓓ

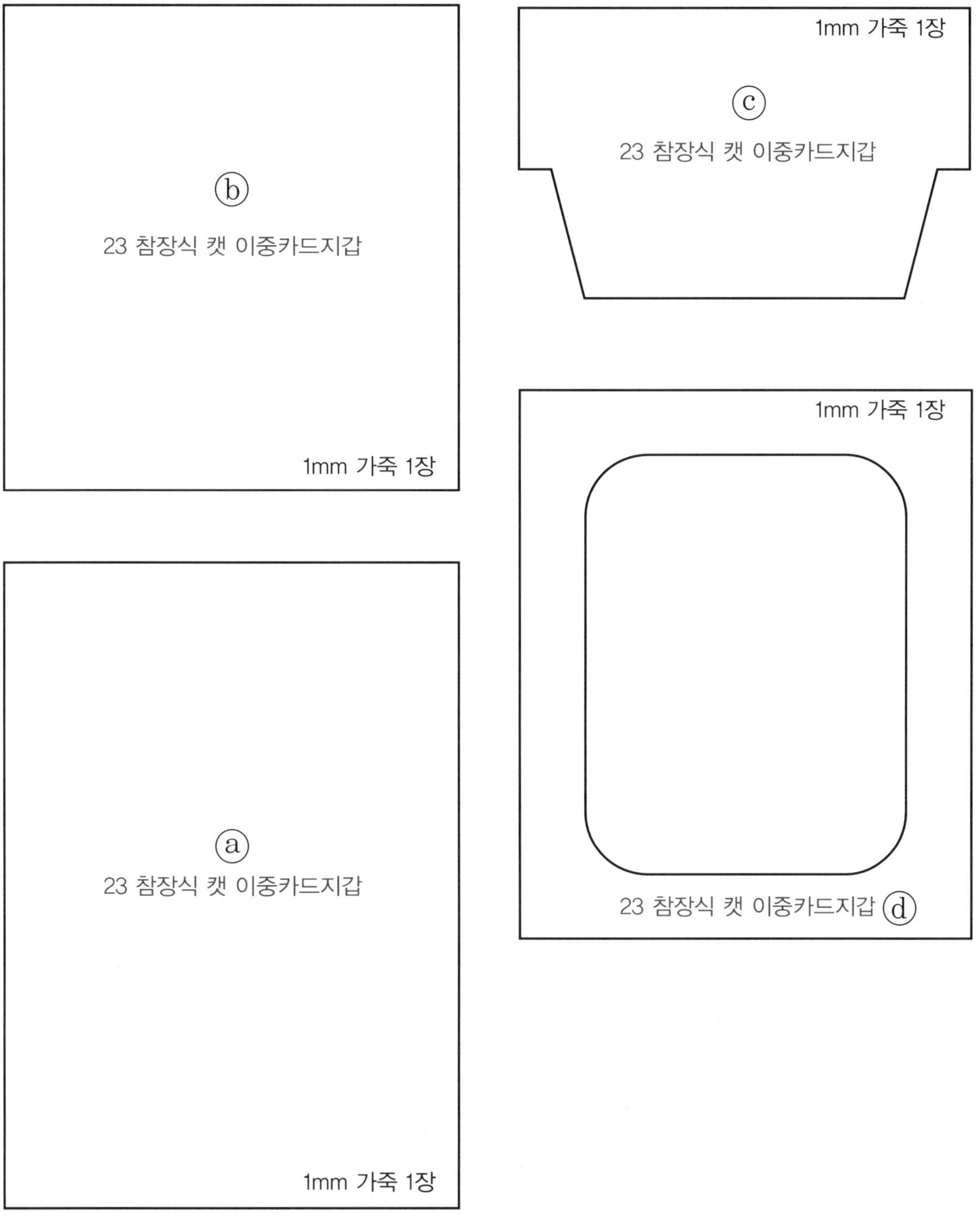

·24· 큐티캣 **머리핀**

24 큐티캣 머리핀

★ 실물본 : 24 큐티캣 머리핀(책 187쪽)

준비물 ★ 1mm 베지터블 노란색 약 10×9cm
접착심지 약 10×6cm, 참장식 ,물방울 모양 핀대(7cm)
실 : 약 40cm(비니모 MBT #8 no108)

약품 ★ 토코롤(투명), 스탬프 전용 유성잉크패드

도구 ★ 3mm 치즐, 송곳, 1mm 원형펀치, 스탬프, 우드슬리커
예상 재료비 : 약 9,000원
예상 제작시간 : 1시간
예상 완제품 가격 : 15,000원

형지 제작 및 재단하기 ★

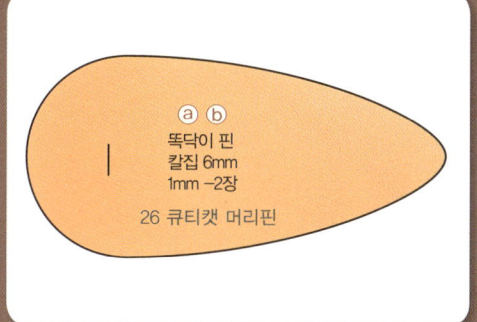

ⓐ 핀 앞판 : 1mm 베지터블 노란색 약 8.3×4cm
ⓑ 핀 뒤판 : 1mm 베지터블 노란색 약 8.3×4cm
ⓒ 접착심지 : 접착심지 약 7.5×3.2cm

★ ⓐ~ⓑ는 부록의 실물본을 이용해서 형지는 만든 후 재단.
  ⓒ는 ⓐ보다 전체적으로 3mm 작게 재단.

★ 가죽 꾸미기

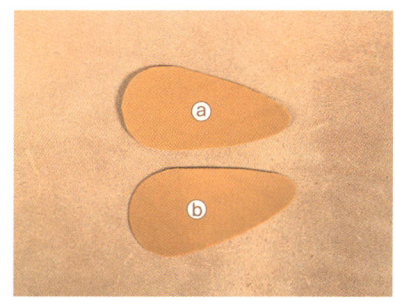

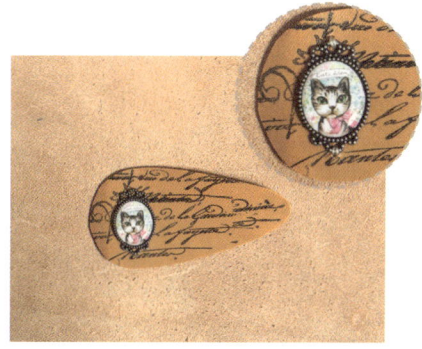

01 큐티캣 머리핀의 형지를 가죽에 올리고 송곳을 사용하여 그린 후 가죽 칼로 재단합니다.

02 스탬프에 잉크를 충분히 묻혀서 핀 앞판 가죽 ⓐ에 사진처럼 스탬핑을 합니다.

03 송곳을 사용해서 바느질한 두 곳에 총 4개의 구멍을 뚫어주고 단추를 달듯이 참장식을 가죽에 달아줍니다.

185

★ 핀대 넣기

04 가죽 ⓑ에 사진처럼 실물본에 표시된 위치에 1mm 원형펀치를 사용해서 구멍을 뚫고 그 사이를 칼로 잘라줍니다.

05 잘라진 가죽 ⓑ의 사이로 사진처럼 핀대를 넣어줍니다.

06 핀대를 넣은 가죽 ⓑ에 전체적으로 3mm 작은 접착식 보강제를 준비해서 붙여줍니다.

★ 조립하고 바느질하기

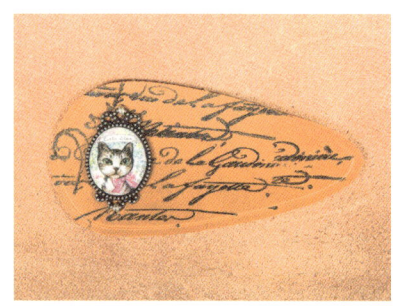 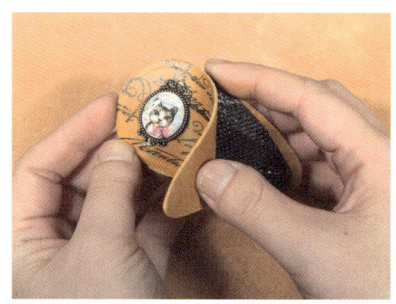 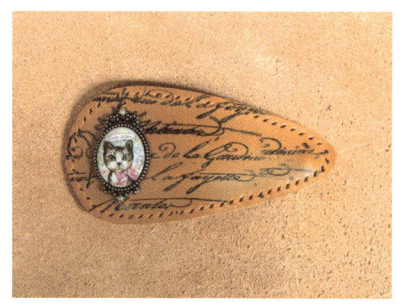

07 디바이더를 2.5mm 간격으로 조절해서 가죽 ⓐ에 바느질 선을 표시합니다.

08 가죽 ⓐ와 ⓑ의 뒷면에 본드를 바르고 본드가 꾸덕꾸덕해지면 사진처럼 붙여줍니다.

09 3mm 치즐을 사용해서 구멍을 뚫은 후 약 40cm의 실을 사용하여 바느질하고 마감합니다.

10 절단면은 사포를 사용해서 매끈하게 갈아준 후 토코롤과 우드스틱을 사용하여 마감합니다.

11 다양한 색의 가죽을 사용해서 핀을 만들어 옷 색깔과 매치해보세요.

국영주의 친절한
가죽공예 클래스 DIY 실물본

26 큐티캣 머리핀

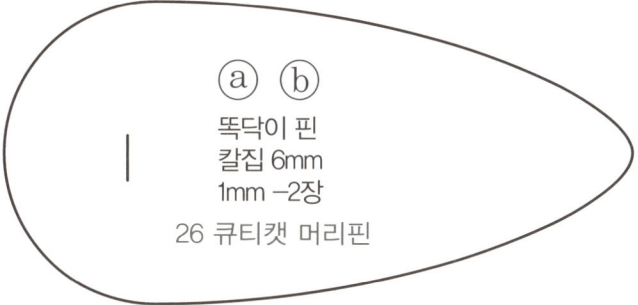

ⓐ ⓑ
똑닥이 핀
칼집 6mm
1mm -2장
26 큐티캣 머리핀

PART 5

염색을 활용한 가죽 소품

25 체크무늬 필통
26 버닝 기법 손거울
   (국영주 수채색 연필화 기법)
27 버닝 기법 핸드폰 케이스
   (국영주 수채색 연필화 기법)
28 엔틱 카빙 액자
29 풍수에 좋은 원형시계

·25· 체크무늬 **필통**

25 체크무늬 필통

★ 실물본 : 25 체크무늬 필통(실물본 B)

준비물 ★
- 1mm 베지터블 생지 약 20.5×18cm
- 3호 플라스틱 지퍼 약 19cm
- 3호 플라스틱 지퍼슬라이더
- 실 : 약 180cm(비니모 MBT #5 no125)

약품 ★ 가죽 전용 유성염색약(진밤, 보라) 토코롤(투명)

도구 ★
- 3mm 치즐
- 예상 재료비 : 약 10,000원
- 예상 제작시간 : 1시간 30분
- 예상 완제품 가격 : 40,000원

형지 제작 및 재단하기 ★

ⓐ 필통 : 실물본(약 20.5×18cm) 1장

★ ⓐ는 부록의 실물본을 이용해서 형지를 만든 후 재단

★ 재단하고 천 접기

01 실물본을 이용하여 형지를 만들어 가죽 위에 놓고 송곳으로 덧그린 후 재단합니다.

02 광목이나 면을 8×8cm 크기로 준비합니다.

03 사진처럼 삼각형 모양이 나오도록 반으로 접어줍니다.

04 양쪽 꼭지점을 사진처럼 아래쪽 꼭지점 쪽으로 접어줍니다.

05 중간 선 쪽으로 반으로 접어줍니다.

06 사진처럼 꼭지점 부분으로 반을 접어줍니다.

★ 무늬 넣고 염색하기

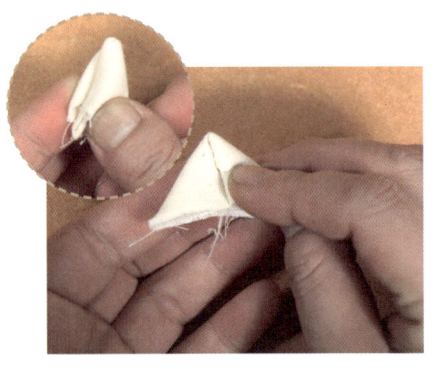

07 오른쪽부터 왼쪽으로 돌려가면서 접어 원하는 두께를 만듭니다.

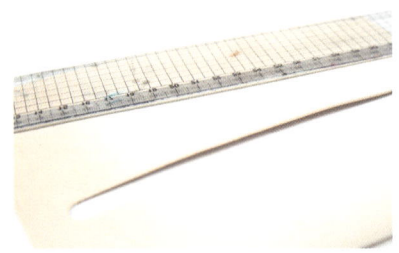

08 투명 방안자를 준비합니다.

09 보라색 가죽 전용 유성염료를 접어 놓은 천에 묻혀줍니다.

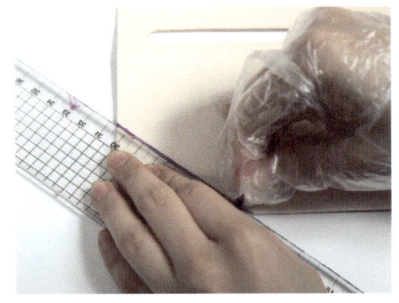

10 원하는 위치에 자를 재고 천으로 선을 그어줍니다. 흐릴 경우 다시 한 번 더 그어주어도 좋습니다.

11 방안자를 사용해서 평행하게 수평을 맞추어서 원하는 위치에 선을 그어줍니다.

12 진밤색 가죽 전용 유성염료를 접어 놓은 천에 묻혀 자를 대고 보라색과 수직으로 선을 그어줍니다.

★ 조립하기

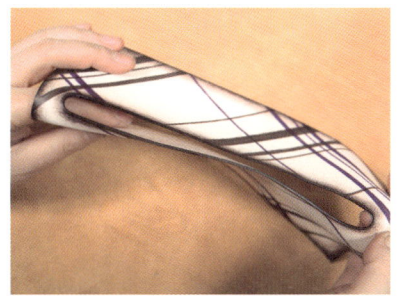

13 지퍼가 달릴 안쪽 부분의 절단면을 진밤색 가죽 전용 유성염료로 염색하고 토코롤을 사용하여 절단면을 마감합니다.

14 사진처럼 진밤색 가죽 전용 유성염료로 염색하여 지퍼를 붙입니다. 그리고 3mm 간격으로 바느질 선을 표시 후 4mm 치즐로 구멍을 뚫어주고 약 90cm의 실로 바느질합니다.

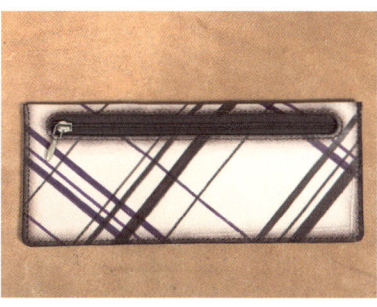

15 14번의 본드 칠하는 부분(사방 3mm)에 본드를 바르고 사진처럼 반으로 접어서 붙여줍니다.

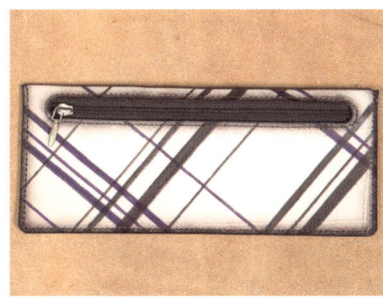

16 접착한 부분 쪽에 3mm 간격으로 바느질 선을 표시한 후 4mm 치즐로 구멍을 뚫은 후 약 90cm의 실로 바느질합니다.

+Tip 체크무늬가 번지지 않도록 염색하는 방법
방안자를 뒤집어서 길이가 표시된 부분을 가죽에 올려 그 부분을 기준으로 선을 그어주세요. 그러면 체크무늬가 번지지 않습니다.

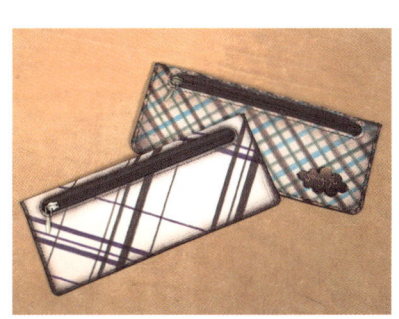

17 바느질된 부분의 절단면을 사포로 매끈하게 갈아내고 진밤색 가죽 전용 유성염료로 염색한 후 토코롤을 사용하여 절단면을 마감합니다.

응용작품

▲ 이름표를 만들어 나만의 필통을 만들어 보세요.

·26· 버닝 기법 **손거울**
(국영주 수채색 연필화 기법)

26 버닝 기법 손거울

★ 실물본 : 26 버닝 기법 손거울(책 310쪽)

준비물 ★
- 1mm 베지터블 노란색 약 30×30cm
- 안감 약 10×20cm
- 가시메형 참장식 2개, 우드 장식 1개
- **실** : 약 70cm(비니모 MBT #8 no125)
  약 40cm(비니모 MBT #8 no108)
- 양면테이프, 접착식보강제

약품 ★
- 가죽 전용 유성염색약 진밤, 토코롤(투명), 수성라카(마감제)

도구 ★
- 3mm 치즐, 10mm 원형펀치
- **예상 재료비** : 약 8,000~12,000 원
- **예상 제작시간** : 2시간
- **예상 완제품 가격** : 30,000~35,000원

형지 제작 및 재단하기 ★

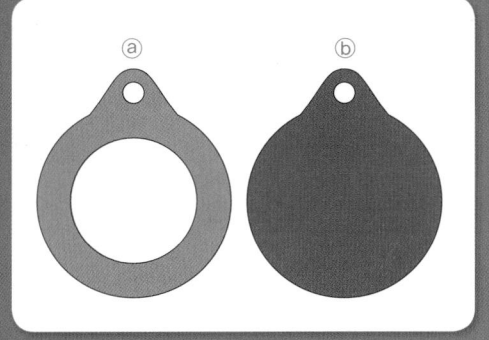

- ⓐ 거울 뒷판 : 실물본(약 10.2×8.5cm) 1장
- ⓑ 거울 앞판 : 실물본(약 10.2×8.5cm) 1장
- ⓒ 거울 보강제 : 실물본(약 10.2×8.5cm) 1장

★ ⓐ~ⓑ는 부록의 실물본을 이용해서 형지를 만든 후 재단
  ⓒ는 거울의 크기대로 구멍을 뚫어줌

★ 재단하고 거울 붙이기

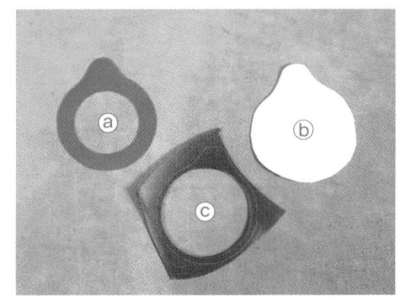

01 실물본을 이용하여 형지를 만들고 가죽 위에 올려 송곳으로 덧그린 후 재단합니다.

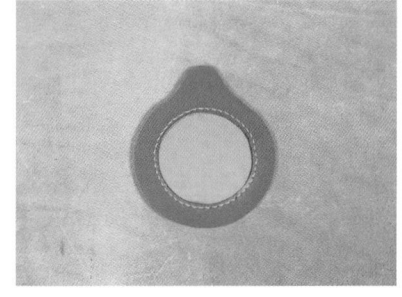

02 가죽 ⓐ의 안쪽 구멍 쪽에 2.5mm 간격으로 바느질 선을 표시한 후 3mm 치즐로 구멍을 뚫고 약 40cm의 실로 바느질합니다.

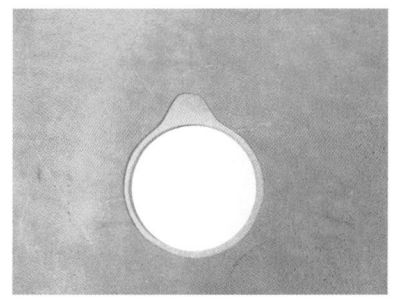

03 거울을 바느질한 ⓐ의 뒷면에 양면 테이프를 이용해서 붙여줍니다.

★ 버닝하고 채색하기

04 거울 위에 보강제 ⓒ를 사진처럼 끼워 넣어줍니다.

05 보강제 ⓒ를 가죽 ⓐ와 같은 크기로 잘라주고 접착식 보강제를 사진처럼 보강제 ⓒ와 거울에 같이 붙여줍니다.

06 그림을 그린 전사지를 물을 묻힌 가죽 ⓑ 위에 올리고 전사펜으로 눌러서 가죽에 그림을 옮겨 줍니다.

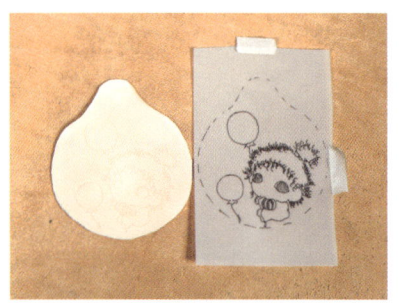

07 가죽 ⓑ에 그림을 옮겨 그려준 모습입니다.(ⓑ는 실물본의 크기보다 전체적으로 5mm 크게 자릅니다.)

08 버닝기의 온도를 올리고 가죽에 선을 그어서 적당한 온도를 맞추어줍니다.

09 원본 그림을 보면서 가죽의 옮겨진 선을 따라서 그려줍니다. 온도를 너무 올리면 가죽이 까맣게 타버리니 조심하세요.

10 선만 태우려 하지 말고 전체적인 음영감(강약)을 주면서 그리듯이 태워줍니다.

11 가죽에 분무기를 사용해서 물뿌리고 수채색연필을 사용해서 버닝한 가죽 위에 색칠합니다.

12 드라이기의 찬 바람으로 가죽을 말린 후에 유성 네임펜으로 라인을 그려줍니다.

★ 마감하고 완성하기

13 가죽 전용 수성 마감제를 스치듯이 지나가면서 발라줍니다. 마감제가 다 마르면 반복해서 2번 더 발라줍니다.

14 ⓐ+ⓑ+ⓒ를 붙이고 2.5mm 간격으로 바느질 선을 표시합니다. 그리고 3mm 치즐로 구멍을 뚫은 후 약 70cm의 실로 바느질합니다.

15 절단면을 사포질하여 곱게 갈아주고 진밤색 절단면 마감제를 발라줍니다.

16 바느질과 마감이 완성된 거울 쪽 모습입니다.

+Tip 수채색연필을 선명하게 사용하는 방법
중간에 채색을 하다보면 가죽이 말라서 색연필이 흐리게 나와요. 그럴 땐 분무기를 사용해서 물을 뿌려주고 물이 흡수된 후에 다시 그려주면 선명하게 그려집니다.

+Tip 번지지 않게 마감제 바르기
수채색연필로 그림을 다시 그린 후 24시간 이상 완전히 자연건조시킨 후에 마감제를 바르면 마감제가 번지지 않아요.

▲ 송은영 작가의 일러스트 파마양을 사용한 작품

27 버닝 기법 **핸드폰 케이스**
(국영주 수채색 연필화 기법)

·28· 엔틱 카빙 액자

199

27 버닝 기법 핸드폰 케이스

★ 실물본 : 27 버닝 기법 핸드폰 케이스(실물본 B)

준비물 ★
- 1mm 베지터블 생지 약 17×16cm
- 1mm 베지터블 레드 약 14×16cm
- 안감 약 21×15cm
- 돈피 약17×16cm
- 실 : 약 350cm(비니모 MBT #8 no108)

약품 ★ 절단면 마감제 (빨강색)

도구 ★ 3mm 치즐, 1.5mm 원형펀치
예상재료비 : 약 25,000~40,000원
예상 제작시간 : 6시간
예상 완제품 가격 : 150,000원~200,000원

형지 제작 및 재단하기 ★

- ⓐ 핸드폰 케이스 겉 : 실물본(약 17×16cm) 1장
- ⓑ 카드 수납 공간 : 실물본(약 7× 16cm) 1장
- ⓒ 뚜껑 : 실물본(약 7×8cm) 1장
- ⓓ 단추 부분 : 실물본(약 2×6.5cm) 2장
- ⓔ 카드 수납 공간 안감 2 : 실물본(약 6×14.5cm) 1장
- ⓕ 카드 수납 공간 안감 1 : 실물본(약 6.5×8cm) 3장
- ⓖ 핸드폰 케이스 안감 : 약 17×16cm 1장
- ⓗ 카드 수납 공간 뒤 : 약 2×17cm 1장

★ ⓐ~ⓕ는 부록의 실물본을 이용해서 형지를 만든 후 재단하고
ⓖ, ⓗ는 크기대로 형지를 만들어 재단합니다.
※ 핸드폰 기종에 따라 크기가 달라질 수 있습니다.

★ 재단하고 카드 수납 공간 만들기

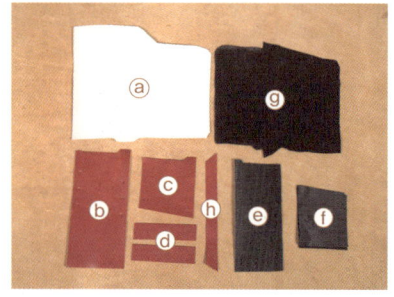

01 실물본을 이용하여 형지를 만들어 가죽 위에 놓고 송곳으로 덧그린 후 재단합니다. 안감은 은펜을 사용해서 그려주세요.

02 가죽 ⓑ와 ⓕ 3장을 준비합니다.

03 칼선에서 0.5cm 올라가서 사진처럼 ⓕ와 같은 사이즈로 약 0.4cm 너비로 본드를 바르고 붙여줍니다.

04 03번 과정과 같은 방법으로 ⓕ를 2장 더 붙여줍니다.

05 ⓔ를 준비하고, ⓔ와 같은 사이즈로 ⓔ와 ⓑ의 뒷면에 본드를 바릅니다.

06 ⓔ를 ⓑ의 안쪽으로 5mm 들어가게 붙여주고 ⓗ는 ⓑ의 왼쪽 끝에 맞추어서 사진처럼 붙여줍니다.

★ 버닝하고 채색하기

07 그림을 그린 전사지를 물을 묻힌 가죽 ⓑ 위에 올리고 전사펜으로 눌러서 가죽에 그림을 옮겨줍니다.

08 버닝기의 온도를 가죽이 타지 않게 적당히 맞추어서 원본을 보면서 전사된 라인을 따라서 버닝합니다.

09 선만 버닝하지 말고 전체적인 음영감을 그러데이션으로 그리듯이 버닝합니다.

★ 안감 붙이기

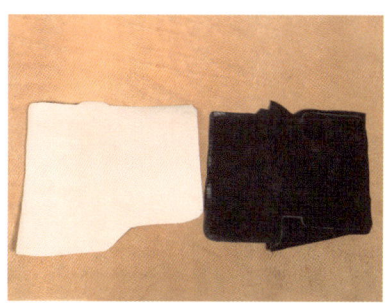

10 분무기를 사용해서 가죽에 물을 뿌린 후 수채색 연필을 사용해서 버닝한 가죽 위에 색칠하고 네임펜으로 라인을 그려줍니다.

11 배경색을 수채색 연필로 채색하고 흰색 펜을 사용해서 구름을 그려줍니다. 가죽이 다 건조된 후에 수성마감제를 사용해서 겉면을 마감합니다.

12 가죽 ⓐ의 뒷면과 ⓖ의 뒷면을 준비해서 본드를 칠합니다.

★ 카드 수납 공간 만들고 조립하기

13 사진처럼 오른쪽 카드 수납 부분은 안감을 붙이지 않습니다.

14 카드 수납 공간과 뚜껑, 잠금장식 부분을 사진처럼 각각 2.5mm 간격으로 바느질 선을 표시한 후 3mm 치즐로 구멍을 뚫어주고, 약 50cm, 50cm, 65cm의 실로 바느질합니다.

15 ⓐ에 사진처럼 3.5mm 원형펀치로 구멍을 뚫은 후 13mm 와이어 스냅의 수놈을 달아줍니다.

16 ⓓ 부분에 5.5mm 원형펀치를 사용해서 구멍을 뚫은 후 13mm 와이어 스냅의 암놈을 달아줍니다.

17 젤케이스 위치에 맞추어서 핸드폰의 카메라와 후레쉬 구멍을 각각 10mm, 6mm 원형펀치로 구멍을 뚫어줍니다.(핸드폰 기종에 따라 다릅니다.)

18 뚜껑을 붙이기 전에 뚜껑 부분의 제외하고 2.5mm 간격으로 바느질 선을 겉면에 표시한 후 3mm 치즐로 구멍을 뚫어줍니다.

19 뚜껑을 붙인 후 겉면에서 뚜껑 부분에 구멍을 뚫어줍니다.

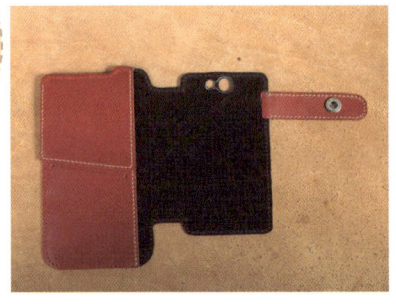

20 단추 부분 ⓓ를 붙이고 다시 한 번 겉면에서 구멍을 뚫은 후 약 180cm의 실을 사용해서 바느질합니다.

21 절단면을 사포로 갈아서 매끈하게 만든 후 빨간색 절단면 마감제를 3~5회 발라줍니다.

★ 젤 케이스에 붙이기

22 사진처럼 젤 케이스의 뒷면에 약 4분의 3만큼 양면테이프를 붙여줍니다.

23 양면테이프의 종이를 떼어내고 만들어진 핸드폰 케이스를 붙여줍니다.

24 접착력을 좋게 하기 위해서 망치로 가볍게 타격해 고정해줍니다.

25 핸드폰 케이스가 완성되었습니다.

▲ 송은영 작가의 일러스트 파마양을 사용한 작품

28 엔틱 카빙 액자

★ 실물본 : 필요 없음

준비물 ★ 2.5mm 베지터블 생지 약 30×30cm
나무액자, 전사지

약품 ★ 가죽 전용 유성염색약 진밤, 니트풋 오일 컴파운드, 엔틱다이

도구 ★ 전사펜, 스위블 커터, EMS 10-02, EMS 83-02, EMS76-02
예상 재료비 : 약 30,000원
예상 제작시간 : 2시간
예상 완제품 가격 : 100,000원

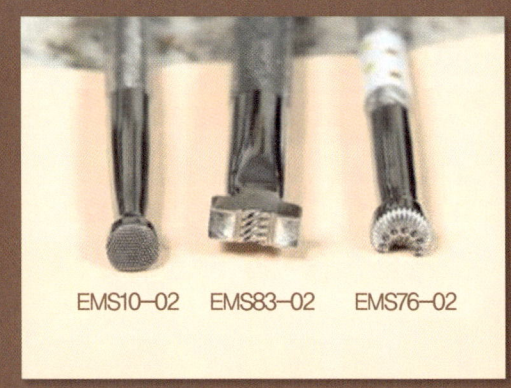

형지 제작 및 재단하기 ★

30×30cm 가죽 1장

★ 액자의 크기와 액자 틀의 너비에 따라서 가죽의 필요한 양은 변할 수 있습니다.

★ 생지에 무늬 넣기

01 약 30×30cm의 가죽을 준비하고 해면 스펀지나 분무기를 사용해서 물을 흡수시켜줍니다.

02 전사펜으로 액자의 두께만큼의 두 줄로 직선을 긋고 그 사이에 5mm 간격으로 두 줄의 직선을 각각 그어줍니다. 총4번 반복합니다.

03 스위블 커터를 사용해서 전사펜을 이용해서 그은 선을 따라서 다시 한 번 선을 그어줍니다.

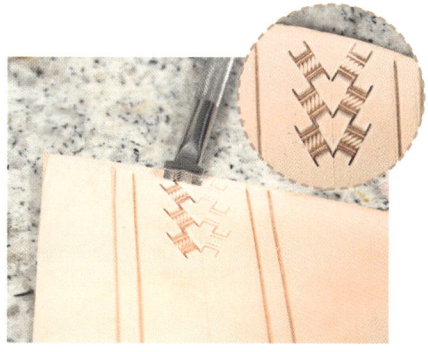

04 사진처럼 바스켓 툴의 각도를 60도로 해서 약하게 찍은 후에 간격을 맞춘 다음 간격이 맞으면 진하게 바스켓 툴을 찍어줍니다.

05 반대편도 같은 방법으로 바스켓 툴을 찍어줍니다.

06 바스켓 툴을 찍은 방향에서 베벨러를 사용해서 가죽을 균일하게 눌러줍니다.

★ **염색하기**

07 EMS76-02(보더 스탭프) 각인을 사용해서 베벨러를 누른 방향에서 다시 한 번 무늬를 넣어줍니다.

08 액자의 길이만큼 충분히 카빙을 합니다. 사진은 2개 분량의 무늬입니다.

09 니트 풋 오일 컴파운드를 사진처럼 양모에 묻혀줍니다.

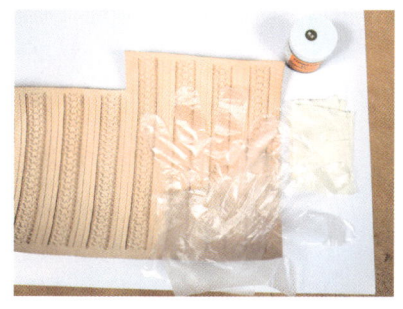

10 가죽에 골고루 흡수되도록 충분히 문질러 줍니다.

11 엔틱다이와 비닐장갑을 준비합니다.

12 엔틱다이를 충분히 듬뿍 고르게 발라줍니다.

★ 조립하고 완성하기

13 무늬를 넣은 사이사이에 엔틱다이가 골고루 잘 들어가도록 칫솔을 이용해서 문질러줍니다.

14 원하는 칼라가 나올 때 까지 시간을 둔 다음 천(면)을 이용해서 엔틱다이를 닦아줍니다.

15 엔틱다이가 다 마르면 45° 각도로 해서 액자의 크기와 같은 크기로 가죽을 잘라줍니다.

16 가죽 전용 진밤 유성염색약을 사용해서 액자의 겉과 안쪽의 옆면을 염색합니다.

17 사진처럼 경계선이 되는 부분을 가죽 전용 진밤 유성염색약을 사용해서

18 액자와 가죽의 뒷면에 본드를 바르고 사진처럼 무늬를 넣은 가죽을 붙여줍니다.

19 나머지 세 조각의 가죽도 각각 붙여줍니다.

20 베지터블 생지에 각인을 사용해서 무늬를 넣은 액자가 완성되었습니다.

응용작품

▲ 같은 방법으로 만들어 본 열쇠고리

# 29 풍수에 좋은 **원형시계**

29 풍수에 좋은 원형시계

★ 실물본 : 필요 없음

준비물 ★ 1.5mm 베지터블 생지 약 20×20cm
시계 반제 지름 약 19cm
시계부속

약품 ★ 가죽 전용 유성염색약(파랑, 진밤), 에탄올

도구 ★ 수지판, 10mm 원형펀치, 분무기, 목장갑, 비닐장갑
예상 재료비 : 약 18,000~25,000원
예상 제작시간 : 1시간
예상 완제품 가격 : 40,000원~50,000원

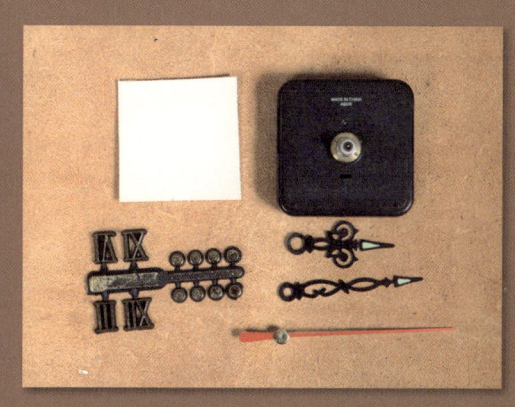

형지 제작 및 재단하기

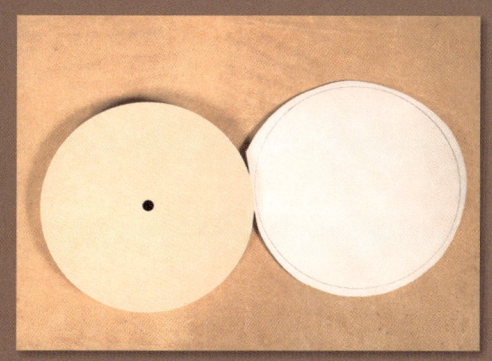

지름 약 20cm의 원 모양 가죽 1장

★ 나무 시계의 크기에 따라서 가죽의 양은 달라짐.

★ 재단하고 무늬 넣기

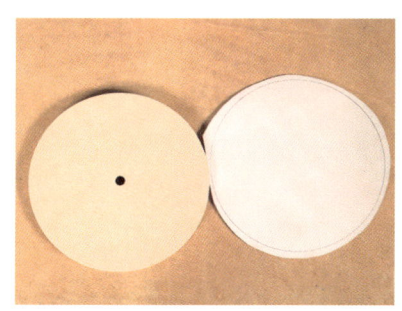

01 원형시계 반제를 이용해서 시계와 같은 크기의 원을 가죽의 뒷면에 그리고 그린 크기보다 약 5mm 크게 가죽을 재단합니다.

02 재단한 가죽에 무늬를 넣기 위해서 가죽의 겉면에 물을 묻혀줍니다.

03 대리석 위에 가죽을 올리고 사진처럼 원하는 무늬의 수지판을 올리고 쇠망치를 사용해서 수평으로 두들겨 줍니다.

★ 염색하기

04 수지판을 이용해서 무늬를 넣은 가죽의 모습입니다.

05 가죽 전용 유성염색약 파란색과 에탄올을 1:5의 비율로 섞어서 분무기에 넣고 가죽 전체에 골고루 뿌려줍니다.

06 드라이기의 찬 바람을 사용해서 가죽을 건조시켜줍니다.

  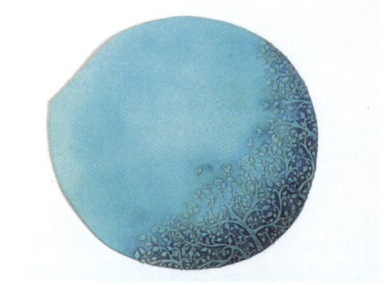

07 비닐장갑 위에 목장갑을 끼우고 가죽 전용 유성염료 파란색을 묻혀줍니다.

08 종이 위에 장갑에 묻은 염료를 파스텔 톤으로 빼줍니다.

09 파스텔 톤으로 뺀 염료를 가죽 위에 원을 그리며 원하는 색상이 나올 때까지 염색합니다.

★ 염색하기

10 같은 방법으로 가죽 전용 유성염료 진밤을 사용해서 염색합니다.

11 가죽의 뒷면에 시계의 크기를 맞추어 중심과 테두리를 표시하고 합니다.

12 가죽의 중심에 10mm 원형펀치로 구멍을 뚫고 나무와 가죽을 접착한 후 시계 크기에 맞게 잘라냅니다.

13 시계의 옆면에 유성염료 진밤을 발라줍니다.

14 시계의 부속은 시침 → 분침 → 초침 순으로 넣어주고 12시에 일직선으로 맞춰줍니다.

+Tip 베이스의 색상 조절 방법

베이스의 색상은 염료와 에탄올의 비율에 따라 원하는 색상이 나올 때까지 조절해보세요. 필자의 경우 1:5, 1:4, 1:8을 주로 사용합니다.

PART 6

도전!
가죽가방 만들기

30 심플 클러치백

31 레트로 빈티지 도구함

32 심플 카메라 가방

33 남성용 사첼가방

34 러블리 플라워 패턴백

35 러블리 플라워 패턴 파우치

36 체크무늬 크로스백

·30· 심플 **클러치백**

30 심플 클러치백

★ 실물본 : 30 심플 클러치백(실물본 B)

준비물 ★
베지터블 가죽 1.5mm 노랑 약 36×50cm
베지터블 가죽 1.5mm 진밤 36×60cm
잠금장식, 접착식 보강제
실 : 약 640cm(비니모 MBT #5 no125)

약품 ★ 가죽 전용 유성염색약 진밤, 토코롤(투명)

도구 ★ 4mm 치즐 2날 6날, 드라이버, 세밀용 칼
예상 재료비 : 약 60,000원~120,000원
예상 제작시간 : 10시간
예상 완제품 가격 : 260,000원~ 320,000원

형지 제작 및 재단하기 ★

ⓐ 가방 뒤판과 뚜껑 : 실물본(약 35×43cm) 1장
ⓑ 속 뚜껑 : 실물본(약 10.2×8.5cm) 1장
ⓒ 가방 앞판 : 실물본(약 35×25cm) 1장
ⓓ 주머니 : 실물본(약 31×22cm)
ⓔ 부속철물 고정 가죽 : 실물본(약 3.6×3cm)

★ ⓐ~ⓔ는 부록의 실물본을 이용해서 형지를 만든 후 재단하세요.

★ 재단하기

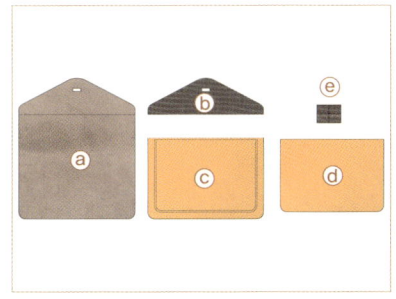

01 실물본을 이용하여 형지를 만들어 가죽 위에 놓고 송곳으로 덧그린 후 재단합니다.

★ 부속철물 달기 1

02 ⓓ, ⓔ 가죽의 절단면에 가죽 전용 유성염색약을 칠해주고 토코롤을 발라준 후 우드스틱으로 문질러줍니다.

03 ⓔ 가죽의 가운데에 칼집을 넣고 사진처럼 가죽을 통과하여 잠금장식의 아래 부분을 넣어줍니다.

04 튀어나온 철물 사이로 보강철물을 넣어주고 ★ 표시 부분을 화살표 방향으로 접어줍니다.

05 꺾어준 ★ 표시 부분 위로 접착식 보강제를 사용하여 사진처럼 가죽보다 약 3mm 작게 붙여줍니다.

06 디바이더를 이용해 3mm 간격으로 바느질 선을 표시합니다.

07 ⓓ 가죽의 실물본에 표시된 자리에 사진처럼 사포질을 합니다.

08 사포질한 ⓓ 가죽과 ⓔ 가죽의 뒷면에 본드를 바르고 사진처럼 붙여줍니다.

09 4mm 치즐을 사용해서 바느질할 구멍을 뚫은 후 실 약 45cm를 사용하여 바느질하고 마감합니다.

★ 앞 수납공간 달기

10 가죽 ⓒ에 실물본에 표시된대로 사진처럼 사포질을 해줍니다.

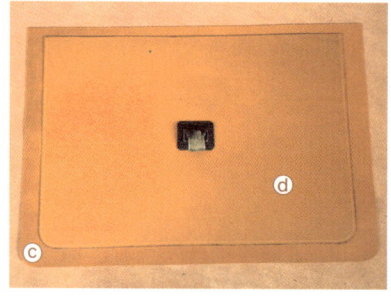

11 ⓒ 가죽의 사포질한 부분에 본드 칠을 하고 ⓓ 가죽의 같은 부분에 본드 칠을 해 서로 붙여줍니다.

12 ⓓ 가죽에 입구 부분을 제외하고 디바이더로 3mm 간격으로 바느질 선을 표시하고, 4mm 치즐을 사용해서 구멍을 뚫은 후 실 약 225cm를 사용하여 바느질하고 마감합니다.

★ 부속철물 달기 2

13 ⓐ 가죽에 ⓑ 가죽이 붙여질 자리를 표시하고 접착 부분에 각각 본드 칠 하여 붙여줍니다.

14 부속철물의 가죽과 붙여지는 부분 에 은펜으로 칠한 후 형지에 표시된 자리에 찍어줍니다.

15 찍어준 자리를 사진처럼 부속철물 이 쏙 들어가게 세밀용 칼을 사용하 여 파주고 사진처럼 넣어줍니다.

16 십자드라이버로 돌려서 부속철물 을 달아준 앞과 뒤의 모습입니다.

★ 본체 조립하기

17 ⓐ 위에 ⓑ 가죽이 접착될 자리를 표 시하고 본드를 사용해서 붙여줍니다.

18 전체 둘레를 약 420cm의 실을 사용 하여 바느질한 후 두 땀 더 가서 마 감합니다.

★ 절단면 마감하기

19 절단면을 가죽 전용 유성염색약 진 밤색을 사용해서 염색합니다.

20 토코롤과 우드스틱을 사용하여 절 단면을 마감합니다.

21 다른 칼라의 단색 가죽가방도 만들 어보았습니다.

·31· 레트로 빈티지 도구함

31 레트로 빈티지 도구함

★ 실물본 : 31 레트로 빈티지 도구함(실물본 A)

준비물 ★ 3mm 통가죽 약 5평, 갈고리 잠금장식, 25mm 사각링 2개, 15mm D링 2개, 15mm 갈고리 2개 15mm 버클 1개, 120mm 속발 5개, 6mm 리벳 6세트, 10mm 와이어 스냅 2set, 13mm 와이어 스냅 1set, 10mm 리벳형 나사 2세트
실: 비니모 MBT #1 NO 108 약 27mm

약품 ★ 토코놀(투명)

도구 ★ 5mm 치즐, 10미리 와이어 스냅 셔터, 13미리 와이어 스냅 셔터, 6mm 리벳셔터, 2.5mm, 4.0mm, 3.5mm, 5.0mm, 5.5mm 원형펀치
예상 재료비 : 약 150,000 원
예상 제작시간 : 40시간
예상 완제품 가격 : 550,000원

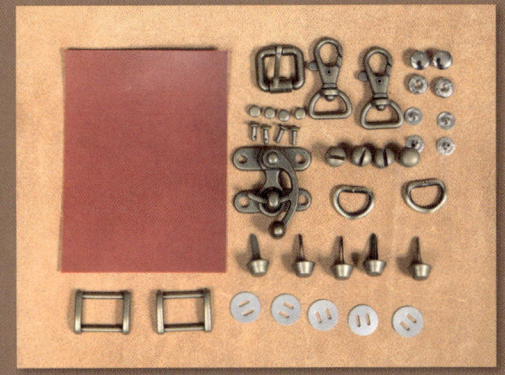

형지 제작 및 재단하기 ★

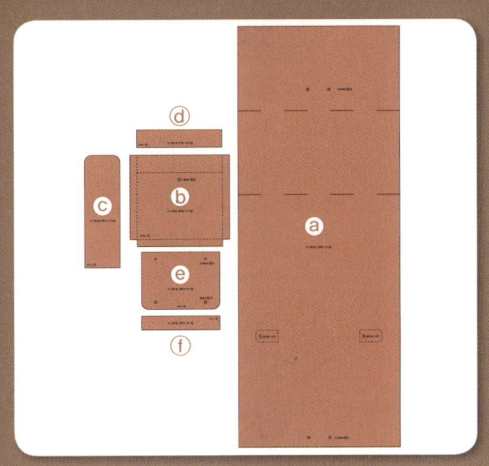

ⓐ 몸판 앞+뒤+뚜껑 : 3mm 약 60×23cm 1장
ⓑ 옆판 : 3mm 가죽 약 14×13cm 2장
ⓒ 속 잠금단추 가죽 : 1.2mm 약 5×16cm 2장
ⓓ 옆판 보강 가죽 : 3mm 약 11.8×2.5cm 2장
ⓔ 손잡이 1 : 1mm 약 11×8.2cm 1장
ⓕ 손잡이 2 : 1mm 약 11×2cm 1장
ⓖ 손잡이 3 : 3mm 약 26×2cm 1장
ⓗ D링 연결 가죽 : 2mm 가죽 약 1.5×5cm 4장
ⓘ 손잡이 사각링 연결 가죽 : 3mm 가죽 약 2×9cm 2장
ⓙ 버클 끈 고정 가죽 : 2mm 가죽 약 1.5×5cm 2장
ⓚ 스트랩 긴 줄 : 3mm 가죽 약 106×1.5cm 1장
ⓛ 스트랩 짧은 줄 : 3mm 가죽 약 42×1.5cm 1장

★ ⓐ~ⓕ는 부록의 실물본을 이용해서 형지는 만든 후 재단
　ⓖ~ⓛ은 직접 형지를 그려서 재단

★ 재단하고 손잡이 만들기

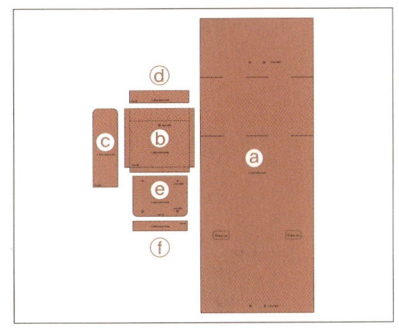

01 레트로 빈티지 도구함의 형지를 가죽에 올리고 송곳을 사용하여 그린 후 가죽칼을 사용하여 재단합니다.

02 절단면을 마감한 ⓖ를 사진처럼 사각 링에 넣어 본드를 사용하여 붙여 줍니다.

03 3mm 간격으로 바느질 선을 표시한 후 5mm 치즐로 구멍을 뚫은 후 약 80cm의 실로 바느질합니다.

★ 손잡이 커버 만들기

04 ⓘ가죽을 사진처럼 사각링을 양쪽 끝에 넣어 붙여주고 3mm 간격으로 바느질 선을 표시한 후 5mm 치즐로 구멍을 뚫어줍니다.

05 가죽 ⓕ와 ⓖ를 사진처럼 본드를 사용해서 붙여줍니다.

06 3mm 간격으로 바느질 선을 표시 후 5mm 치즐로 구멍을 뚫은 후 약 100cm의 실로 바느질합니다.

07 10mm 와이어 스냅을 준비해서 뚜껑을 가죽으로 감싸줍니다.

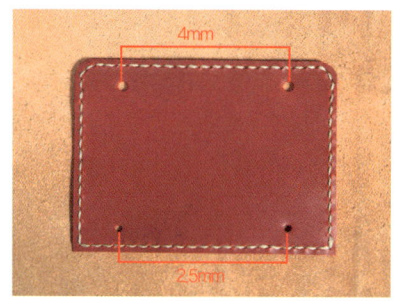

08 실물본에 표시된 위치에 2.5mm, 4mm 원형펀치를 사용해서 구멍을 뚫어줍니다.

09 10mm 와이어 스냅 셔터와 13mm 쇠판을 사용하여 와이어 스냅을 달아줍니다.

10 손잡이에 완성된 커버를 감싸준 모습입니다.

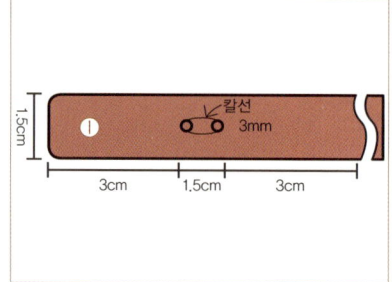

11 위 그림에 표시된 자리에 구멍을 뚫어주고 칼선을 넣어 잘라줍니다.

★ 끈 만들기

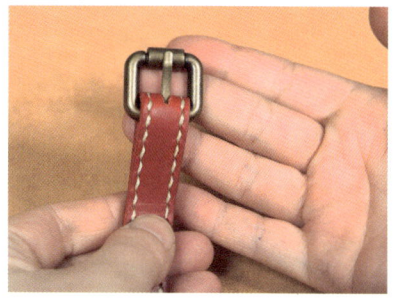

12 ⓙ와 ⓚ에 3mm 간격으로 바느질 선을 표시한 후 5mm 치즐로 구멍을 뚫어주고, 각각 480cm와 660cm의 실로 바느질합니다. 바느질한 후 ⓙ에 버클을 사진처럼 넣어줍니다.

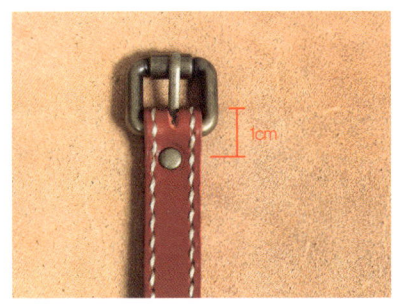

13 사진처럼 1cm 내려간 위치에 3.5mm 원형펀치로 구멍을 뚫고 6mm 리벳을 달아줍니다.

14 가죽 ⓙ에 사진처럼 2날 치즐을 사용해서 구멍을 뚫고 바느질을 합니다.(두 장 모두)

15 사진처럼 버클 아래에 바느질한 ⓙ를 넣어줍니다.

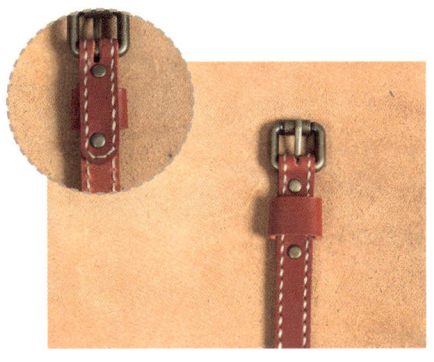

16 사진처럼 1cm 내려간 위치에 3.5mm 원형펀치로 구멍을 뚫고 6mm 리벳을 달아줍니다.

17 나머지 한 개의 ⓙ도 넣어줍니다.

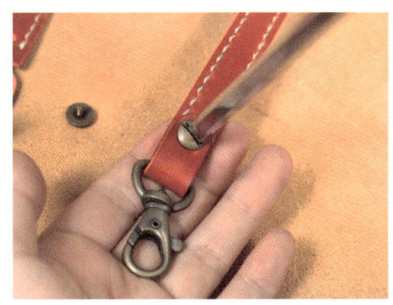

18 가방끈 ⓛ와 ⓚ의 직선 부분에 5mm 원형펀치를 사용해서 구멍을 뚫고, 사진처럼 ⓜ에 갈고리를 넣어 가시메형 나사를 돌려 달아줍니다.

★ 몸판 만들기

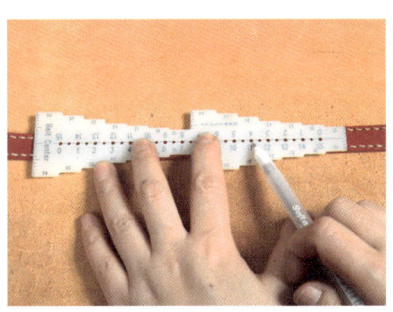

19 스트랩 자를 사용해서 ⓚ에 은펜으로 구멍 자리를 표시하고 2.5mm 원형펀치를 사용해서 구멍을 뚫어줍니다.

20 가방끈이 완성되었습니다.

21 ⓐ와 ⓑ 2장의 안쪽에 실물본에 표시된 위치에 송곳을 사용해서 선을 그어줍니다.

22 V자형 홈 파는 도구를 준비합니다.

23 자를 대고 사진처럼 5mm 너비로 홈을 파줍니다.

24 몸판 ⓐ와 옆판 ⓑ 2장에 홈을 판 모습입니다.

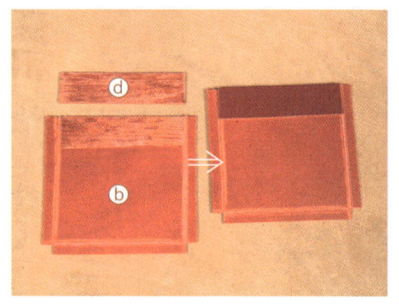

25 ⓑ와 ⓓ의 접착 부분을 사포로 갈아내고 본드를 사용해서 ⓑ와 ⓓ를 붙여줍니다.

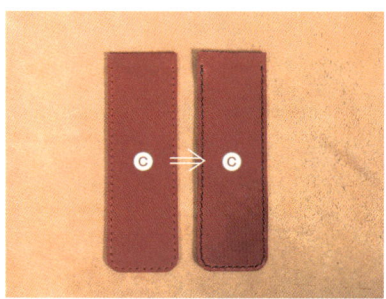

26 ⓒ에 3mm 간격으로 바느질 선을 표시하고, 5mm 치즐을 사용해서 구멍을 뚫은 후 약 100cm의 실로 바느질하고 마감합니다.

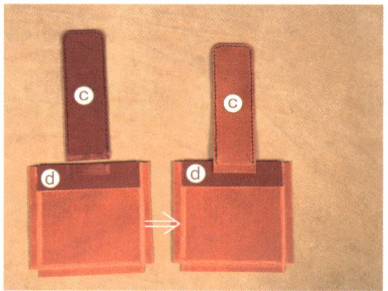

27 ⓓ의 정중앙에 ⓒ를 1cm 겹쳐서 본드를 사용해서 붙여줍니다.

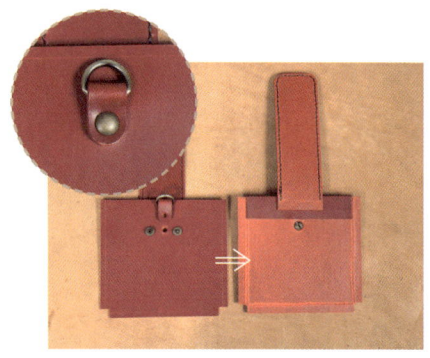

28 ⓑ의 실물본에 표시된 위치에 5mm 원형편치로 구멍을 뚫고 D링을 넣은 가죽 ⓔ를 가시메형 나사를 사용해 붙여줍니다.

29 몸판 ⓐ의 실물본에 표시된 위치에 속고발이 들어갈 구멍을 세밀용 칼을 사용해서 뚫어줍니다.

30 속고발을 넣고 원 모양의 철 보강제를 넣어서 양쪽으로 벌려서 눌러줍니다.

31 속고발이 달린 자리에 접착심지를 붙여줍니다.

32 접착심지를 양쪽 1cm 만큼 작게 해서 한 번 더 붙여줍니다,

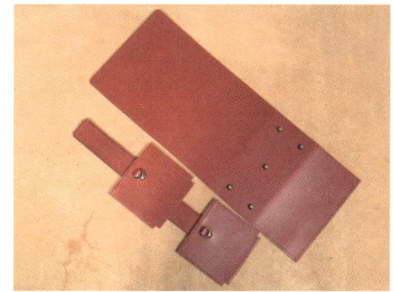

33 가방의 옆면과 가방 몸판에 5mm 간격으로 바느질 선을 표시하고 5mm 치즐을 사용해서 구멍을 뚫어줍니다.

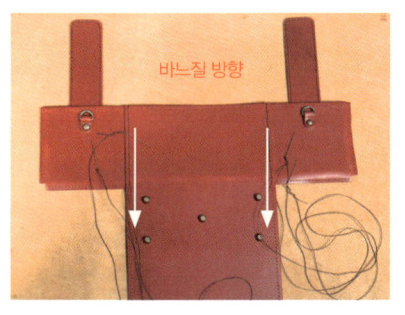

34 가방 옆면을 사진처럼 각각 약 160cm 실을 사용하여 바느질합니다. 가방의 옆면은 양쪽을 같이 바느질 하는 것이 편합니다.

35 옆면의 바느질을 완성한 사진입니다.

36 가방의 뚜껑 부분도 5mm 간격으로 바느질 선을 표시하고 5mm 치즐을 사용해서 구멍을 뚫어줍니다.

37 뚜껑 부분은 약 280cm의 실을 사용하여 바느질하고 실은 3땀 더 가서 본드 마감합니다.

38 옆판과 앞판에 뚫어진 구멍에 약 280cm의 실을 사용하여 바느질하고 실은 3땀 더 가서 본드 마감합니다.

39 안쪽 날개를 사진처럼 겹쳐서 단추 달릴 자리를 표시하고 구멍을 뚫어줍니다.(3mm, 5.5mm 원형펀치)

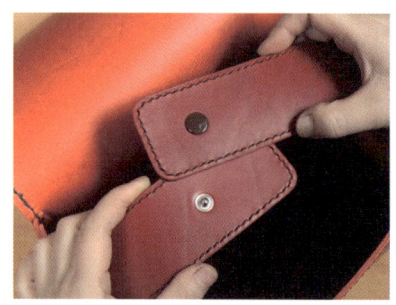

40 13mm 와이어 스냅을 13mm 와이어 스냅 셔터와 쇠판을 사용해 달아줍니다.

41 가방의 정중앙에 갈고리형 잠금장식을 형지에 표시된 위치대로 6mm 리벳을 사용해서 달아줍니다.

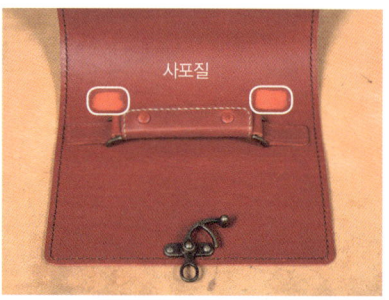

42 잠금장식을 달고 뚜껑 윗부분의 중앙에 손잡이가 들어가게 올리고 송곳으로 표시한 후 사포질을 합니다.

43 사포질한 자리에 본드를 사용해 손잡이를 붙이고 마름송곳으로 한 번 더 구멍을 뚫은 후 약 75cm의 실로 바느질하고 마감합니다.

44 완성된 가방에 가방끈을 달아줍니다.

응용작품

▲ 스탬핑과 참장식을 사용해서 빈티지한 느낌의 가방으로 변신

 심플 **카메라 가방**

32 심플 카메라 가방

★ 실물본 : 32 심플 카메라 가방(실물본 D)

준비물 ★ 3mm 베지터블 진카키 약 30×115cm
갈고리형 잠금장식 1개, 15mm 개고리 2개, 15mm D링 2개, 15mm 버클 1개, 8mm 리벳 8세트, 6mm 리벳 4세트
실 : 약 1,700cm(비니모 MBT #5 no108)

약품 토코롤(투명)

도구 ★ 4mm 치즐, 3.5mm 원형펀치, 2.5mm 원형펀치
마름송곳, 6mm와 8mm 쇠판, 6mm와 8mm 리벳 셔터
예상 재료비 : 약 60,000원
예상 제작시간 : 20시간
예상 완제품 가격 : 300,000원

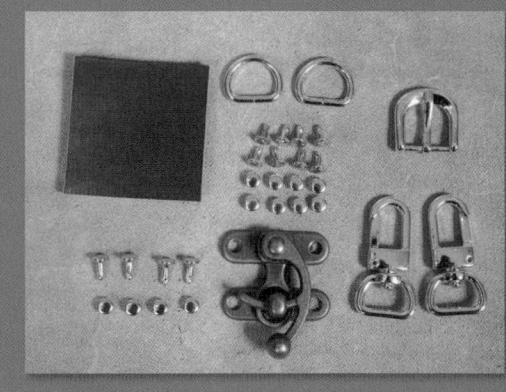

형지 제작 및 재단하기

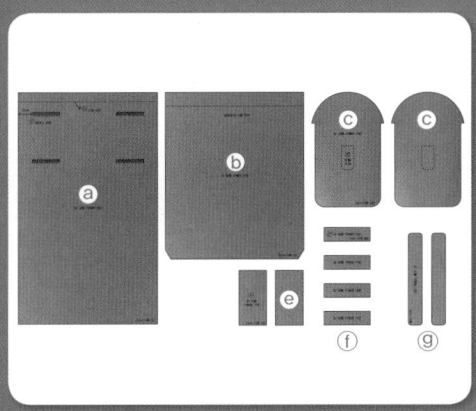

ⓐ 카메라 가방의 앞뒤 몸판 : 3mm 가죽 약 15×25cm 1장
ⓑ 카메라 가방의 뚜껑 : 3mm 가죽 약 15×18cm 1장
ⓒ 카메라 가방의 옆판 : 3mm 가죽 약 8.2×13cm 2장
ⓓ 스트랩 긴 가죽 : 3mm 가죽 약 1.5×110cm 1장
   스트랩 짧은 가죽 : 3mm 가죽 약 1.5×46cm 1장
ⓔ 카메라 가방의 벨트 고리 : 2mm 가죽 약 3×6cm 2장
ⓕ 스트랩 15mm 고리 연결 가죽과 스트랩 긴 줄 고정하는 가죽 : 2mm 가죽 약 1.5×5cm 4장
ⓖ 카메라 가방의 D링 연결 가죽 : 2mm 가죽 약 1.5×10cm 2장

★ ⓐ~ⓖ는 부록의 실물본을 이용해 형지를 만든 후 재단
  ⓓ는 직접 실물본을 그려서 재단

★ 재단과 옆면 마감

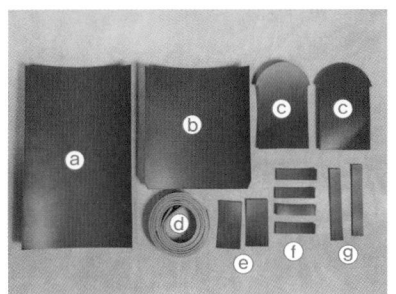

01 형지를 사용하여 재단하고 ⓒ를 제외한 모든 절단면을 토코롤과 우드 슬리커를 사용해서 마감합니다.

★ 옆판 만들기

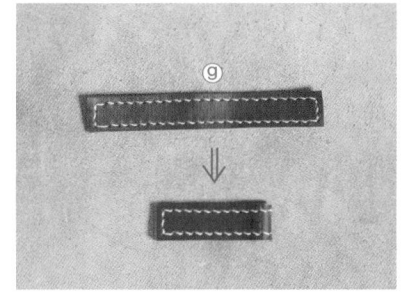

02 가죽 ⓖ 2장을 각각 2.5mm 간격으로 바느질 선을 표시하고 4mm 치즐을 사용해서 구멍을 뚫은 후 약 50cm의 실을 사용하여 바느질하고 마감합니다.

03 바느질된 가죽 ⓖ를 사진처럼 D링에 넣어서 각각 본드를 사용하여 붙여줍니다.

04 가죽 ⓒ 실물본에 표시된 위치와 ⓖ 의 뒷면을 사진처럼 사포를 사용해서 긁어줍니다.

05 04번 과정에서 사포질한 부분을 본드를 사용해서 붙여주고 사진처럼 3.5mm 원형펀치를 사용해 구멍을 뚫어줍니다.

06 8mm 리벳 셔터와 쇠판을 사용해서 뚫어진 구멍에 리벳을 달아줍니다.

★ 벨트 고리 만들기

07 가죽 ⓔ에 사진처럼 2.5mm 간격으로 바느질 선을 표시하고 4mm 치즐을 사용해서 구멍을 뚫은 후 약 30cm의 실을 사용하여 네 곳을 바느질합니다.

08 가죽 ⓐ 실물본에 표시된 위치와 가죽 ⓔ의 끝을 약 3mm 너비만큼 사포질하여 붙이고 바느질합니다.(실 약 15cm)

09 나머지 한쪽도 같은 방법으로 약 3mm 너비의 바느질 선을 표시하고 사진처럼 바느질합니다.(실 약 15cm)

★ 뚜껑 바느질하고 옆판 가조립하기

10 ⓔ의 나머지 한쪽을 실물본에 표시된 위치에 붙이고 바느질합니다.(실 약, 15cm)

11 가죽 ⓑ를 사진처럼 2.5mm 간격으로 바느질 선을 표시하고 4mm 치즐을 사용해서 구멍을 뚫은 후 약 150cm의 실로 바느질하고 마감합니다.

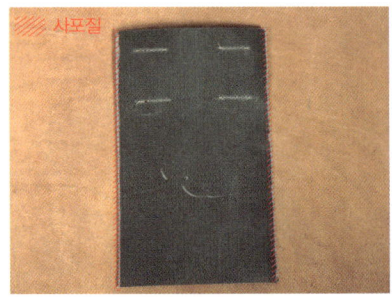

12 가죽 ⓐ의 가죽 안쪽을 사진처럼 약 3mm 너비만큼 사포질합니다.

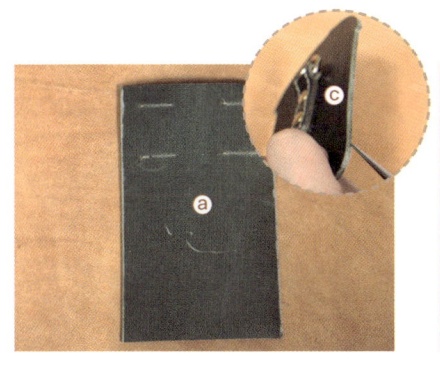

13 사포질된 가죽 ⓐ 부분과 송곳으로 지시하는 가죽 ⓒ의 절단면에 본드를 발라줍니다.

14 본드를 바른 사포질된 가죽 ⓐ 부분과 가죽 ⓒ의 절단면을 붙이고 남는 가죽 ⓐ 부분에 사진처럼 송곳으로 두 곳을 표시합니다.

15 13번에서 표시한 남는 가죽 부분을 잘라냅니다.

★ 뚜껑 달고 옆판 바느질하기

16 실물본 ⓐ에 표시된 가죽 ⓑ가 붙을 자리를 사포질한 후 가죽 ⓑ를 붙이고, 약 50cm의 실을 사용해서 바느질하고 마감합니다.

17 사진처럼 가죽 ⓐ와 가죽 ⓒ에 디바이더로 2.5mm 간격으로 바느질 선을 표시하고 4mm 치즐을 사용해서 구멍을 뚫어줍니다. 옆판과 몸판의 바느질 구멍의 수는 같아야합니다.

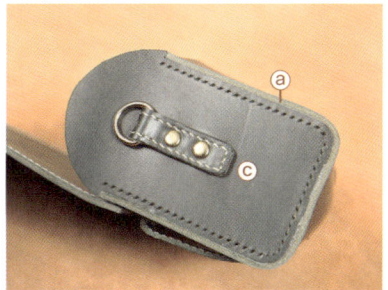

18 사포질된 가죽 ⓐ 부분과 가죽 ⓒ의 절단면에 본드를 바르고 사진처럼 붙여줍니다.

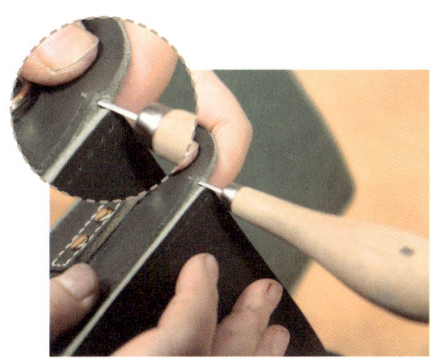

19 사진처럼 가죽 ⓒ를 마름송곳을 사용하여 구멍을 뚫어줍니다.

20 바로 아래 구멍은 사진처럼 가죽 ⓑ와 ⓒ를 같이 뚫어줍니다.

21 아래 구멍을 20번과 같은 방법으로 한 개 더 뚫어줍니다.

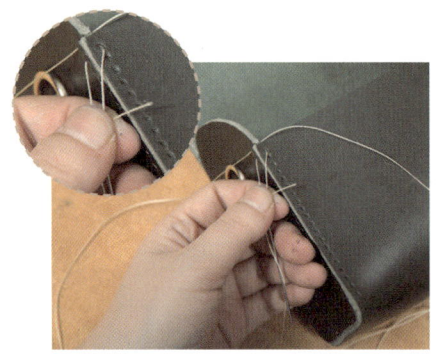
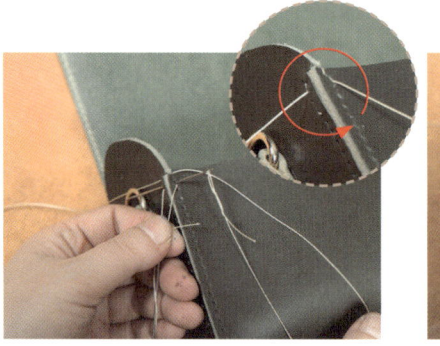
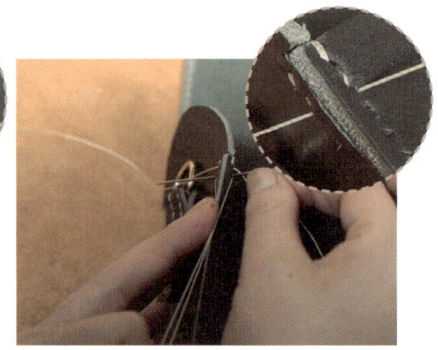

22 약 150cm의 실에 바늘을 넣고 사진처럼 바늘을 빼서 준비합니다.

23 새들스티치를 한 땀 바느질한 모습입니다.(몸의 바깥쪽 방향으로 바느질)

24 평면 바느질할 때와 같은 방법으로 새들스티치를 하고 구멍을 다시 뚫을 때는 한번에 3개씩 뚫어가면서 바느질합니다.

★ 잠금장식 달기

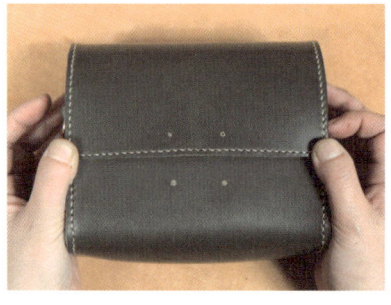
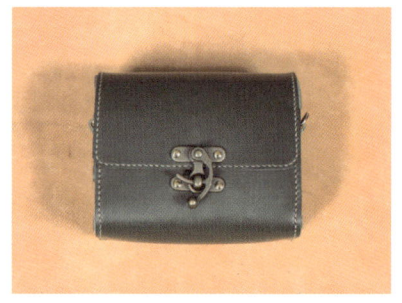

25 나머지 한쪽도 같은 방법으로 바느질합니다.

26 잠금장식이 달릴 위치를 은펜을 사용하여 표시합니다.

27 잠금장식이 달릴 자리에 3.5mm 원형펀치로 구멍을 뚫고 6mm 리벳셔터와 쇠판을 사용해서 사진처럼 잠금장식을 달아줍니다.

★ 가방끈 만들기

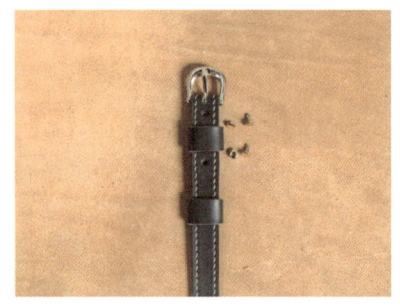
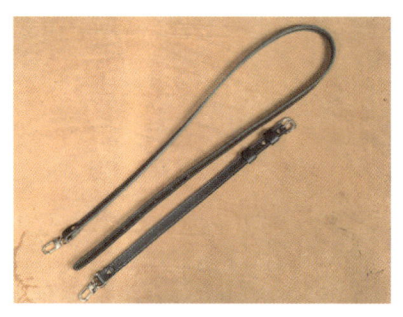

28 도구함의 끈 만들기(P.220 12번)를 참고해서 같은 방법으로 가방끈을 만들어줍니다.

29 가방끈이 완성된 모습입니다.

30 완성된 가방끈을 달아줍니다.

31 다른 모양의 잠금장식을 달아준 모습입니다.

32 취향에 따라서 허리 벨트 부분을 빼고 뚜껑의 디자인을 해도 좋습니다.

응용작품

▲ 가죽 카빙을 활용해서 만들어본 카메라 가방

·33· 남성용 **사첼가방**

·34· 러블리 플라워 패턴백

33 남성용 사첼가방

★ 실물본 : 33 남성용 사첼가방(실물본 C)

준비물 ★
- 3mm 베지터블 탄색 약 6평 약 33×106cm
- 2mm 베지터블 탄색 약 약1평 26×35cm
- 1.2mm 베지터블 탄색 약 0.5평
- 25mm 버클 3개, 25mm D링 2개, 25mm 갈고리링 2개
- 12mm 속고발 5개, 16mm 자석 장식 2세트
- 6mm 리벳 8세트
- 실 : 약 19m(비니모 MBT #5 no108)

약품 ★ 토코롤(투명)

도구 ★ 4mm 치즐, 2.5mm 원형펀치, 6mm 리벳셔터, 세밀용 커터칼
- 예상 재료비 : 약 250,000원
- 예상 제작시간 : 40시간
- 예상 완제품 가격 : 650,000원

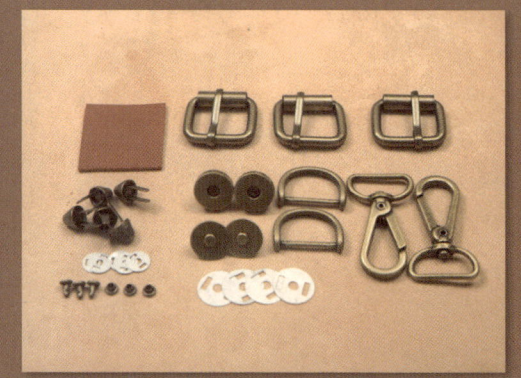

형지 제작 및 재단하기

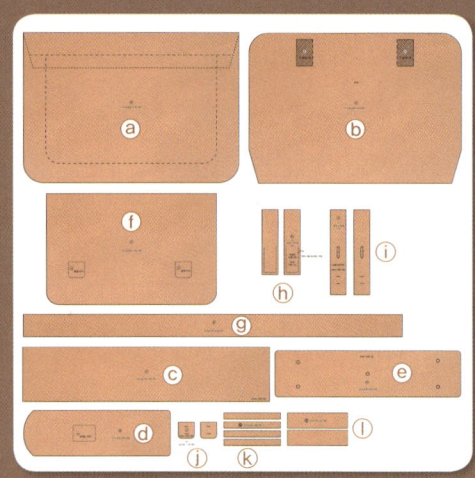

- ⓐ 가방의 앞 뒤 몸판 : 3mm 가죽 약 33×23cm 2장
- ⓑ 가방의 뚜껑 : 3mm 가죽 약 33×23.5cm 1장
- ⓒ 가방의 옆판 : 1.2mm 가죽 약 38×8.4cm 2장
- ⓓ 옆판의 옆판 보강 가죽 : 3mm 가죽 약 22.5×7cm 2장
- ⓔ 옆판의 옆판 보강 가죽 : 3mm 가죽 약 29×7cm 1장
- ⓕ 앞판의 주머니 : 3mm 가죽 약 26×17cm 1장
- ⓖ 주머니의 옆판 : 2mm 가죽 약 58.5×3.5cm 1장
- ⓗ 뚜껑의 버클 가죽 : 3mm 가죽 약 2.5×1.25cm 2장
- ⓘ 버클 고정 가죽 ; 3mm 가죽 약 2.5×14.5 cm 2장
- ⓙ 자석(암) 붙이는 가죽 ; 3mm 가죽 약 2.5×2.5cm 2장
- ⓚ 버클 끈 고정가죽 ; 2mm 가죽 약 9×1cm 4장
- ⓛ 옆판 D링 붙이는 가죽 : 2mm 가죽 약 10×2.5cm 2장
- ⓜ 스트랩 짧은 줄 : 3mm 가죽 약 42×2.5cm 1장
- ⓝ 스트랩 긴 줄 : 3mm 가죽 약 106×2.5cm 1장

★ ⓐ~ⓔ는 부록의 실물본을 이용해서 형지를 만든 후 재단

★ 재단하고 옆판 만들기

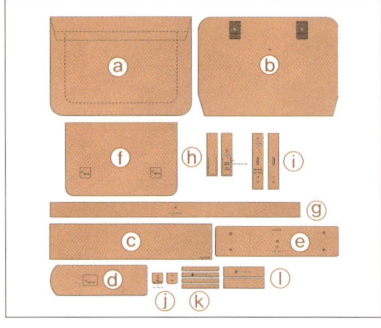

01 실물본을 이용하여 형지를 만들어 가죽 위에 놓고 송곳으로 덧그린 후 재단합니다.

02 가죽 ⓛ의 절단면을 마감하고 사진처럼 D링을 가운데 오도록 넣고 본드를 사용하여 붙여줍니다.

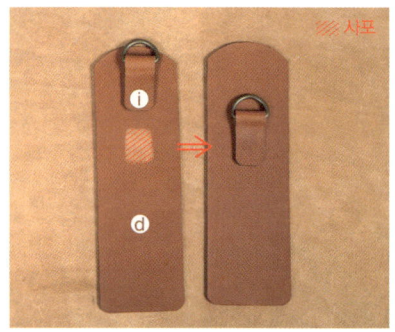

03 ⓓ 실물본에 표시된 위치와 2번에서 준비한 가죽 ⓛ의 접착 부분에 사포질을 한 후 사진처럼 붙여줍니다.

04 3mm 간격으로 바느질 선을 표시하고 4mm 치즐을 사용해서 구멍을 뚫어줍니다.

05 약 45cm의 실을 사용하여 바느질하고 마감합니다.

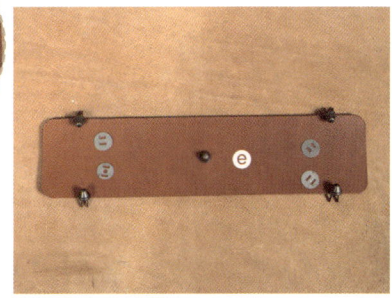

06 가죽 ⓔ의 절단면을 마감하고 속고발이 달릴 자리를 칼로 6mm 만큼 잘라줍니다.

07 속고발을 넣고 사진처럼 원형 철심지를 넣어서 양쪽으로 벌려준 후 접착심지를 붙여줍니다.

08 속고발을 5개 달아준 앞모습입니다.

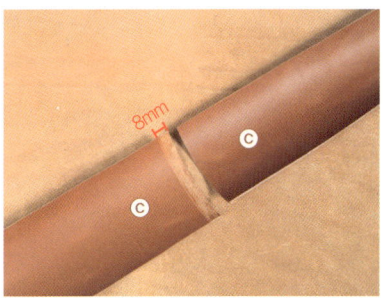

09 가죽 ⓒ 한 장에 사진처럼 약 8mm 너비만큼 사포질을 합니다.

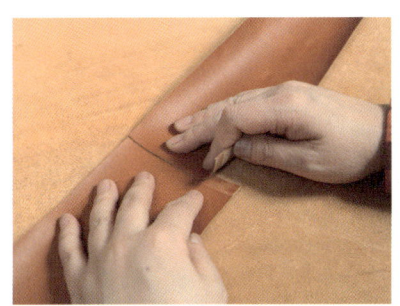

10 ⓒ와 ⓒ의 접착 부분에 1cm만큼 본드를 바르고 붙여줍니다.

11 붙여진 ⓒ 부분을 3mm 간격으로 바느질 선을 표시한 후 4mm 치즐로 구멍을 뚫어줍니다. 약 30cm 실로 바느질하고 가죽 ⓔ가 붙을 자리만큼 사포질합니다.

12 사진처럼 바느질을 한 옆판 가죽 ⓒ의 정중앙에 속고발을 붙인 가죽 ⓔ를 붙여줍니다.

13 4mm 간격으로 바느질 선을 표시하고 4mm 치즐을 사용해서 구멍을 뚫은 후 약 230cm의 실을 사용하여 바느질하고 마감합니다.

14 접착이 될 ⓓ의 뒷면과 ⓒ의 앞면을 사진처럼 사포질합니다.

15 ⓒ에 ⓓ를 붙이고 4mm 간격으로 바느질 선을 표시한 후 4mm 치즐로 구멍을 뚫어주고 약 165cm의 실로 바느질합니다.

★ 자석단추 달기

16 ⓙ의 정 가운데에 사진처럼 자석 단추를 붙여줍니다.

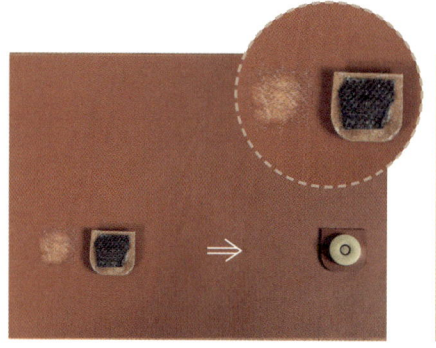

17 붙여진 자석 단추에 접착식 보강제를 붙이고 ⓕ에 표시된 위치에 사포질한 후 본드를 사용해서 붙여줍니다.

18 2mm 간격으로 바느질 선을 표시 후 4mm 치즐로 구멍을 뚫은 후 약 30cm의 실로 바느질합니다.

★ 앞주머니 만들기

19 주머니 옆판 가죽 ⓖ의 양쪽 면을 약 5mm 만큼 접어서 준비합니다. 이때 망치로 가볍게 타격하여 주면 좋습니다.

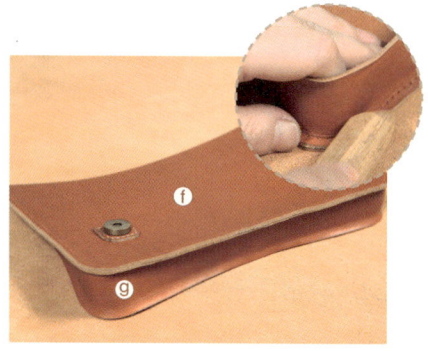

20 ⓕ와 ⓖ를 사진처럼 붙여주고 우드 슬리커를 사용해서 옆면의 각을 잡아주고 3mm 간격으로 바느질 선을 표시한 후 4mm 치즐로 구멍을 뚫고 약 180cm의 실로 바느질합니다.

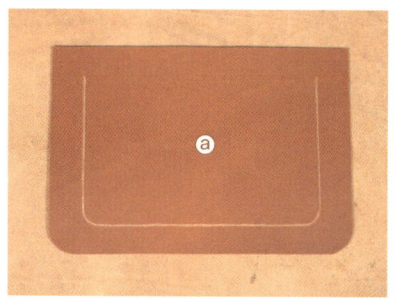

21 ⓐ 실물본에 표시된 위치에 사진처럼 사포질을 합니다.

★ 뚜껑 만들기

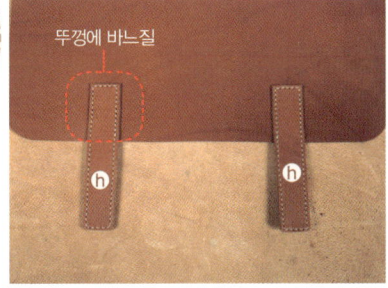

22 주머니를 달아 바느질한 ⓖ를 사진처럼 사포질한 ⓐ에 붙여줍니다.

23 3mm 간격으로 바느질 선을 표시 후 4mm 치즐로 구멍을 뚫은 후 약 180cm의 실로 바느질합니다.

24 ⓗ의 실물본에 표시된 부분에 먼저 바느질하고 뚜껑 붙이는 부분은 뚜껑 붙인 후 바느질합니다.

★ 앞뒤판과 옆판 조립

25 뚜껑을 ⓐ 실물본에 표시된 위치에 붙이고 실물본에 표시된 위치에 4mm 치즐로 구멍을 뚫어줍니다.

26 구멍이 뚫어진 자리를 약 2m의 실로 바느질합니다.

27 준비된 옆판과 앞판을 사진처럼 붙여주고 3mm 간격으로 바느질 선을 표시한 후 4mm 치즐로 구멍을 뚫고 약 240cm의 실로 바느질합니다.

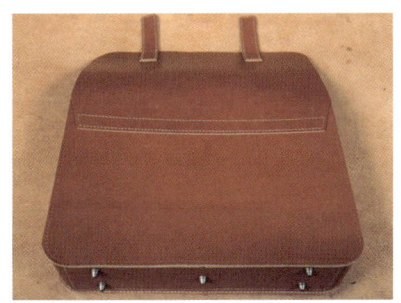

28 준비된 옆판과 뒷판을 사진처럼 붙여줍니다.

29 3mm 간격으로 바느질 선을 표시한 후 4mm 치즐로 구멍을 뚫어줍니다.

30 약 240cm의 실로 바느질합니다.

★ 가방 앞판 잠금장식 만들기

31 ⓚ 2장을 사진처럼 X자 바느질을 해서 준비합니다.

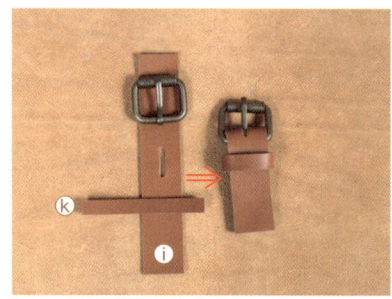

32 바느질된 ⓚ를 ⓘ에 사진처럼 넣어 줍니다.

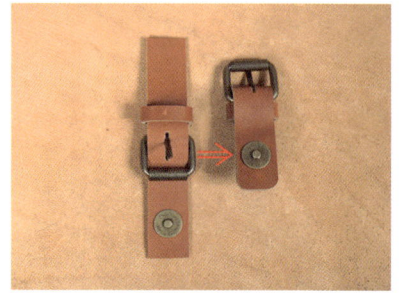

33 ⓘ에 표시된 위치에 자석 단추를 달고 뒷면에 접착식 보강제를 붙여줍니다.

★ 가방끈 만들어 완성하기

34 ⓚ 2장을 사진처럼 X자 바느질을 해서 준비합니다.

35 가죽 ⓜ에 사진처럼 25mm 버클 장식과 가죽 ⓚ를 넣고 6mm 리벳을 사용해서 달아줍니다. 접착한 부분 11.8cm를 반으로 접어서 붙여줍니다.

36 가죽 ⓜ과 ⓝ의 한쪽 끝에 25mm 갈고리 장식을 달고 6mm 리벳을 사용해서 달아줍니다. 접착한 부분은 총 6cm입니다.(6cm를 반으로 접어서 붙여줍니다.)

37 가방끈이 완성된 모습입니다.

38 절단면을 고운 사포로 사포질한 후 토코롤과 우드슬리커를 사용해서 마감합니다.

X자 바느질

34 러블리 플라워 패턴백

★ 실물본 : 34 러블리 플라워 패턴백(실물본 D)

준비물 ★
1.5mm 철망 가죽 진밤 약 2평
안감 약 40×100cm
실 : 약 15m(비니모 MBT #5 no108)
7mm 보강테이프

약품 ★ 토코롤(투명)

도구 ★ 4mm 치즐, 세밀용 칼
예상 재료비 : 약 50,000원
예상 제작시간 : 20시간
예상 완제품 가격 : 250,000원

형지 제작 및 재단하기 ★

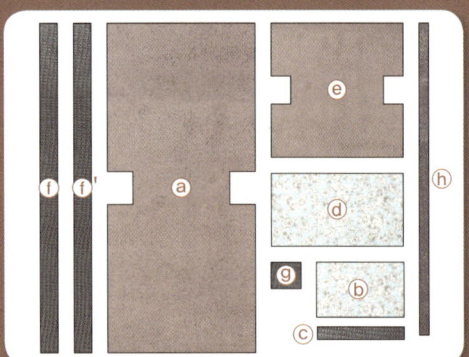

ⓐ 가방 안감 몸체 : 방수천 약 36.6×65.5cm 1장
ⓑ 가방 안감주머니 : 방수천 약 27×19cm 1장
ⓒ 안감주머니 바이어스 : 0.8mm 가죽 약 25×3cm 1장
ⓓ 겉면 판 : 방수천 약 36.5×21cm 2장
ⓔ 겉면의 위 판 : 3mm 가죽 약 29×7cm 1장
ⓕ 가방의 끈 : 1.5mm 가죽 약 2.5×60cm 2장
ⓕ' 가방의 끈 : 1.5mm 가죽 약 3×61cm 2장
ⓖ 안쪽 자석 잠금장식 부분 : 1.5mm 가죽 약 2.4×8cm 4장
ⓗ 가방 안감과 겉 부분 연결 바이어스 : 1mm 가죽 약 70.1×1cm 1장

★ ⓔ는 부록의 실물본을 이용해서 형지는 만든 후 재단

★ 재단하고 보강테이프 붙이기

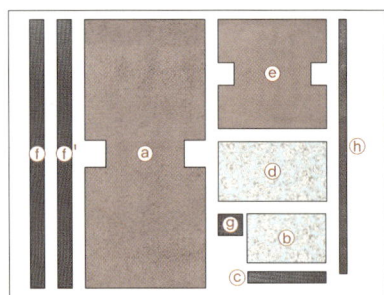

01 형지를 가죽에 올리고 송곳을 사용하여 그린 후 가죽칼을 사용하여 재단합니다.

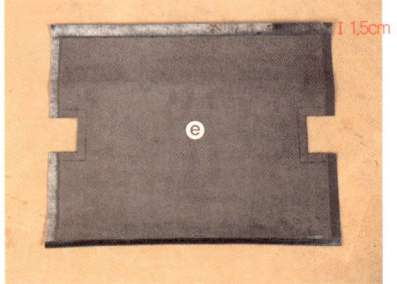

02 ⓔ의 뒷면에 사진처럼 1.5cm 너비로 줄을 그려주고 본드를 바른 다음 점선에 맞추어 반으로 접어서 붙여줍니다.(가죽의 두께가 두꺼우면 8mm 두께로 부분 피할을 합니다.)

03 ⓔ의 접착된 부분을 망치로 가볍게 타격하여 접착 강도를 높여줍니다.

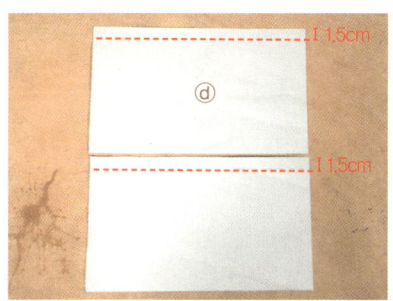

04 ⓓ 2장에 뒷면에 사진처럼 1.5cm 너비로 줄을 그려줍니다.

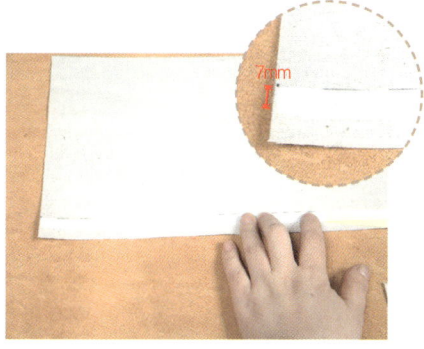

05 ⓓ의 그어진 선에 맞추어서 7mm 두께의 보강테이프를 붙여줍니다.

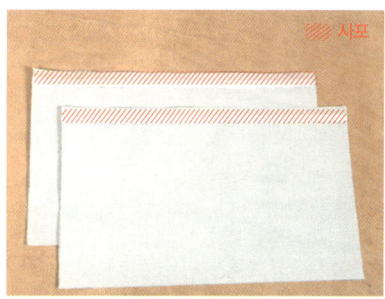

06 그어진 선에 맞추어서 본드를 바르고 사진처럼 점선에 맞추어 반으로 접어서 붙여줍니다.

★ 가방 몸판 만들기

07 ⓔ의 접어진 부분을 사포질하고 보강테이프를 붙여서 접은 ⓓ의 반대쪽을 사진처럼 접어진 가죽과 끝을 맞추어서 붙여줍니다.

08 나머지 한쪽도 붙이고 2.5mm 간격으로 바느질 선을 양쪽 1.2cm를 남기고 표시하고 4mm 치즐을 사용해서 구멍을 뚫어줍니다.

09 약 90cm의 실을 사용하여 양쪽 끝은 1.2cm 남기고 바느질하고 실은 뒷면에서 마감합니다.

★ 가방끈 만들고 달기

10 ⓕ와 ⓕ'에 본드를 칠하고 두 개를 붙여줍니다.

11 ⓕ 크기와 같게 ⓕ'를 잘라줍니다.

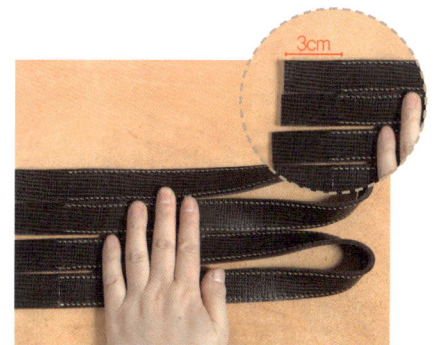

12 양쪽 끝을 3cm 남기고 2.5mm 간격으로 바느질 선을 표시한 다음 4mm 치즐로 구멍을 뚫고 약 150cm의 실로 바느질합니다.

★ 가방 옆판 만들기

13 사진에 표시된 위치에 본드를 사용해서 끈을 붙여줍니다.

14 끈이 달릴 위치의 뒷면에 끈보다 크게 보강테이프를 붙인 후 앞면에서 2.5mm 간격으로 바느질 선을 표시합니다. 그리고 4mm 치즐로 구멍을 뚫은 후 약 30cm의 실로 바느질합니다.

15 사진처럼 가방을 8mm 너비로 본드를 칠한 후 붙이고 바느질 선을 1cm 간격으로 표시합니다. 3mm 치즐(울그리프)로 구멍을 뚫은 후 약 120cm의 실로 바느질합니다.

16 15번 사진의 아래 부분(ㄴ자)을 사진처럼 안쪽을 5mm 만큼 사포질한 후 붙여줍니다.

17 나머지 한쪽도 같은 방법으로 붙여줍니다.

18 아래에 1cm 바느질 선을 그어줍니다.

★ 가방 속 만들고 조립하기

19 3mm(울 그리프) 치즐로 구멍을 뚫은 후 약 30cm의 실로 바느질합니다.

20 나머지 한쪽도 19번 과정처럼 바느질하고 뒤집어준 모습입니다.

21 안감 주머니 ⓑ를 준비합니다.

22 주머니 부분 ⓑ의 뒷면에 1.5cm 만큼 사진처럼 선을 그려줍니다.

23 너비 7mm의 보강테이프를 그어진 선에 맞추어서 붙여줍니다.

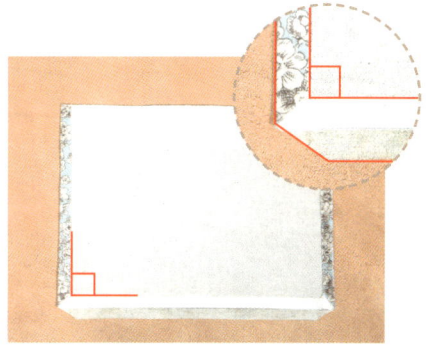

24 사진처럼 모서리 부분을 자르고 본드를 바르고 접어서 붙여줍니다.

25 쇠망치로 가볍게 타격하여 접착 강도를 강하게 해줍니다.

26 ⓒ와 ⓑ(안감 주머니 부분)를 준비해서 본드를 발라줍니다.

27 ⓒ를 ⓑ의 보강테이프가 없는 부분에 앞뒤로 반반씩 걸쳐지게 접어서 붙여줍니다.

28 가죽을 붙인 부분을 쇠망치로 가볍게 타격해준 다음 3mm 간격으로 바느질 선을 표시합니다. 그리고 4mm 치즐로 구멍을 뚫고 약 70cm의 실로 바느질 합니다.

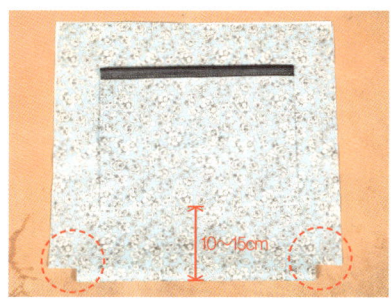

29 사진과 같이 적당한 위치에 주머니를 붙이고 미싱이나 손바느질로 바느질하고 사진에 표시된 부분은 ⓔ형지과 같은 크기로 자릅니다.

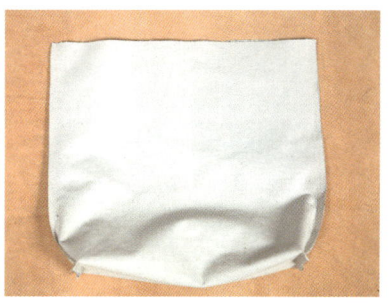

30 안감 ⓐ를 가방 본판 만드는 방법과 같이 바느질 선을 1cm 간격으로 옆선을 미싱이나 손바느질로 바느질하고 아래 두 곳도 같은 방법으로 바느질합니다.

31 아래 부분의 시접은 가름솔로 하시면 좋습니다.

32 완성된 안감을 가방 안에 넣어주면 사진처럼 약 1cm 만큼 가방 겉이 크게 넣어집니다.

33 1cm 만큼 큰 겉감을 사진처럼 가방 안감 쪽으로 접어서 붙여줍니다.

★ 잠금장식 만들기

34 자석단추와 가죽 ⓖ를 4장 준비합니다.

35 실물본에 표시된 위치에 암놈 자석단추를 달아주고 가죽 한 장은 뒷면에 붙여줍니다.

36 실물본에 표시된 위치에 수놈 자석단추를 달아주고 가죽 한 장은 뒷면에 붙여줍니다.

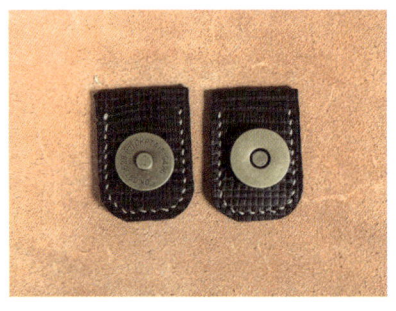

37 사진처럼 아래 부분을 곡선으로 만들어줍니다.

38 사진처럼 2.5mm 간격으로 바느질 선을 표시한 후 3mm 치즐로 구멍을 뚫고 약 25cm의 실로 바느질합니다.

39 가죽 ⓕ를 안감과 겉감의 경계선의 가운데에 바이어스 가죽과 자석단추를 가운데 부분에 붙여준 후 두 줄로 바느질을 합니다.

40 파우치와 가방, 작은 미니 매직파우치를 함께 만들어보았습니다.

# 러블리 플라워 패턴 파우치

·36· 체크무늬 크로스백

35 러블리 플라워 패턴 파우치

★ 실물본 : 35 러블리 플라워 패턴 파우치(실물본 C)

준비물 ★
1.5mm 철망 가죽 진밤 약 30×30cm
안감 약 10×20cm
3호 쇠지퍼 약 35cm, 3호 슬라이더와 D링
3호 지퍼 스토퍼, 7mm 보강테이프
실 : 약 90cm(비니모 MBT #8 no108)
실 : 약 150cm(비니모 MBT #8 no125)

도구 ★
3mm 치즐, 쇠망치, 펑플라이어
예상 재료비 : 약 14,000~25,000원
예상 제작시간 : 2시간
예상 완제품 가격 : 40,000~60,000원

형지 제작 및 재단하기 ★

ⓐ 파우치의 아랫부분 : 1mm 가죽 약 16×20cm 1장
ⓑ 파우치의 윗부분 : 방수천 약 9.4×20cm 2장
ⓒ 슬라이더 연결 가죽 : 1.2mm 가죽 약 0.8×6cm 1장

★ ⓐ, ⓑ는 부록의 실물본을 이용해서 형지를 만든 후 재단하세요.

★ 재단하고 보강테이프 붙이기

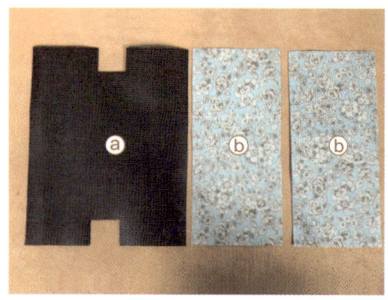
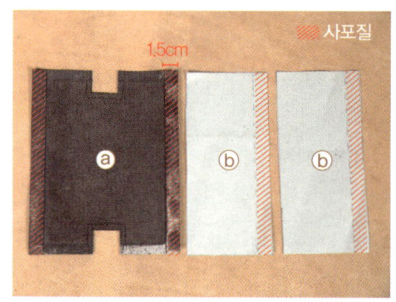
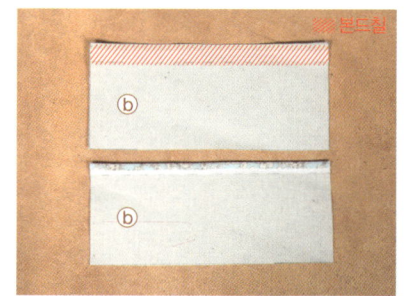

01 형지를 가죽에 올리고 송곳을 사용하여 그린 후 가죽칼을 사용하여 재단합니다.

02 ⓐ, ⓑ의 뒷면에 사진처럼 1.5cm 너비로 줄을 그려줍니다.(가죽의 경우 두께가 두꺼우면 8mm 두께로 부분 피할)

03 ⓑ의 그어진 선에 맞추어서 7mm 두께의 보강테이프를 붙여주고 사진처럼 점선에 맞추어 반으로 접어서 붙여줍니다.

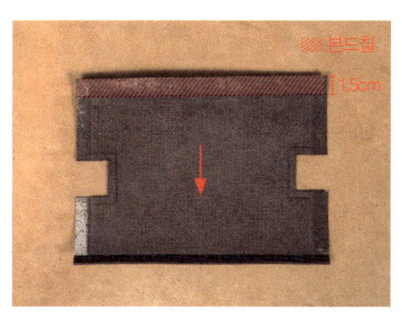

04 ⓐ의 위쪽 뒷면에 1.5cm 만큼 본드를 바르고 점선에 맞추어 반으로 접어서 붙여줍니다.(늘어나는 가죽의 경우는 보강테이프를 사용합니다.) 아래쪽도 같은 방법으로 붙여준 모습입니다.

05 보강테이프를 붙이고 접어준 천에 사진처럼 지퍼를 붙여줍니다.

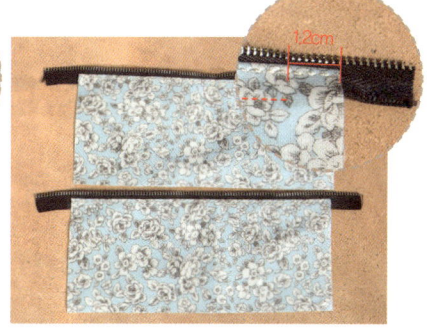

06 지퍼를 붙인 천의 끝에서 1.2cm를 빼고 2.5mm 간격으로 바느질 선을 표시한 후 3m 치즐로 구멍을 뚫고 약 45cm의 실로 바느질합니다.

★ 몸판 붙이고 입체 완성하기

07 죽 ⓐ의 접어진 부분을 사포질한 후 지퍼를 단 천을 가죽이 접어진 부분과 일치하게 붙여줍니다.

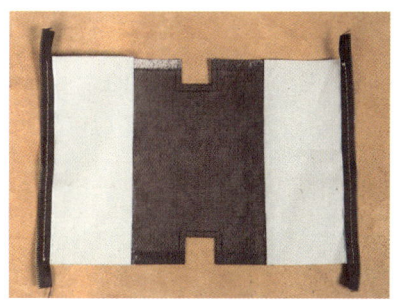

08 나머지 한쪽도 같은 방법으로 붙여줍니다.

09 사진처럼 양쪽 끝 1.2cm 부분을 빼고 가죽과 붙인 부분에 2.5mm 간격으로 바느질 선을 표시하고 3mm 치즐을 사용해서 구멍을 뚫어줍니다.

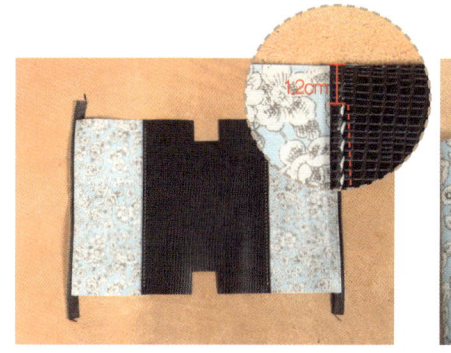

10 약 45cm의 실을 사용하여 양쪽의 1.2cm를 빼고 각각 바느질하고 마감합니다.

11 지퍼를 사진처럼 약 2cm 만큼 볼을 잘라내고 스토퍼를 달아줍니다.

12 나머지 반대쪽도 볼을 약 2cm 잘라내고 슬라이더를 넣은 후에 스토퍼를 달아줍니다.

13 스토퍼는 평플라이어로 눌러준 후 대리석에 놓고 다시 한 번 쇠망치로 타격하여주세요.

14 사진처럼 양쪽에 1cm 만큼 볼펜으로 선을 그어준 후 3mm 치즐(울그리프)로 구멍을 뚫고 바느질합니다.

15 14번 사진의 아래 부분(ㄱ자)을 사진처럼 붙여줍니다.

★ 슬라이더 손잡이 만들기

16 사진처럼 한쪽 방향으로 꺾어서 붙여주고, 3mm 치즐(울그리프)로 구멍을 뚫고 바느질합니다.

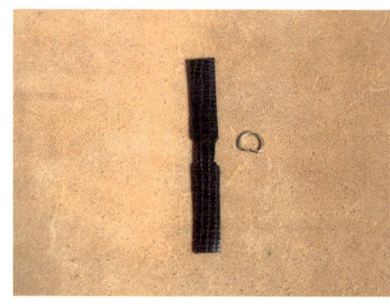

17 가죽 ⓒ의 절단면을 토코롤과 우드 슬리커로 마감합니다.

18 마감된 가죽 ⓒ를 D링에 넣어 본드를 사용해서 붙여줍니다.

19 사진처럼 D링의 반대편 부분을 곡선으로 잘라줍니다.

20 슬라이더에 가죽을 넣은 D링을 넣어줍니다.

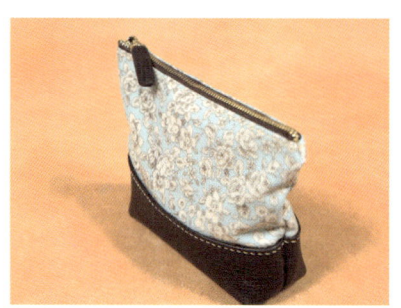

21 바느질이 완성된 러블리 파우치입니다.

22 다른 칼라의 천을 매치해도 러블리한 파우치가 완성됩니다.

응용작품

36 체크무늬 크로스백

★ 실물본 : 36 체크무늬 크로스백(실물본 D)

준비물 ★
- 2mm 베지터블 탄색약 20×20cm
- 2mm 베지터블 탄색약 110×6cm
- 체크무늬 방수천 약 30×60cm
- 15mm 접착식 보강테이프, 10mm 보강 테이프
- 15mm 갈고리 장식, 8mm D링, 13mm 와이어 스냅
- **실** : 약 600cm(니모 MBT #5 no 125)

약품 ★
- 토코롤(투명)

도구 ★
- 3mm 치즐, 3mm 울그립, 3.5mm 원형펀치, 5.5mm 원형펀치, 2.5mm 원형펀치, 4mm 치즐,
- 예상 재료비 : 약 35,000원
- 예상 제작시간 : 6시간
- 예상 완제품 가격 : 90,000원

형지 제작 및 재단하기 ★

- ⓐ 가방의 앞 뒤 몸판 : 방수천 약 24×44cm 1장
- ⓑ 가방의 주머니 : 2mm 가죽 약 10×13.3cm 1장
- ⓒ 가방의 잠금장식 : 2mm 가죽 약 11×3.5cm 1장
- ⓓ 스트랩 갈고리 연결 가죽 : 2mm 가죽 약 1.5×5cm 2장
- ⓔ 스트랩 긴 줄 고정 가죽 : 2mm 가죽 약 1.5×5cm 2장
- ⓕ 가방 D링 연결 가죽 : 2mm 가죽 약 1×5cm 2장
- ⓖ 스트랩 짧은 줄 : 3mm 가죽 약 1.5×46cm 1장
- ⓗ 스트랩 긴 줄 : 3mm 가죽 약 1.5×110cm 1장

★ ⓐ~ⓕ는 부록의 실물본을 이용해서 형지를 만든 후 재단

★ 재단하고 앞주머니 달기

01 실물본을 이용하여 형지를 만들어 가죽 위에 놓고 송곳으로 덧그린 후 재단하고 천은 볼펜을 사용하여 그려서 재단합니다.

02 위에서 1.5cm 내려서 사진처럼 접착식 보강 테이프를 두 군데에 붙여 줍니다.

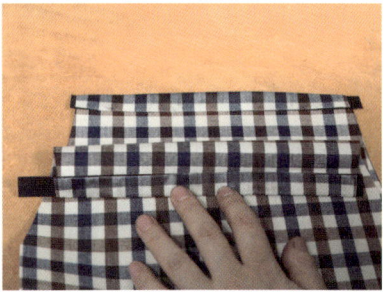

03 접착식 보강 테이프를 기준으로 사진처럼 접어서 본드를 사용하여 붙여줍니다.

04 ⓐ 위에 ⓑ가 들어갈 자리를 은펜을 사용하여 표시한 후 사포질합니다.

05 표시한 자리에 ⓑ를 붙여주고 ⓑ에 사진처럼 2.5mm로 바느질 선을 표시합니다.

06 4mm 치즐을 사용해서 구멍을 뚫은 후 약 120cm의 실을 사용하여 바느질하고 마감합니다.

★ 옆선 바느질하고 D링 달기

07 사진처럼 위쪽 직선 부분 두 군데를 양쪽에서 1.2cm를 빼고 1cm 아래에 바느질 선을 표시하고 4mm 치즐을 사용해서 구멍을 뚫은 후 약 60cm의 실을 사용하여 바느질하고 마감합니다.

08 사진처럼 겉과 겉을 마주보게 해서 본드를 사용하여 붙여줍니다.

09 실물본에 표시된 것처럼 시접을 1cm로 해서 사진처럼 양쪽을 3mm 치즐(3mm 울 그리프)을 사용해서 구멍을 뚫고 각각 80cm의 실로 바느질합니다.

10 가방 입구 부분의 바느질은 사진처럼 실이 가방 입구에 나오도록 바느질합니다.

11 사진처럼 시접을 뺀 길이를 4cm로 해서 직각으로 선을 그려줍니다.

12 사진과 같은 모양으로 안쪽에 본드를 바르고 붙여줍니다.

13 그어진 선 위에 3mm 치즐(3mm 울 그리프)을 사용해서 구멍을 뚫고 25cm의 실을 사용하여 바느질합니다.

14 나머지 한쪽도 같은 방법으로 3mm 치즐(3mm 울 그리프)을 사용해서 구멍을 뚫고 25cm의 실을 사용하여 바느질합니다.

15 사진처럼 ⓕ 2장을 준비해서 D링에 넣어서 준비하고 옆면을 경계선에 본드를 사용해서 사진처럼 붙이고 3mm 치즐로 사진처럼 구멍을 뚫은 후 약 20cm의 실로 바느질합니다.

★ 잠금장식 달기

16 가죽 ⓒ를 준비해서 2.5mm 간격으로 바느질 선을 표시합니다.

17 4mm 치즐을 사용해서 구멍을 뚫은 후 약 75cm의 실을 사용하여 바느질하고 마감합니다.

18 사진에 표시된 위치의 정중앙에 ⓒ를 붙이고 4mm 치즐을 사용해서 구멍을 뚫어줍니다.

19 약 20cm의 실을 사용하여 바느질하고 실은 뒷면에서 본드 마감합니다.

20 가죽 ⓒ에 표시된 위치에 5.5mm 원형펀치를 사용해서 구멍을 뚫고 암놈 단추가 달릴 자리를 ⓑ에 은펜으로 표시합니다.

21 은펜으로 표시된 자리를 3.5mm 원형펀치를 사용해서 뚫어줍니다.

★ 스트랩 만들기

22 13mm 와이어 스냅을 13mm 와이어 스냅 셔터와 쇠판을 사용하여 달아줍니다.

23 ⓔ 두 장을 사진처럼 3mm 간격으로 바느질 선을 표시하고 4mm 치즐을 사용해서 구멍을 뚫어줍니다.

24 약 15cm 실의 양쪽에 바늘을 꿰고 사진처럼 오른쪽 위 첫 번째 구멍에서 나와서 왼쪽 위에서 두 번째 구멍에 넣어줍니다.

25 왼쪽 뒤의 바늘을 사진처럼 오른쪽에서 두 번째 구멍으로 빼서 잡아당겨주고 오른쪽 세 번째 구멍에 넣어줍니다.

26 같은 방법으로 반대편으로 나와서 사진처럼 X자 모양이 나오도록 바느질을 합니다.

27 ⑨에 표시된 부분에 버클을 넣고 1cm 내려간 위치에 3.5mm 구멍을 뚫고 6mm 리벳을 달아줍니다.
(도구함 끈 만들기 P.220 **12**번 참고)

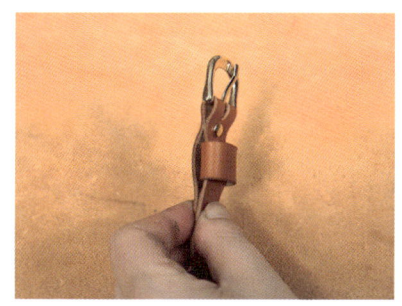

28 사진처럼 X자 바느질을 한 ⓔ 한 개를 넣어줍니다.

29 1cm 내려간 위치에 3.5mm 구멍을 뚫고 6mm 리벳을 달아줍니다.

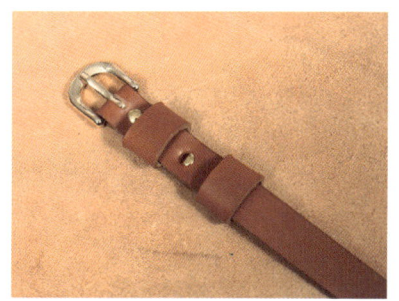

30 사진처럼 X자 바느질을 한 ⓔ 한 개를 넣어줍니다.

31 버클을 단 반대편에 갈고리를 넣은 ⓓ를 사진처럼 6mm 리벳을 이용해서 달아줍니다.

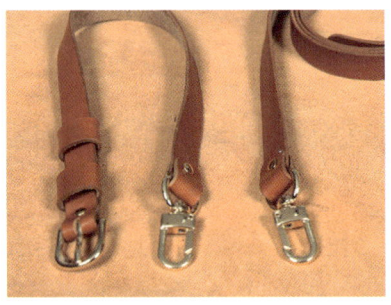

32 ⓗ의 직선 부분에 ⓓ와 갈고리를 31번처럼 달아줍니다.

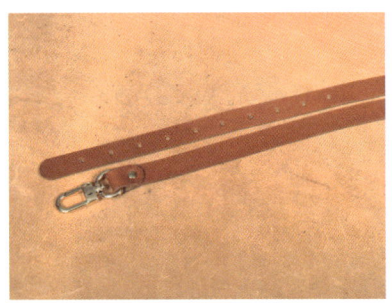

33 ⓗ에 사진처럼 2.5mm 펀치를 사용해서 구멍을 뚫어줍니다.

34 가방에 완성된 끈을 달아줍니다.

7
Leather craft

PART 7

한국가죽공예아카데미 회원 작품

크랙 가방, 크랙장 지갑
정혜원(여수 달빛가죽)
010-7401-2061
story.kakao.com

데이지 카빙 액자, 국화 액자
한선아(서울 가죽쟁이공방)
010-9949-7521
인스타 075_sa

쿠션
곽미선(서울 레더루트)
010-6700-9607
인스타 leatherLUTH

장지갑
송경남(김해/손뜨개이야기)
010-9404-9568
카스 : 다솜

수첩커버(동두천)
김희정
010-9132-3330
블로그 네이버 sohwa72
인스타 deresaheejung

37 크랙 반달 핸드백
38 크랙 장지갑
39 데이지 카빙 액자
40 아름다운 국화 카빙 액자
41 베이직 가죽 쿠션
42 모던 장지갑
43 부릉부릉 수첩커버

37. 크랙 **반달 핸드백**

37 크랙 반달 핸드백

★ 실물본 : 37 크랙 반달 핸드백(실물본 D)

준비물 ★ 크랙 가죽 약 1평, 검정색 베지터블 가죽 약 3평
돈피 약 4평, 쇠지퍼 18cm, 18mm 자석 1개, 15mm D링 2개,
15mm 개고리 2개, 15mm 버클 1개, 6mm 리벳 6세트
실: 약 750cm(비니모 MBT #5 黑)

약품 ★ 검정색 유성염료, 토코롤

도구 ★ 4mm 치즐, 3mm 원형펀치, 커터칼
6mm 리벳 셔터와 쇠판, 3.5mm 원형펀치
예상 재료비: 약 150,000원
예상 제작시간: 12시간
예상 완제품 가격: 400,000원

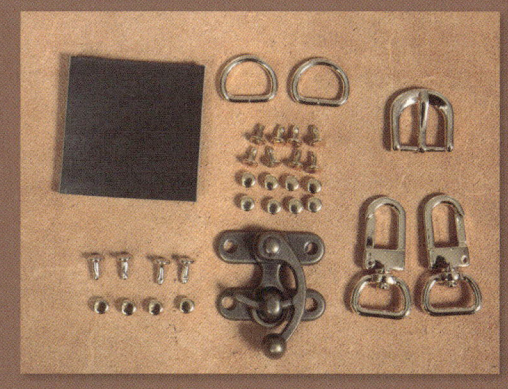

형지 제작 및 재단하기 ★

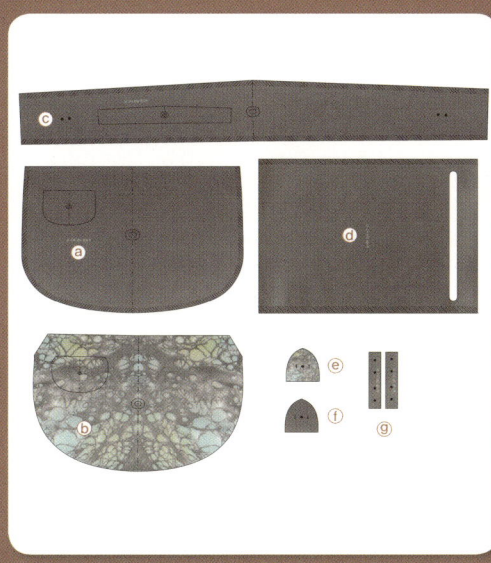

ⓐ 몸판의 앞과 뒤 : 1.5mm 가죽 약 27×18cm(실물본)
ⓑ 뚜껑 : 1.5mm 가죽 약 28×17cm(실물본)
ⓒ 옆판 : 1.5mm 가죽 약 58×7.5cm(실물본)
ⓓ 안주머니 : 1mm 가죽 약 27×19cm(실물본)
ⓔ 잠금장식 뚜껑 부분 겉 가죽 : 1.5mm 가죽 약 4×4.2cm(실물본)
ⓕ 잠금장식 뚜껑 부분 속 가죽 : 1.5mm 가죽 약 4×4.2cm(실물본)
ⓖ D링 연결 가죽 : 1.5mm 가죽 약 1.5×7cm(실물본)
ⓗ 스트랩 짧은 줄 P : 3mm 가죽 약 1.5×46cm 1장
ⓘ 스트랩 긴 줄 : 3mm 가죽 약 1.5×110cm 1장
ⓙ 옆판의 안감 돈피 : 약 60×9cm 1장
ⓚ 뚜껑과 몸판의 안감 돈피 : 약 29×33cm 1장
ⓛ 몸판 앞판의 안감 돈피 : 약 29×20cm 1장

★ ⓐ~ⓖ는 부록의 실물본을 이용해서 형지를 만든 후 재단하세요.

★ 재단하고 주머니 만들기

01 실물본을 이용하여 형지를 만든 후 가죽 위에 놓고 송곳으로 덧그린 후 재단합니다.

02 실물본을 이용하여 형지를 만들어 가죽 위에 놓고 은펜으로 덧그린 후 재단합니다.(안감)

03 안주머니 ⓓ의 지퍼 창에 지퍼를 붙이고 3mm 간격으로 바느질 선을 표시합니다.

04 4mm 치즐로 구멍을 뚫고 검정색 120cm 실로 바느질합니다.

05 윗부분을 5mm 남겨두고 반으로 접어 사진처럼 붙입니다.

06 ⓓ 옆면을 3mm 간격으로 4mm 치즐을 사용하여 약 40cm의 실로 바느질 하여 가방 속 주머니를 완성합니다.

★ 부분 피할하기

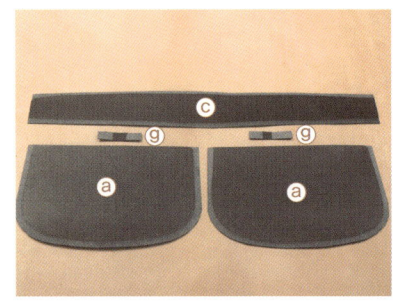

07 몸판의 앞과 뒤 ⓐ, 옆판 ⓒ를 5mm 만큼 부분 피할하고, ⓖ는 양쪽 15mm씩 부분 피할합니다.

★ 뚜껑 붙이기

08 ⓐ와 ⓑ를 본드로 붙여줍니다.

★ 부속 철물 달고 안감 붙이기

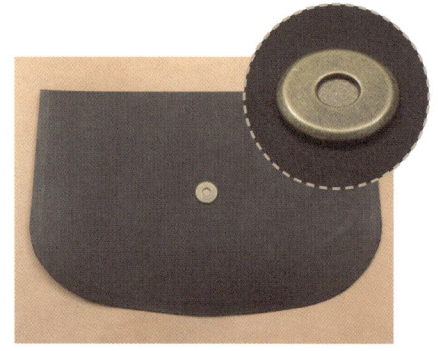

09 실물본 ⓐ에 표시된 위치에 18mm 자석을 붙인 후 안감을 붙입니다.

10 D링 연결 가죽 ⓖ에 15mm D링을 넣고 본드로 붙인 후 ⓒ와 ⓖ에 표시된 위치에 3.5mm 펀치로 구멍을 뚫습니다.

11 ⓖ를 ⓒ에 붙인 후 6×7 리벳으로 고정시킵니다. 이때 구멍이 일치되게 잘 붙여줍니다.

12 ⓐ+ⓑ, ⓒ, ⓐ에 안감을 붙입니다.

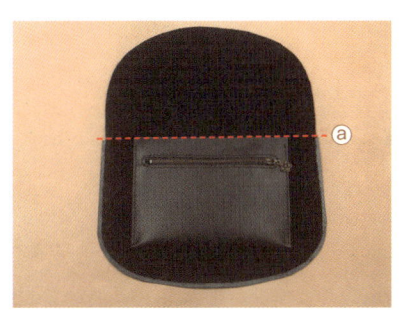

13 완성해놨던 주머니를 ⓐ 라인에 맞추어서 붙여줍니다.

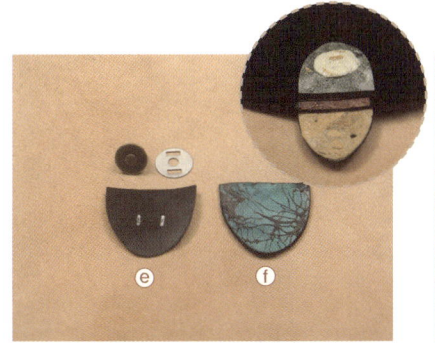

14 18mm 자석을 뚜껑 부분 속 가죽 ⓕ에 고정시키고 자석 달린 부분에 접착식 보강테이프를 붙여줍니다.

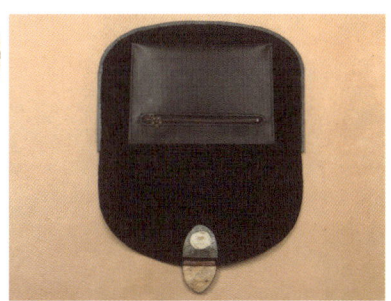

15 뚜껑 중심에 ⓔ와 ⓕ를 본드로 붙여서 고정시킵니다.

★ 옆판 조립하기

16 뚜껑 부분에 3mm 간격으로 바느질 선을 표시한 후 4mm 치즐로 구멍을 뚫고 120cm 실로 바느질합니다.

17 본체와 옆판의 붙여질 5mm 부분을 본드 칠합니다.

18 옆판 가죽 양쪽을 5mm 만큼 접어서 윗부분부터 붙여줍니다.

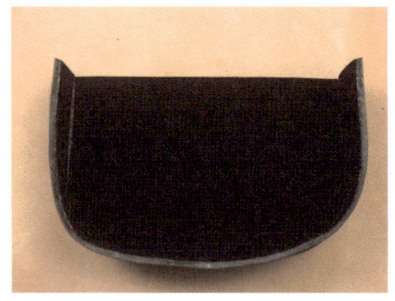
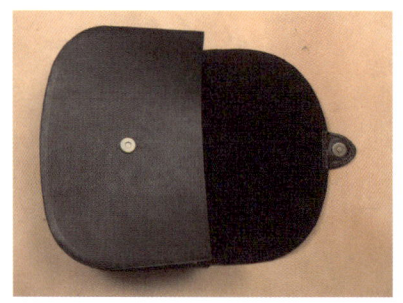

19 앞판 가죽과 옆판을 조립한 후에 3mm 바느질 선을 표시하고 4mm 치즐로 구멍을 뚫어줍니다.

20 뒤판도 같은 방법으로 붙여서 구멍을 뚫어줍니다.

21 200cm의 실을 이용해 각각 옆판을 바느질하고 토코롤과 우드슬리커를 사용하여 절단면을 마감합니다.

★ 스트랩 만들기

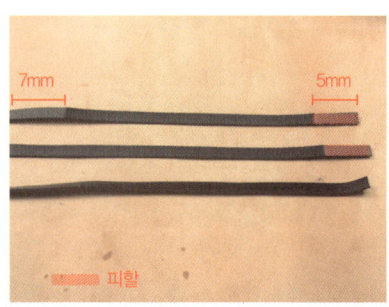

22 가방끈 표시된 부분을 1mm로 부분 피할합니다.

23 5cm 부분 피할한 스트랩의 긴 줄과 짧은 줄 한쪽에 15mm 개고리 장식을 넣고 본드로 붙여줍니다.

24 3.5mm 원형펀치로 구멍을 뚫고 6mm 리벳을 양쪽을 달아줍니다.

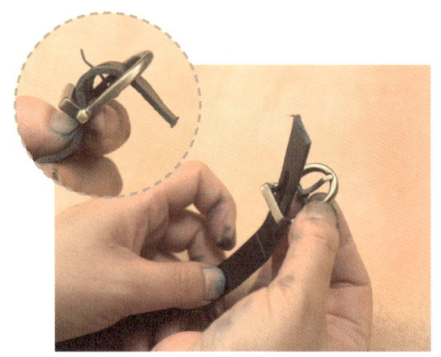

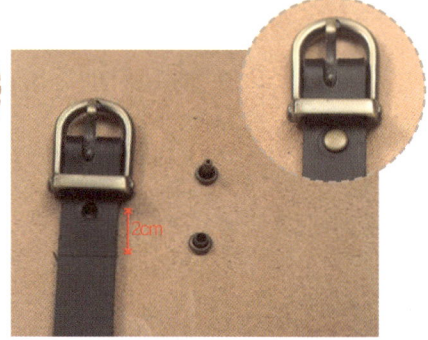

25 짧은 스트랩의 7cm 부분 피할한 곳의 중앙에 3×19cm 펀치를 뚫고 사진처럼 버클에 넣어줍니다.

26 표시된 만큼(7cm) 본드를 칠하고 붙여줍니다. 버클을 넣은 후 앞뒤 모습입니다.

27 3.5mm 원형펀치를 사용해서 사진처럼 구멍을 뚫고 6mm 리벳을 달아줍니다.

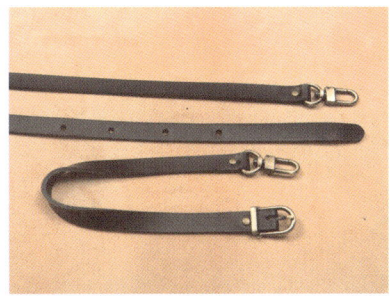

28 스트랩이 완성된 모습입니다.

·38· 크랙 **장지갑**

·39· 데이지 카빙 액자

★ 실물본 : 02 심플 바늘쌈지(책 91쪽)

38 크랙 장지갑

★ 실물본 : 38 크랙 장지갑

준비물 ★ 크랙가죽 약 반 평, 검정색 베지터블 가죽 약 반 평, 장지갑 반재품, 13mm 와이어 스냅
실: 30cm(비니모 MBT #5 黑)

약품 ★ 검정색 가죽 전용 유성염료, 토토롤

도구 ★ 3mm 치즐, 13mm 와이어 스냅 셔터, 3.5mm와 5.5mm 원형펀치, 13mm 쇠판, 실
예상 재료비 : 약 80,000원
예상 제작시간 : 6시간
예상 완제품 가격 : 150,000원

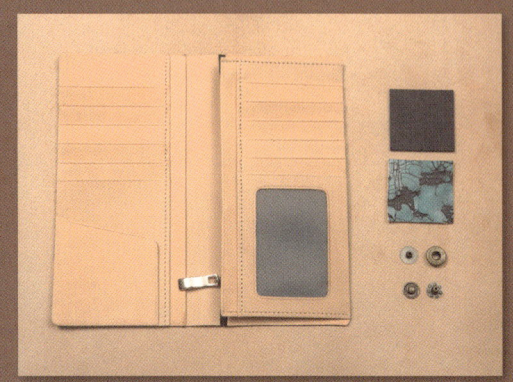

형지 제작 및 재단하기

ⓐ 지갑 겉가죽 : 약 17.8×17.5cm 1장
ⓑ 지갑 겉가죽 크랙 부분 : 약 7×17.5cm 1장
ⓒ 잠금장식 부분 겉쪽 : 약 3×2cm 2장
ⓓ 잠금장식 부분 안쪽 : 약 3×2cm 2장
ⓔ 장지갑 반재품 : 약 17.8×17.5

★ 재단하기

01 실물본을 이용하여 형지를 만들어 가죽 위에 놓고 송곳으로 덧그린 후 재단합니다.

02 ⓐ와 ⓑ 가죽을 형지에 표시된 위치에 붙인 후에 3mm 간격으로 표시하고 3mm 치즐로 구멍을 뚫어서 150cm 실로 바느질합니다.

★ 잠금장식 만들기

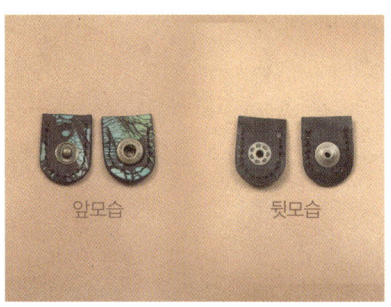

앞모습 뒷모습

03 ⓒ와 ⓓ를 각각 한 장씩 붙여주고 5.5mm 펀치와 3.5mm 펀치로 뚫어서 13mm 스냅단추를 달아줍니다.
U자 모양으로 3mm 치즐을 사용해서 약 20cm의 실로 바느질합니다.

★ 조립하기

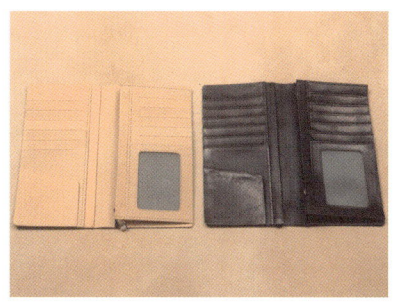

04 장지갑 반제 ⓔ를 검정색 가죽 전용 유성 염료로 염색합니다.

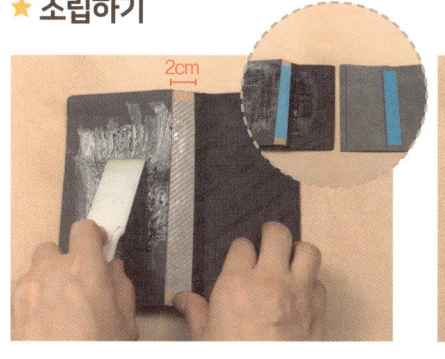

05 ⓔ의 뒷면과 장기갑 겉지의 뒷면에 사진처럼 가운데 부분 2cm를 남기고 본드를 바르고 약간 꾸덕꾸덕해지면 붙여줍니다.

06 완성된 단추를 지갑 중심에 위치시켜 붙이고 지갑의 겉면에서 3mm 바느질 선을 표시한 후 3mm 치즐로 구멍을 뚫습니다.

07 250cm 검정 실을 사용하여 바느질 합니다.

08 옆면을 고운 사포로 사포질한 후 토코롤과 우드슬리커를 사용하여 마감합니다.

39 데이지 카빙 액자

★ 실물본 : 39 데이지 카빙 액자 (실물본 D)

준비물 ★
- 2.0mm 베지터블 생지 약 16×16cm
- 나무 20mm 두께 14×14cm
- 원목

약품 ★
- 가죽 전용 수성염료(핑크, 노랑, 연밤), Acrylic Dye(가죽 전용) 흰색, 레더픽스, 목공본드 (201)

도구 ★
- 전사펜, 스위블 나이프 대 와 칼날, EMS 51-01, s706, s705, sks705 EMS 10-01, EMS 10-00, PA003, PA004(USA툴), 대리석, 카빙 시트지
- 예상 재료비 : 약 40,000원
- 예상 제작시간 : 8시간
- 예상 완제품 가격 : 300,000원

형지 제작 및 재단하기 ★

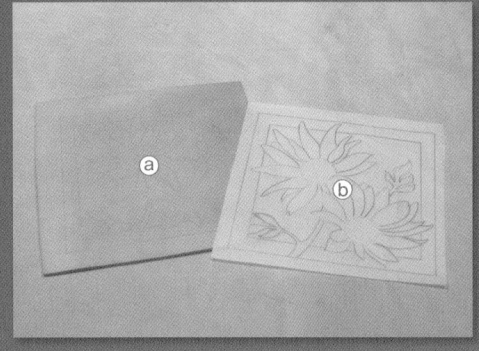

ⓐ 카빙용 가죽 : 2mm 가죽 약 16×16cm
ⓑ 트레팔지 : 약 16×16cm

★ ⓑ는 부록의 실물본을 이용해서 옮겨 그리세요.

★ 전사하기

01 실물본 ⓑ를 트레팔지에 옮겨 그려줍니다.

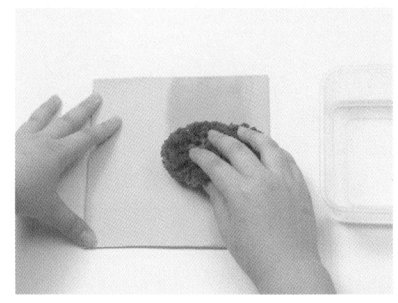

02 가죽에 해면스펀지를 사용해서 물을 충분히 묻혀주고 가죽 표면에 물기가 없어질 때까지 기다려줍니다.

03 물이 묻은 가죽 위에 실물본을 옮겨 그린 트레팔지를 올리고 전사펜으로 눌러서 따라 그려주며 가죽에 그려 줍니다.

04 가죽 위에 실물본이 옮겨진 모양입니다.

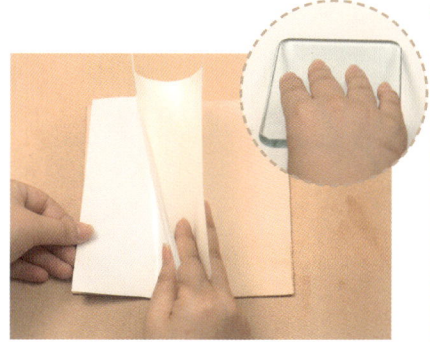

05 가죽의 뒷면에 카빙시트지를 붙여주고 유리를 사용하여 문질러 줍니다(기포 제거, 접착력 강화).

★ 칼선긋기

06 스위블 나이프를 사용해서 칼선을 그어줍니다.

★ 각인하기

07 스위블 나이프로 칼선을 선명하게 그려준 모습입니다.

08 EMS 51-01을 사용해서 사진에 표시된 부분에 각인합니다.(가죽과 툴의 각도를 약 45° 정도로 해서 각인 해주세요)

09 EMS 51-01을 사용해서 꽃술 부분 둘레를 각인한 모양입니다.

10 실물본에 표시된 부분의 바깥쪽에서 안쪽으로 s706, s705, sks705 순서로 각인합니다.

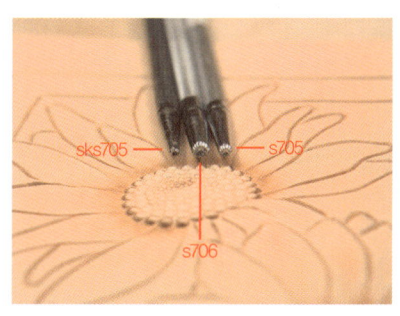

+Tip 시더를 각인할 때는 꽃술도 입체감이 생기게 사진처럼 각인해주세요.

11 꽃술을 각인한 모양입니다.

12 빨간색으로 표시된 부분을 B200을 사용해서 각인합니다. 꽃잎의 바깥쪽 방향에서 각인해주세요.

13 각인이 완성된 모양입니다.

14 빨간색 부분을 EMS 10-01을 사용해서 꽃의 바깥쪽 방향, 사각형의 안쪽 방향에서 각인합니다.

15 각인이 완성된 모양입니다.

16 사진처럼 꽃무늬를 제외한 나머지 부분을 PA003, PA004(USA툴)를 사용해서 눌러줍니다.

★ 염색하기

17 Acrylic Dye(가죽 전용) 흰색을 사용해서 가죽에 채색합니다.

18 꽃, 잎 부분에 모두 채색합니다.

19 가죽 전용 수성염료를 사용해서 사진처럼 꽃잎의 끝 쪽 부분에 붓을 사용해서 채색합니다.

★ 조립하기

20 가죽 전용 수성염료 노랑과 연밤색을 사용해서 배경 부분과 꽃술 부분을 채색합니다.

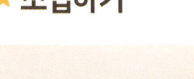

22 염료가 완전히 마르면 겉면을 마감하기 위해 레더픽스를 3번 발라줍니다. 건조 후에 발라주고 가죽을 MDF의 크기와 같게 잘라주세요.

23 가죽과 크기가 비슷한 MDF에 가죽 전용 유성염료 진밤색을 발라줍니다.

24 MDF의 한 면과 가죽의 뒷면에 본드를 발라줍니다.

25 가죽과 MDF를 붙여줍니다.

26 원목에 가죽 전용 유성염료 진밤색을 MDF가 붙여지는 자리만 빼고 발라줍니다.

27 MDF가 붙여지는 자리에 목공본드(201)을 발라줍니다.

28 MDF를 원목에 올려서 붙여줍니다. 목공본드가 굳을 때까지 움직이지 말아주세요.

응용작품

▲ 데이지 실물본을 활용한 가죽카빙거울

·40· 아름다운 **국화 카빙 액자**

40 아름다운 국화 카빙 액자

★ 실물본 : 40 아름다운 국화 카빙 액자(실물본 책 302쪽)

준비물 ★
2.0mm 베지터블 생지 약 16×16 cm
나무 20mm 두께 14×14cm
원목

약품
가죽 전용 수성염료(빨강, 핑크, 파랑 ,노랑, 연밤),
수성라카,목공본드 (201)

도구
전사펜, 스위블 나이프 대와 칼날,
s705, sks705, EMS 20-01, EMS 20-00 PA003,
B200, P206, P229, PA004(USA툴), 대리석, 카빙 시트지

예상 재료비 : 약 40,000원
예상 제작시간 : 8시간
예상 완제품 가격 : 300,000원

형지 제작 및 재단하기 ★

ⓐ 카빙용 가죽 : 2mm 가죽 약 16×16cm
ⓑ 트레팔지 : 약 16×16cm

★ ⓑ는 부록의 실물본을 이용해서 옮겨 그리세요.

★ 전사하기

01 실물본 ⓑ를 트레팔지에 옮겨 그려 줍니다.

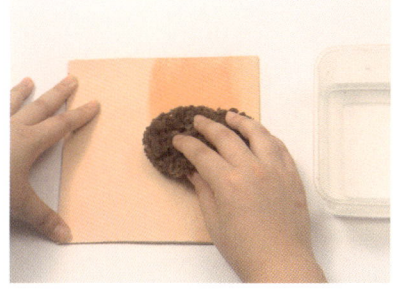

02 가죽에 해면스펀지를 사용해서 물을 충분히 묻혀주고 가죽 표면에 물기가 없어질 때까지 기다려줍니다.

03 물이 묻은 가죽 위에 실물본을 옮겨 그린 트레팔지를 올리고 전사펜으로 눌러서 가죽에 그려 줍니다.

04 가죽 위에 실물본을 옮겨준 모양입니다.

05 가죽의 뒷면에 카빙 시트지를 붙여줍니다.

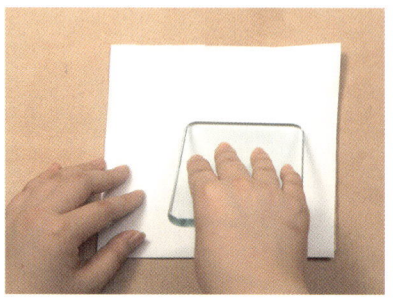

06 유리를 사용해서 접착이 잘되도록 문질러줍니다.

07 스위블 나이프를 사용해서 칼선을 그어줍니다.

08 칼선이 완성된 모양입니다.

09 실물본에 표시된 부분에 바깥쪽에서 안쪽으로 s705, sks705 순서로 각인합니다.

10 꽃술을 각인한 모양입니다.

+Tip 시더를 각인할 때는 꽃술도 입체감이 생기게 사진처럼 각인해주세요.

11 EMS 20-01, EMS 20-00(언더 베벨러)를 사용해서 사진에 표시된 부분에 각인합니다.

12 B200(민자 베벨러)를 사용해서 사진처럼 꽃잎의 바깥쪽 부분에서 각인합니다.

13 P206을 각인하는 부분입니다.

14 P229을 각인 하는 부분입니다.

15 P206과 P229를 각인한 모양입니다.

16 가죽 전용 수성염료 빨강색을 연하게 가죽에 채색하고 노랑과 연밤으로 시 앗 부분을 사진처럼 채색합니다.

17 가죽 전용 수성염료 빨강색을 사용해서 사진처럼 강약을 주면서 채색합니다.

18 트레팔지를 꽃모양과 같은 크기로 오려서 사진처럼 염색된 가죽 위에 올려주세요.

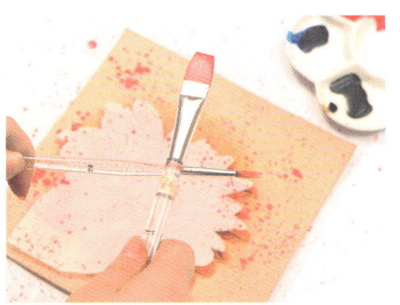

19 가죽 전용 수성염료 빨강색을 사진처럼 평붓에 묻히고 다른 붓을 사용해서 톡 톡 쳐줍니다.

20 가죽 전용 수성염료 핑크색을 같은 방법으로 평붓에 묻히고 다른 붓을 사용해서 톡 톡 쳐 줍니다.

21 가죽 전용 수성염료 파란색을 같은 방법으로 평붓에 묻히고 다른 붓을 사용해서 톡 톡 쳐 주고 가죽을 MDF의 크기와 같게 잘라주고 수성마감제를 발라줍니다.

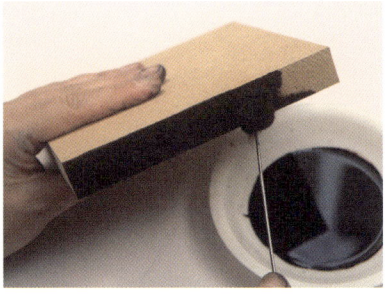

22 가죽과 크기가 비슷한 MDF에 가죽전용 유성염료 진밤색을 발라줍니다.

  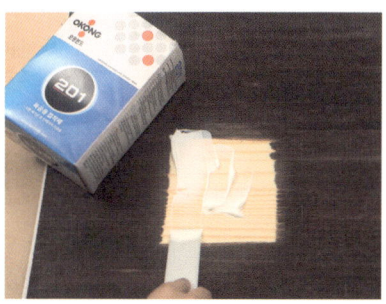

23 MDF의 한 면과 가죽의 뒷면에 본드를 발라 붙여줍니다.

24 원목에 가죽 전용 유성염료 진밤색을 MDF가 붙여지는 자리만 빼고 발라줍니다.

25 MDF가 붙여지는 자리에 목공본드(201)을 발라줍니다.

26 MDF를 원목에 올려서 붙여줍니다. 목공본드가 굳을 때까지 움직이지 말아주세요.

 베이직 **가죽 쿠션**

41 베이직 가죽 쿠션

★ 실물본 : 필요없음

준비물 ★
슈렁큰 1mm 검은색 약 160×50cm
지퍼 약 41cm 지퍼머리 슬라이더
보강테이프(41cm×0.7cm)×2개
실 : 500cm(비니모 MBT #5 no 108)

도구 ★
4mm 치즐
예상 재료비 : 약 60,000원
예상 제작시간 : 약 8시간
예상 완제품 가격 : 200,000원

형지 제작 및 재단하기 ★

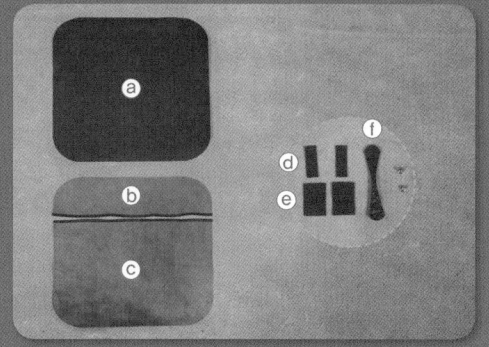

ⓐ 쿠션의 앞판 : 약 41×41cm
ⓑ 쿠션의 뒷판 위 : 약 41×12cm
ⓒ 쿠션의 뒷판 아래 : 약 41×30cm
ⓓ 지퍼 뒤 감싸는 가죽 : 약 3×1cm
ⓔ 지퍼 앞 감싸는 가죽 : 약 3×2.5cm
ⓕ 슬라이더 손잡이 가죽 : 약 8×1.5cm
ⓖ 바이어스가죽 : 약 160×2cm

★ 재단하기

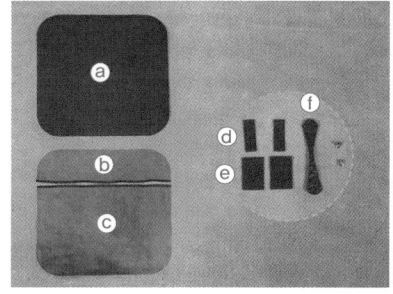

01 ⓐ~ⓖ의 크기대로 형지를 만들어 실물을 그려서 크기에 맞게 가죽을 재단합니다.

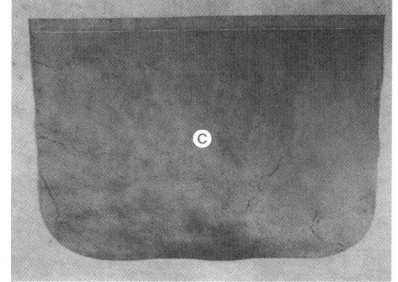

02 ⓑ와 ⓒ의 지퍼와 닿을 부분에 1.5cm를 표시합니다.

★ 지퍼 달기

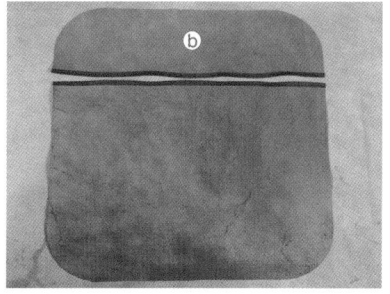

03 1.5cm 부분에 7mm 보강테이프를 붙이고 본드를 바르고 반으로 접어서 붙여줍니다.

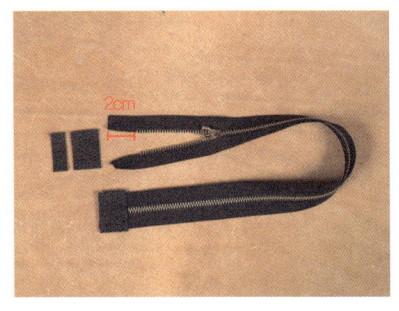

04 지퍼 날을 약 2cm 빼주고 지퍼 앞부분에는 ⓔ를 붙여 주세요.

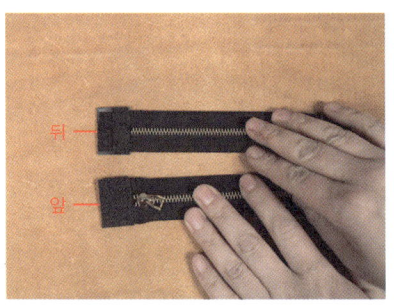

05 뒷부분은 ⓓ를 붙여줍니다.

06 쿠션의 몸판과 붙이기 위해서 ⓑ와 ⓒ에 붙는 부분에 사진처럼 사포질을 합니다.

07 사진과 같이 바느질을 합니다.

08 지퍼를 ⓑ와 ⓒ에 붙이고 양쪽 끝 7mm를 남기고 바느질을 합니다.

09 08번 과정에서 완성한 뒤판과 앞판 ⓐ를 붙여줍니다.

★ **바이어스 달기**

10 앞과 뒤에 바이어스 가죽을 돌려가며 붙여줍니다.

11 디바이더 간격을 7mm로 해서 구멍을 뚫고 바느질합니다.

12 솜을 넣어 완성합니다.

응용작품

·42· 모던 **장지갑**

42 모던 장지갑

★ 실물본 : 42 모던 장지갑(실물본 D)

준비물 ★
1mm 베지터블 노란색 약 30×50cm
안감 약 30×30cm
쇠 지퍼 3호 19cm
실 : 약 600 cm(비니모 MBT #5 no129)

약품 ★ 가죽 전용 유성염색약 진밤, 토코롤(투명)

도구 ★ 4mm 치즐, 2mm, 3mm, 5mm 원형펀치, 13mm 와이어 스냅 셔터와 쇠판
예상 재료비 : 약 40,000~60,000원
예상 제작시간 : 12시간
예상 완제품 가격 : 150,000~200,000원

형지 제작 및 재단하기 ★

ⓐ 장지갑의 몸판과 뚜껑 : 1mm 가죽 약 20×29cm 1장
ⓑ 카드 수납 공간 : 1mm 가죽 약 8×16.5cm 2장
ⓒ 카드 수납 공간 보강 : 1mm 가죽 약 16.5×1cm 2장
ⓓ 장지갑의 몸판과 뚜껑의 안감 : 0.6mm 돈피 약 22×31cm 1장
ⓔ 카드 수납 공간 안감1 : 스웨이스 약 8×16.5cm 2장
ⓕ 카드 수납 공간 안감2 : 안감 천 약 6.5×7.5cm 10장
ⓖ 몸판의 카드 수납 공간 안감 : 안감 천 약 19×18cm 1장
ⓗ 동전 수납 공간 안감 : 안감 천 25cm 2장

★ ⓐ~ⓒ는 부록의 실물본을 이용해서 형지를 만든 후 재단

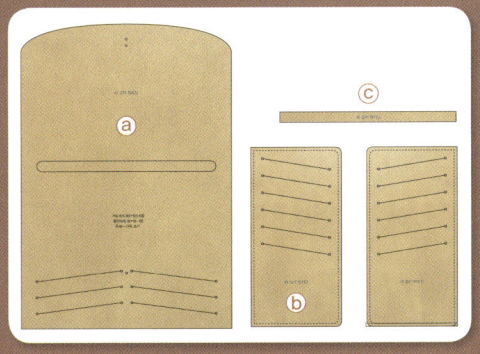

★ 재단하기

01 주어진 형지를 가죽에 올리고 송곳을 사용하여 그린 후 가죽칼을 사용하여 재단합니다. 카드 수납 공간은 2mm 원형펀치로 구멍을 뚫어줍니다.

02 주어진 안감이나 돈피에 올리고 은펜을 사용하여 그린 후 가위를 사용하여 재단합니다.

★ 카드지갑 만들기

03 ⓕ를 ⓑ에 맨 위에서 아래로 차례로 6장 붙여줍니다.(카드 수납 공간 만들기 P.157 참조)

04 ⓕ가 붙여진 ⓑ 위에 안감 ⓔ를 사진처럼 붙여줍니다.

05 04번 과정 위에 ⓒ를 붙여줍니다.

06 같은 방법으로 하나를 더 만들어 ⓒ가 붙여진 쪽 밖에서 3mm 만큼 바느질 간격을 표시한 후 4mm 치즐로 구멍을 뚫고 바느질합니다.

07 만들어진 카드 수납 공간 두 개를 바느질한 부분만 빼고 ㄷ자 모양으로 본드 칠하고 본드 칠한 부분을 바느질합니다.

08 ⓐ의 뒷면에 사진처럼 ⓖ를 각각 3장씩 6장 붙여줍니다.

09 실물본에 표시된 부분에 13mm 와이어 스냅 암놈을 달아줍니다.

★ 동전 수납 공간 만들기

10 동전 수납 공간이 만들어질 구멍에 염색을 하고 절단면을 마감합니다.

11 지퍼의 양쪽 끝의 이빨을 1cm 만큼 제거합니다.

12 ⓗ를 위는 2cm를 남기고 아래는 1cm를 접어줍니다. 접어진 선 아래로 양쪽을 바느질합니다.

13 사진처럼 2cm 긴 부분을 접어서 1cm 접어진 부분과 지퍼 부분을 본드를 사용해서 붙여줍니다.

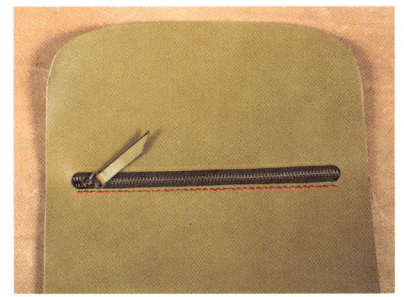

14 13번의 붙여진 상태로 앞쪽에서 아랫부분만 구멍을 뚫고 바느질합니다.

15 접어진 2cm 부분의 안감을 위로 올려서 남은 위쪽 지퍼와 ㄷ자 모양으로 본드 칠하고 붙여주고 ㄷ자 모양으로 바느질합니다.

★ 조립하기

16 사진처럼 실물본에 표시된 부분만 제외하고 돈피를 붙여줍니다.

17 돈피가 없는 부분에 본드칠한 후 반으로 접어 붙이고 양옆을 바느질합니다.

18 뚜껑 부분은 사진처럼 보이게 놓고 두멍을 뚫고 바느질합니다.

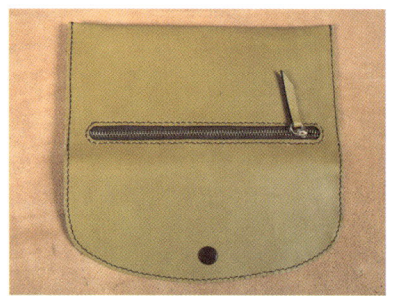

19 13mm 와이어 스냅 암놈을 실물본에 표시된 위치에 달아줍니다.

20 만들어진 안쪽 카드 수납 공간과 장지갑의 옆면을 마감합니다.

21 마감까지 완성한 안쪽 카드 수납 공간의 모습입니다.

22 안쪽 카드 수납 공간과 장지갑을 완성했습니다.

23 다른 색상의 가죽으로 만들어보고 체인을 달아 보는건 어떨까요.

응용작품

·43· 부릉부릉 **수첩커버**

43 부릉부릉 수첩커버

★ 실물본 : 43 부릉부릉 수첩커버(실물본 C)

준비물 ★
1.2mm 베지터블 빨강색 1평, 모티브용 1.2mm 가죽 노랑과 카키 가죽 각각 10×10cm
나무단추1쌍, 큐빅, 아일렛 3세트
안감용 원단 30×30cm
실 : 600cm(비니모 MBT #8 no 108)

약품 ★
검정색 유성염료, 토코롤

도구 ★
10mm 와이어 스냅 셔터와 쇠판
4.5mm 원형편치, 2.5mm 원형편치
예상 재료비 : 약 40,000원
예상 제작시간 : 약 4시간
예상 완제품 가격 : 80,000~100,000원

형지 제작 및 재단하기 ★

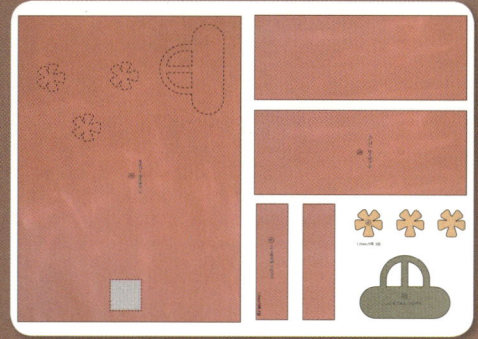

ⓐ 수첩 겉 : 1.2mm 가죽 약 20×29cm 1장
ⓑ 수첩 날개 : 1.2mm 가죽 약 20×8cm 1장
ⓒ 잠금장식 부분 : 1.2mm 가죽 약 10×3cm 2장
ⓓ 꽃 장식 : 1.2mm 가죽 약 2.5×2.5cm 3장
ⓔ 자동차 장식 : 1.2mm 가죽 약 7.5×5cm 3장

★ 재단하기

01 주어진 형지를 가죽에 올리고 송곳을 사용하여 그린 후 가죽칼을 사용하여 재단하고 장식용 가죽 자동차와 꽃은 나이프로 오려줍니다.

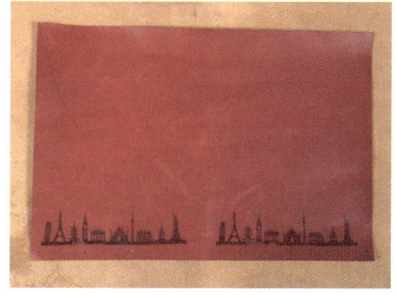

02 ⓐ의 하단에 사진처럼 스탬프를 찍어줍니다.

★ 아플리케하기

03 ⓐ의 표시된 위치에 사포질한 후 자동차 모양 가죽 ⓔ를 붙이고 3mm 치즐로 구멍을 뚫어 약 100cm의 실로 바느질합니다.

★ 카드 수납 공간 만들기

04 ⓐ의 표시된 위치에 꽃 모양 가죽 ⓓ를 큐빅 아일렛으로 고정시켜주고 자동차 바퀴로 준비한 나무 단추를 바느질하여 고정합니다.

05 수첩 안쪽 면에 붙일 날개에 카드 수납 공간을 만들어 양끝을 3mm로 바느질 선을 표시한 후 3mm 치즐로 구멍을 뚫어 약 60cm의 실로 바느질합니다.

06 수첩날개 뒷면은 안감을 이용하여 사진처럼 붙여줍니다. 본드가 붙여지는 부분은 안감을 붙이지 말아주세요.

★ 조립하여 완성하기

07 겉면과 날개를 붙이기 전에 겉면 중심에 잠금장식용 가죽 2장을 붙여서 ⓐ에 표시된 곳에 붙이고 3mm 치즐로 구멍을 뚫은 후 약 20cm의 실을 사용해서 바느질합니다.

08 ⓐ의 표시된 위치에 10mm 와이어 스냅 수놈을 사진처럼 부착합니다.

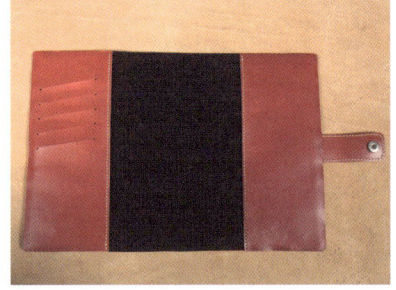

09 사진처럼 양쪽 날개를 붙이고 3mm 간격으로 4면 모두 바느질 선을 표시한 후 3mm 치즐로 구멍을 뚫고 약 300cm의 실로 바느질합니다.

10 가죽을 이용해 싸개단추를 만들어 ⓒ에 표시된 위치에 10mm 와이어 스냅 암놈을 단추를 부착합니다.

11 절단면을 정리하고 무색 토코롤을 사용하여 절단면을 마감합니다.

12 완성한 수첩커버에 수첩을 끼워준 모습입니다.

13 다른 색상의 가죽을 이용해서 만들어보면 어떨까요.

응용작품

한국가죽공예아카데미
회원 작품
Gallery

1. 국영주(한국가죽공예아카데미)
010 · 2414 · 7515

2. 심혜정(창원 용호 풀잎문화센터)
010 · 3328 · 6677

3. 오현주(A-TOM Leather)
010 · 8425 · 1199

4. 정혜원(여수 달빛가죽)

010 · 7401 · 2061

5. 진예슬(Selene Leather)

010 · 8259 · 5508

6. 한선아(가죽쟁이)

010 · 9949 · 7521

국영주의 친절한 가죽공예 클래스 DIY 실물본

07 빈티지 카드 지갑

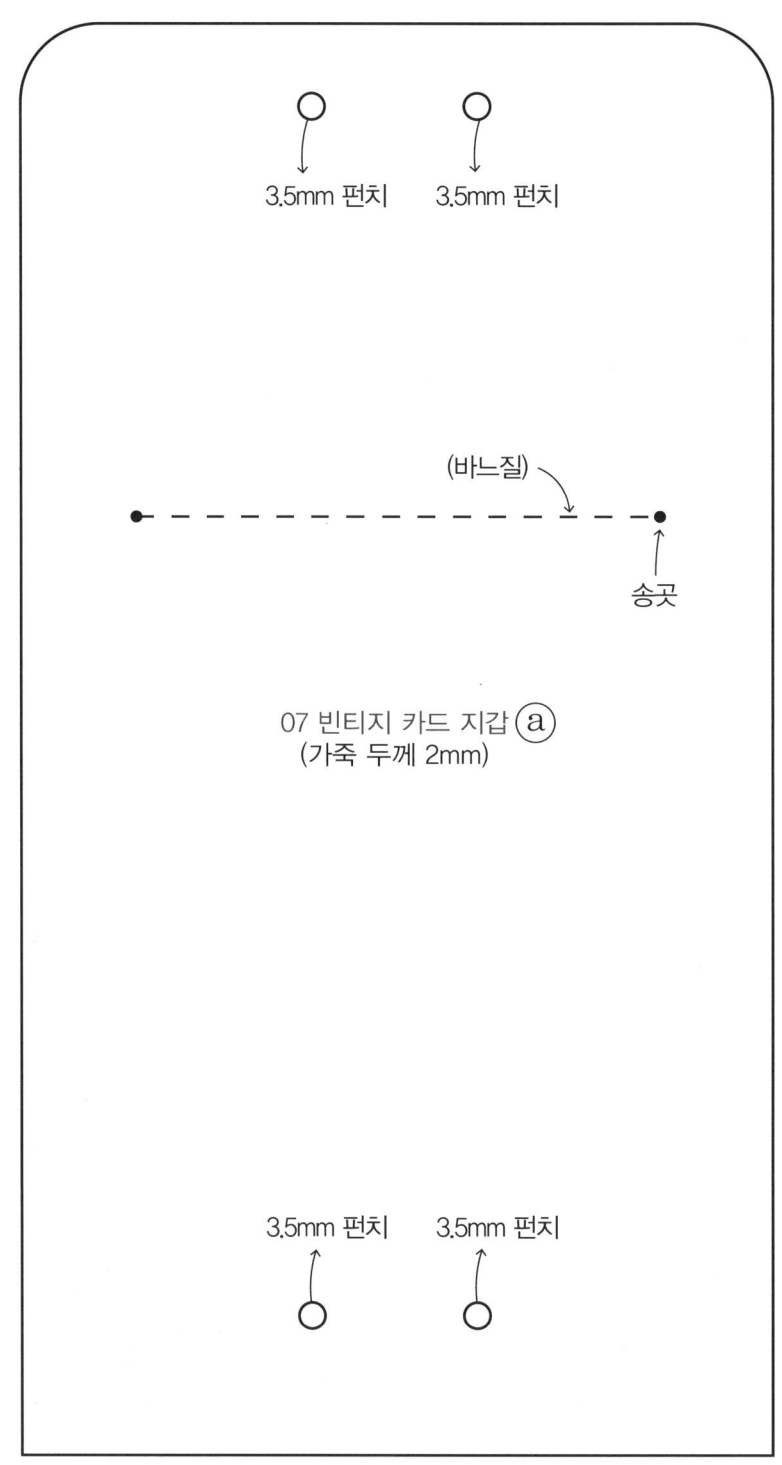

06 펜접시 카빙

11 미니 가방 열쇠고리

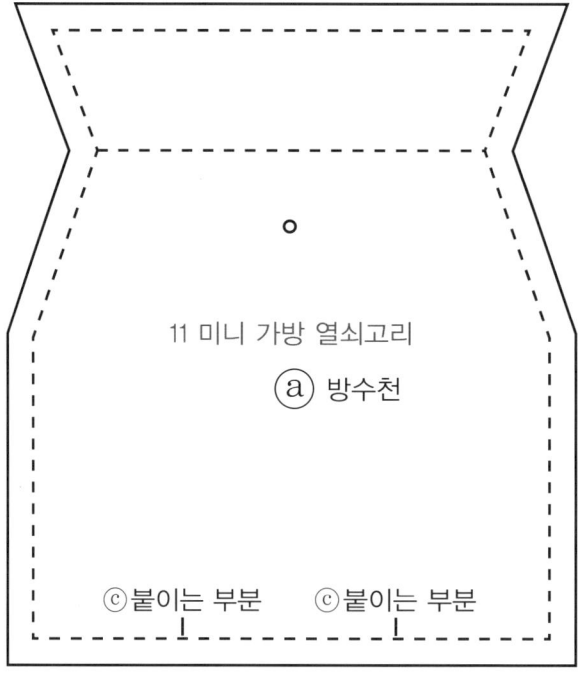

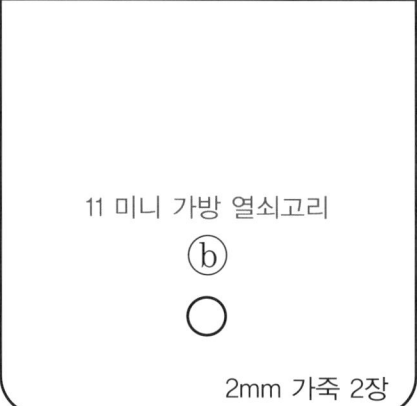

ⓒ 11 미니 가방 열쇠고리   2mm 가죽 2장

18 러블리 동전지갑

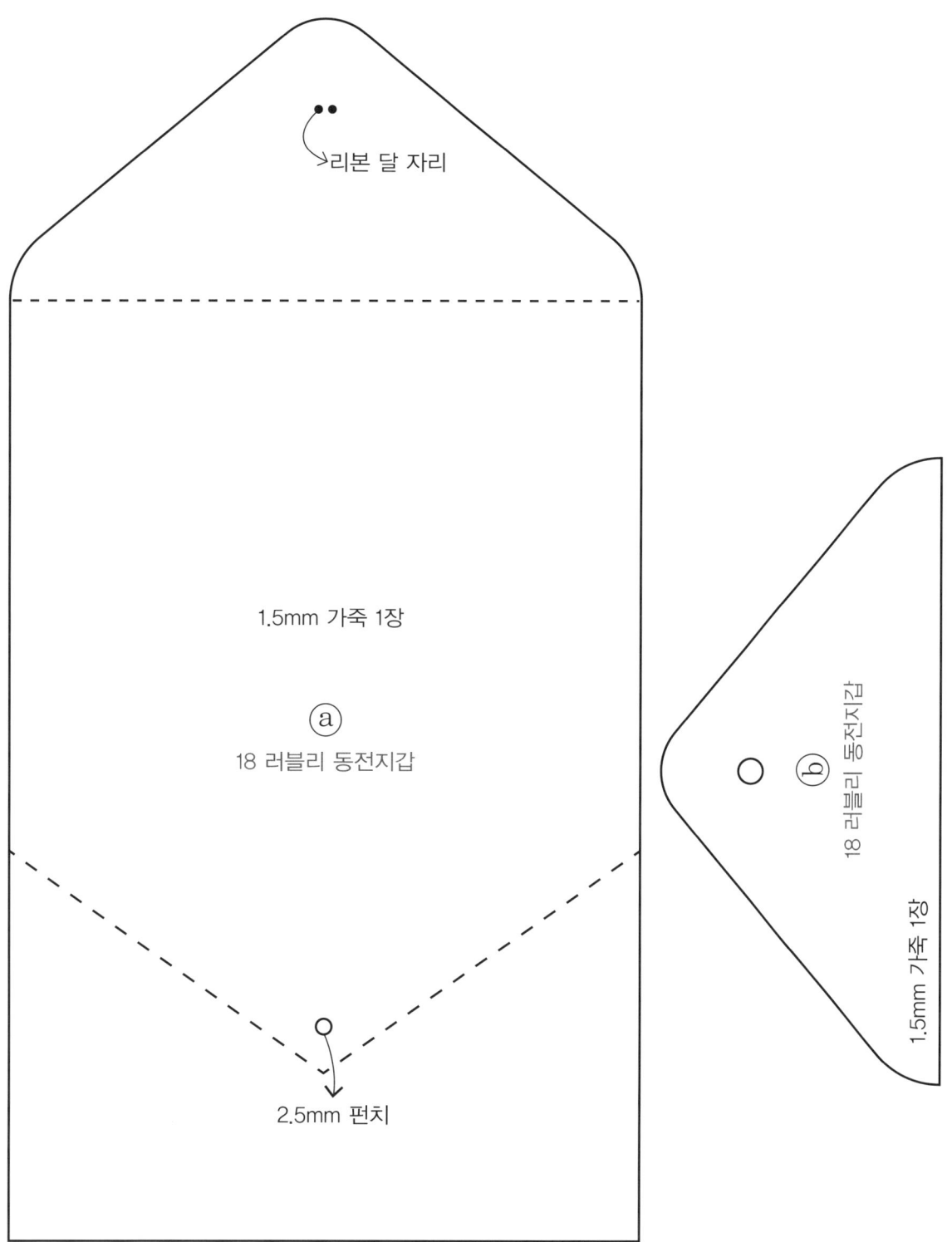

21 여행을 부르는 여권케이스

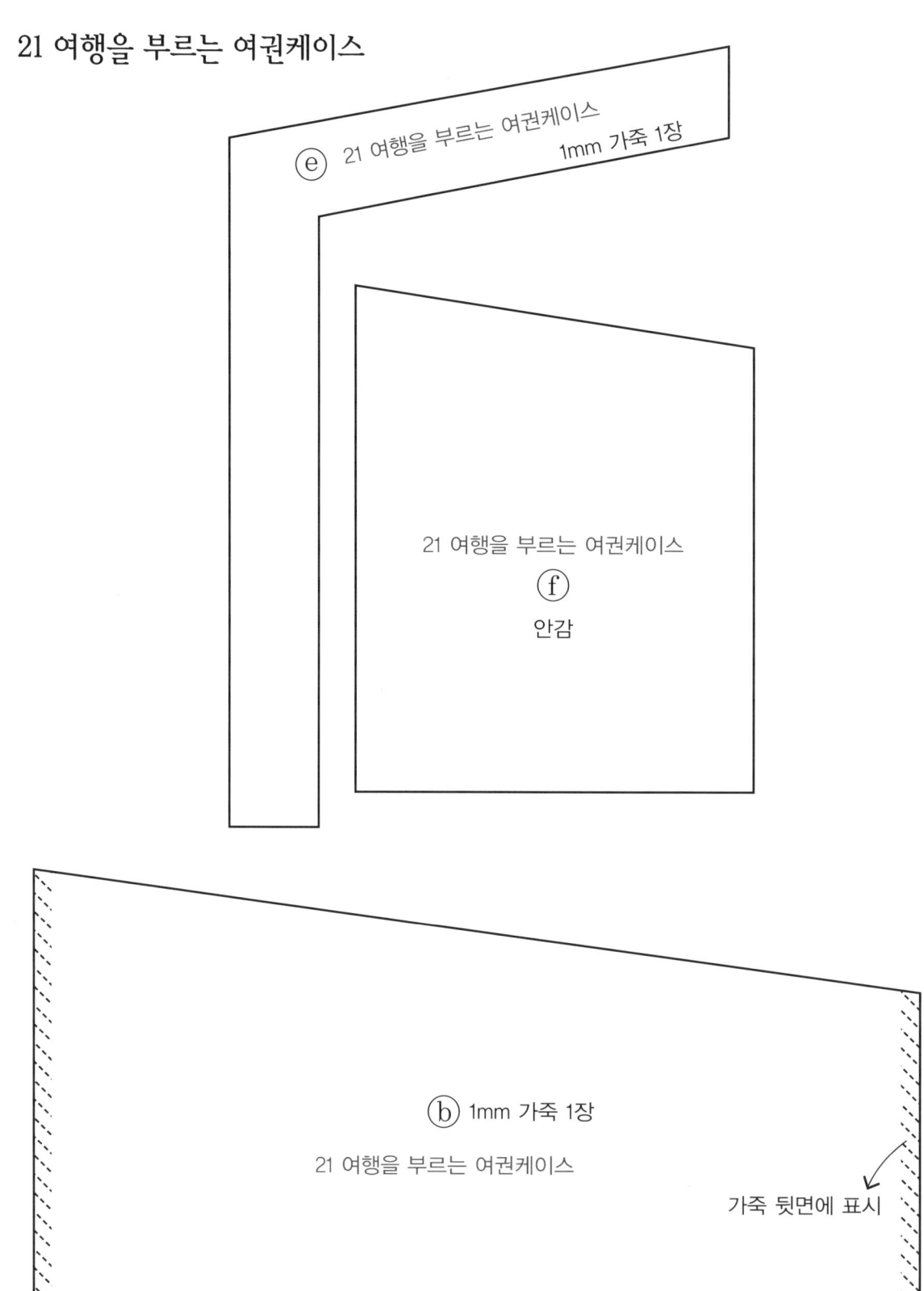

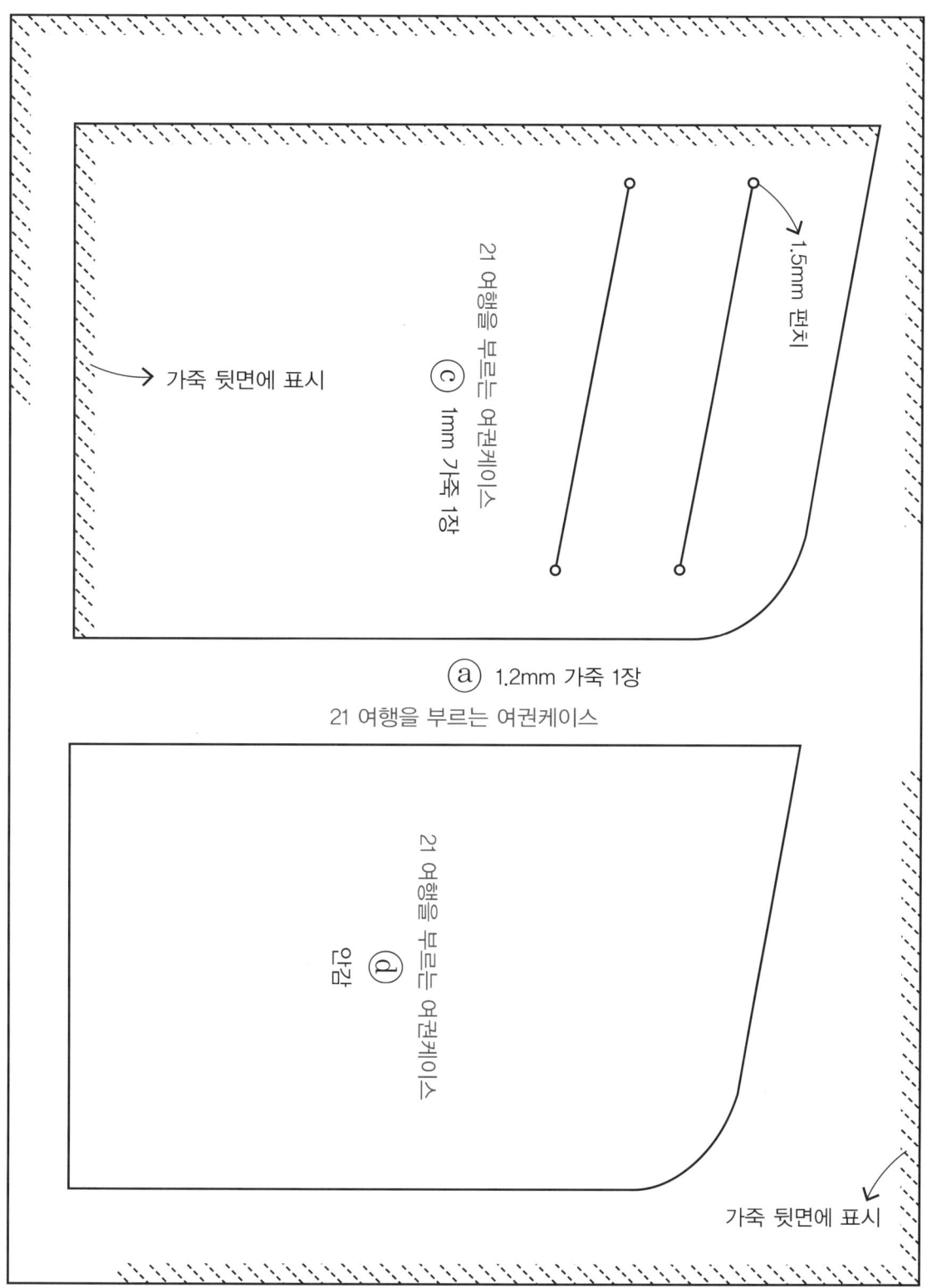

26 버닝 기법 손거울

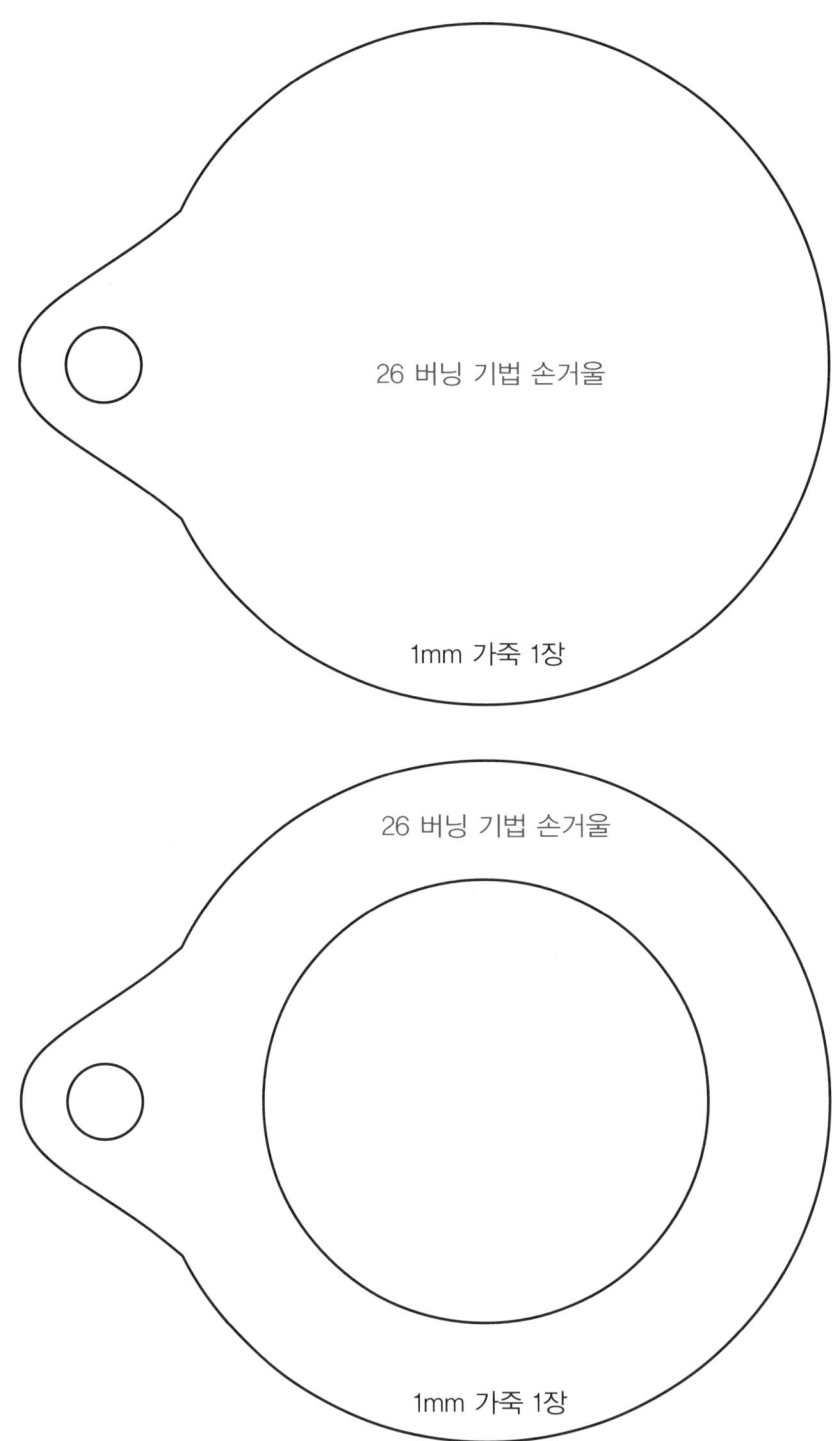

26 버닝 기법 손거울

1mm 가죽 1장

26 버닝 기법 손거울

1mm 가죽 1장

40 가죽카빙 국화액자